À lire aussi, du même auteur et dans la même série,
La revenante, tome 2

Maggie

Nous remercions le ministère du Patrimoine canadien,
la SODEC et le Conseil des Arts du Canada
de l'aide accordée à notre programme de publication

 Patrimoine   Canadian
canadien   Heritage

  Conseil des Arts   Canada Council
du Canada   for the Arts

ainsi que le gouvernement du Québec
– Programme de crédit d'impôt
pour l'édition de livres –
Gestion SODEC.

Nous reconnaissons l'aide financière
du gouvernement du Canada
par l'entremise du Fonds du livre du Canada
pour nos activités d'édition.

Conception et réalisation de la couverture :
Michel Cloutier

Conception de la maquette et montage de la couverture :
Grafikar

Édition électronique :
Infographie DN

Les Éditions Pierre Tisseyre aimeraient remercier
M. Bruce Myers, archidiacre du diocèse anglican de Québec,
pour la permission d'utiliser
l'ancienne église St. Paul à Cumberland Mills
pour l'illustration de la couverture, ainsi que M. Yvan Poulin,
le gérant de salle, pour son aide le jour de la prise de vues.

Dépôt légal : 3e trimestre 2011
Bibliothèque nationale du Canada
Bibliothèque nationale du Québec

4567890 IM 098765432

DANIEL LESSARD

Maggie

roman

**ÉDITIONS
PIERRE TISSEYRE**
w w w . t i s s e y r e . c a

155, rue Maurice
Rosemère (Québec) J7A 2S8
Téléphone : 514-335-0777 – Télécopieur : 514-335-6723
Courriel : info@edtisseyre.ca

**Catalogage avant publication
de Bibliothèque et Archives nationales du Québec
et Bibliothèque et Archives Canada**

Lessard, Daniel, 1947 19 févr.-

Maggie

ISBN 978-2-89633-206-9

I. Titre

PS8623.E87M33 2011   C843'.6   C2011-941436-8
PS9623.E87M33 2011

À Debra, Christian et Charles-Adrien
À Lucienne et Luc, mes parents
À Roméo Lessard, mon grand-père,
maire et juge de paix de Saint-Benjamin
Et à tous ceux et celles qui ont écrit
sur cette magnifique région de la Beauce.
Merci pour l'inspiration.

1

Hiver 1914

Maggie Miller s'échine dans la neige, relève sa crémone rouge pour se protéger de la tempête qui tournoie, rageuse, autour d'elle. En l'espace de deux jours, la neige a effacé la route, enseveli les clôtures et coiffé la margelle du puits d'Exior-à-Archilas Turcotte d'une grosse cloche échancrée.

— Va-t'en à l'école, a ordonné sa mère à la jeune fille hésitante.

À mi-chemin, deux garçons de son âge la font trébucher et tentent de lui arracher son sac d'école. Maggie tombe dans la neige, se relève, serre fort contre elle ce précieux sac aux courroies lisérées de rouge, un cadeau de son père. Elle est la seule à accrocher à son dos un sac acheté dans un magasin, de Québec par surcroît. Une courroie cède. Domina Grondin et Magella Pouliot savourent leur victoire. Les yeux rageurs, Maggie les rattrape et, d'un geste vif, récupère le sac. Quand les garçons s'approchent de nouveau, elle se laisse choir dans la neige, à plat ventre sur le sac, pour le soustraire à ses assaillants.

— Domina Grondin, tu vas m'payer ça !

Son père lui a appris à toujours riposter, à se venger, à ne jamais montrer sa douleur, à ne jamais pleurer, la pire des faiblesses. Frustrée, Maggie se mord les lèvres. La tempête l'encercle, bouillonne, s'infiltre dans ses vêtements et remplit rapidement les traces des deux garçons qui l'ont bousculée. Un instant, la peur l'envahit. Elle presse le pas pour ne pas les perdre de vue, mais la poudrerie les distille, les engouffre, fantômes éphémères, vagues silhouettes ballottées par le vent. Doit-elle retourner à la maison ou tenter d'atteindre l'école ? Entre sa mère et l'institutrice, le choix lui apparaît évident.

— Bonjour, Maggie, lui lance Aldina Bolduc, la maîtresse d'école, qui ne l'attendait plus. J'te dis que t'es courageuse en sipoplette !

Aldina se réjouit. Avec l'arrivée de Maggie, elle a maintenant six élèves. L'école du rang-à-Philémon restera ouverte. Mince consolation ! Dire qu'au printemps et à l'automne, les vingt et un pupitres de la plus grosse des deux écoles de rang de Saint-Benjamin sont tous occupés. Mais en hiver, les élèves du rang des Pouliot ne franchissent pas les deux milles qui les séparent de l'école. Les jours de tempête ou de grand froid, sept autres élèves s'absentent, faute de chaussures convenables. L'été, ces mêmes enfants viennent à l'école pieds nus, d'autres avec leurs chaussures sous le bras afin d'en retarder l'usure.

Pour éviter qu'ils n'accumulent trop de retard, Aldina s'installe près du bénitier, le dimanche avant la messe, et distribue aux parents les devoirs de la semaine. Le dimanche suivant, elle recueille les copies et les corrige. Mais tempête ou pas, Maggie Miller ne rate jamais une journée de classe.

— Qu'est-ce qui est arrivé à ton sac ? demande Aldina.

— Rien ! dit Maggie sèchement.

Aldina s'approche de la jeune fille, vérifie la courroie et l'aide à se dévêtir. Maggie se tourne brusquement et la repousse de sa main gauche avec la fierté et l'indépendance de ses quinze ans.

« Une vraie Irlandaise ! » murmure Aldina. Quand elle enlève son capuchon, de grosses boucles de cheveux roux roulent sur ses épaules. Une bouche sensuelle, des yeux pers d'une exceptionnelle vivacité, de légères piqûres de rousseur aux joues, le menton frondeur, Maggie Miller est déjà une belle femme.

— Tu devrais demander à ta mère de te couper les cheveux, dit Aldina, c'est un véritable nid à poux !

Maggie l'ignore. La dernière fois que sa mère a essayé de lui couper les cheveux, elle l'a griffée, repoussée. Une fois la semaine, elle lave son imposante chevelure avec un savon que son père lui a rapporté de Québec. Après avoir accroché son manteau à l'un des clous près de la porte, elle retire le pantalon d'étoffe qui recouvre sa jupe.

— Garde tes culottes, sinon tu vas geler, lui lance Aldina, elle-même attifée d'un manteau et de gros chaussons de laine.

Maggie ne l'écoute pas. Elle range ses bottes sous son manteau et se rend à son pupitre, regardant négligemment l'arbre de Noël décoré par Aldina au cours de la fin de semaine. Discrètement, elle tire une règle de son sac et, en passant près de Domina Grondin, la lui enfonce dans les côtes. Il hurle de douleur.

— Sipoplette, Domina, qu'est-ce que t'as à crier comme ça? demande Aldina.

Domina baisse les yeux, ravale sa douleur et ne répond pas à l'institutrice. Admettre qu'une fille l'a blessé serait trop humiliant. Maggie est déjà assise à son pupitre, affairée à ouvrir ses cahiers, comme si de rien n'était. À l'arrière de la classe, où sont regroupés Maggie et les trois autres élèves de septième année, Magella et Domina s'échangent un regard vengeur.

Aldina comprend que Domina ne touchera plus au sac de Maggie. Doit-elle la réprimander? Elle y renonce, convaincue que ça ne servirait à rien. Maggie a raison de lui faire payer son agression.

— À genoux pour la prière, ordonne la maîtresse d'école. Vitaline, c'est à ton tour et oublie pas de dire un *Je vous salue, Marie* de plus pour le temps de l'avent.

Les enfants s'agenouillent dans un grincement de chaises et de pupitres. Le petit poêle qu'Aldina a rempli de bûches d'érable dégage une bonne odeur, mais n'arrive pas à réchauffer la classe. Les fenêtres givrées laissent filtrer un friselis de lumière. Derrière le pupitre d'Aldina, un tableau noir masque le mur. Sur les rebords des fenêtres, des statues de la Vierge, de saint Joseph et du Sacré-Cœur témoignent de la piété des écoliers. Au fond de la classe, un grand crucifix et un calendrier de la Quebec Central Railway ornent le mur dont la peinture s'écaille. Maggie Miller ne remue même pas les lèvres, les yeux fixés distraitement sur l'image de la Vierge accrochée au pupitre de l'institutrice.

— Maggie, gronde Aldina, la prière, c'est obligatoire. T'as même pas ouvert la bouche. J'espère que tu vas t'en confesser.

Ennuyée, Maggie tourne la tête. Aldina s'assoit derrière son gros pupitre. « Toi, ma tête de mule, on va bien voir si t'as étudié hier soir. »

Institutrice depuis vingt ans, dont la moitié dans cette école de rang, Aldina Bolduc connaît tous les secrets de l'enseignement. Jolie femme, la cinquantaine, une grosse tresse de cheveux châtains coule sur ses épaules. Ses yeux bruns illuminent un visage doux, relevé de pommettes fardées de rouge. Même en été, elle porte de grandes robes qui dissimulent poignets et chevilles, comme le recommande le Département de l'instruction publique de la province de Québec. Des robes amples, pudiques, qui font disparaître sa poitrine généreuse. Souvent, elle ceinture ses seins, fermement, pour soustraire aux yeux curieux des jeunes garçons cette proéminence qui la gêne. Depuis la mort de son mari, écrasé par un arbre, toute sa vie a tourné autour de son école. Elle y habite à longueur d'année dans une petite pièce joliment aménagée au-dessus de sa classe.

Après avoir distribué leurs travaux aux plus jeunes, Aldina se tourne vers Maggie et les trois autres élèves de septième année,

Vitaline Turcotte, Magella Pouliot et Domina Grondin.

— Maggie, debout. J'veux que tu me récites ta leçon de français d'hier.

Insolente, Maggie Miller lève les yeux vers Aldina et prend tout son temps, feignant de chercher un objet dans son pupitre.

Autour d'elle, ses camarades de classe ricanent, convaincus qu'elle ne sait pas sa leçon et qu'elle sera punie. Aldina élève la voix.

— Maggie, je n'attendrai pas toute la journée.

La jeune fille se lève lentement, range sa chaise et regarde Aldina droit dans les yeux, sans ciller. D'une voix assurée, sans commettre une seule faute, elle débite la leçon, se rassoit et fixe la fenêtre pour afficher clairement son ennui, son dédain pour un entourage aussi mesquin. Déjouée, Aldina approuve d'un petit coup de tête, tentant de cacher le mélange de frustration et d'admiration que lui inspire la jeune fille. «Dommage qu'elle soit aussi têtue et que son père soit un étranger, c'est sûrement l'élève la plus douée que j'aie eue depuis que je fais l'école.»

À midi, les enfants se regroupent autour du poêle pour dîner. Maggie reste à l'écart et avale les frugales provisions que sa mère a glissées dans son sac : deux morceaux de pain recouverts d'une mince couche de graisse de lard et une galette à la mélasse.

Aldina s'approche une fois de plus et tente de l'apprivoiser. Si enjouée et cajoleuse quand elle était plus jeune, Maggie est devenue méfiante, distante. Avec un peu d'encouragement, elle pourrait faire de brillantes études. Mais comment l'amadouer ?

— Maggie, tu vas t'asseoir à ma place et surveiller la classe pendant que je monte à ma chambre. Ça m'prendra dix minutes, au plus. Oh, et en passant, donne-moi ton sac, j'vais recoudre la courroie.

Maggie Miller n'est pas certaine d'avoir bien compris.

— Moé ?

Sans réfléchir, elle tend son sac à l'institutrice.

— Oui, oui, toi ! Tu t'en vas sur tes seize ans, t'es capable de surveiller la classe, non ?

Maggie est étonnée. Certes, elle est la plus âgée de sa classe parce que la coqueluche l'a forcée à commencer l'école plus tard, mais Aldina ne lui a jamais reconnu un droit d'aînesse et, la plupart du temps, elle a confié la tâche de la remplacer brièvement à Vitaline Turcotte, la fille du marguillier. Est-ce une blague?

D'un petit coup de tête, Aldina indique à Maggie de s'exécuter. Tous les regards sont tournés vers elle. Ne lui laissant pas le temps de protester, de refuser comme elle l'a déjà fait, Aldina lui tourne le dos et s'éloigne. La jeune fille se lève lentement et s'approche du grand pupitre d'Aldina.

— Soyez sages, sinon vous savez ce qui vous arrivera, menace Aldina avant de disparaître dans l'escalier qui monte à sa chambre.

Nerveuse, Maggie s'assoit sur la chaise d'Aldina et feuillette la grammaire ouverte sur le bureau. Quelques rires étouffés jaillissent de la classe, encouragés par Domina Grondin. Mais quand il demande la permission d'aller aux toilettes, Maggie refuse net.

— Madame Aldina a dit que les bécosses sont pleines, pis y faut les nettoyer au caustic. En attendant, on y va le moins possible. La réponse, c'est non. R'tiens-toi. Tu feras ça derrière les arbres à la récréation.

— Comment ça, non? demande-t-il, insulté.

— Tu restes à ta place, t'as compris?

— Maudite protestante!

Une vague de rires et de babillages monte dans la classe. De petits tressaillements des yeux trahissent l'impatience de Maggie. Magella Pouliot renchérit aussitôt.

— C'est pas surprenant que la maîtresse y demande à elle plutôt qu'à Vitaline de la remplacer. A se gêne pas elle aussi pour jeunesser avec un protestant!

Tous les élèves éclatent d'un grand rire approbateur. D'abord embarrassée par la remarque désobligeante de

Magella Pouliot sur les amitiés de l'institutrice, Maggie ne réagit pas immédiatement. Elle ignorait que cette relation bien anodine avec un protestant de Cumberland Mills faisait l'objet de railleries. Lentement, Maggie se lève, empoigne le gros dictionnaire d'Aldina et le rabat sur le bureau. Les rires s'estompent.

— Silence, ou j'appelle madame Aldina.

Elle fait quelques pas devant le grand tableau noir, replace les craies et revient au bureau. Tous les élèves la suivent des yeux, sidérés par sa fermeté, son refus de se laisser intimider. La porte de la classe s'ouvre sur Aldina. Maggie est soulagée.

— Alors, vous avez été sages?

Personne ne répond. Tous les yeux sont tournés vers Maggie. Domina et Magella sont convaincus qu'elle les dénoncera. Maggie laisse tomber, petit sourire en coin:

— Comme des images, madame Aldina!

Vers deux heures, Aldina donne congé aux enfants.

— J'vous laisse partir de bonne heure à cause du mauvais temps. Vous finirez vos devoirs à la maison.

Elle attire Maggie à l'écart.

— Ça s'est bien passé pendant mon absence?

La jeune fille approuve d'un petit coup de tête, ne comprenant toujours pas pourquoi Aldina lui témoigne soudainement une telle confiance.

— Maggie, si t'étais pas aussi tête de cochon, tu pourrais te faire instruire. C'est toi la plus intelligente. Penses-y, tu ferais une sipoplette de bonne maîtresse!

Flattée, Maggie cache un petit sourire, mais elle évite d'afficher sa joie. Son père lui a déjà tenu le même propos.

— T'es bien sûre qu'il ne s'est rien passé pendant mon absence? Il me semble t'avoir entendue crier...

Gênée, Maggie plisse les lèvres et relève la tête vers Aldina.

— Magella Pouliot pis les autres rillent de vous parce que vous sortez avec un protestant.

Aldina tourne vivement la tête.

— J'sors pas avec un protestant. Fred Taylor et moi, on est amis, c'est tout. Magella Pouliot, il dit n'importe quoi.

Maggie rejoint les autres enfants qui s'habillent en se bousculant. Domina et Magella la surveillent du coin de l'œil. À l'extérieur, les deux garçons s'approchent d'elle, Maggie les ignore. Domina la pousse mais, bien campée sur ses jambes, elle résiste. Quand il revient une deuxième fois, suivi de Magella, elle saisit un rondin, dissimulé dans son sac et s'approche, menaçante.

— Si tu me touches, je t'le casse sur la tête.

Magella recule, Domina fait un pas vers elle. L'élan de Maggie est vif. Le rondin atteint Domina à l'épaule. Il bat aussitôt en retraite.

— Maudite protestante!

— Chienne d'Irlandaise! hurle Magella.

Maggie ne relève pas les insultes. Elle a l'habitude. À l'école, on la traite de protestante parce que son père, un Irlandais catholique, fréquente les protestants de Cumberland Mills et que sa sœur Lina s'y est engagée après sa sixième année.

Maggie remet le rondin dans son sac et se dirige vers la maison, l'œil rivé sur les deux garçons qui marchent devant elle. L'an dernier, sa cousine l'accompagnait, mais cette année elle est seule sur le chemin de l'école. Son père refuse qu'elle quitte l'école pour travailler. «Finis ta septième année et ensuite tu deviendras une maîtresse ou une garde-malade, disait-il. T'es trop intelligente pour t'engager chez les protestants.» Mais sa mère hochait la tête de dépit, ne voyant pas la pertinence de faire instruire sa fille. «On est pauvres comme Job, on a besoin de ses gages!»

Depuis qu'elle fréquente l'école, Maggie est habituée aux quolibets. Elle est différente, la «fille de l'Irlandais». Est-ce une tare suffisante pour en faire le souffre-douleur de

l'école ? Est-ce à cause de son nom ? Aurait-elle dû s'appeler
Poulin, Grondin ou Turcotte plutôt que Miller ? Et pourquoi
s'acharner à prononcer « Millaire » alors que son père répète
qu'il faut dire Miller, à l'anglaise ?

2

Dans le rang-à-Philémon, les cultivateurs ont battu un chemin de halage. Maggie peine moins en retournant à la maison. En route, le père de Magella Pouliot invite les enfants à monter dans son traîneau, mais quand Maggie s'approche, Magella la repousse brutalement au grand plaisir des autres enfants. Maggie se résigne à marcher. La tempête s'est essoufflée, le vent est tombé, mais le froid lui mord les joues, picore le bout de ses doigts qu'elle réchauffe en soufflant sur ses mitaines. Parfois, elle enfonce dans la neige ou bute dans les trous creusés par les chevaux. Au tournant du rang, sur la colline qui surplombe Cumberland Mills, le patelin des protestants, elle aperçoit finalement la modeste maison de ses parents. De la cheminée s'échappe une fumée paresseuse, comme figée par le froid.

Maggie s'étonne de retrouver sa mère sur la galerie, balai en main, les yeux hagards, un manteau rapidement jeté sur les épaules.

— Qu'est-ce qui s'passe?

— Je l'ai vu, ben vu. Pour dire la franche carabine, y rôde encore autour de la maison.

— Qui?

— Ton grand-père!

Maggie secoue la tête. Son grand-père est mort depuis un an, mais sa mère est convaincue qu'il revient sur terre hanter les siens. Un revenant! Le comportement de sa mère l'inquiète. La semaine dernière, elle l'a surprise dans l'étable, tenant discours à la petite Euphémie Pouliot, décédée à la naissance. À Maggie qui s'étonnait, sa mère

19

a répondu : « A l'est dans les limbes, y ont pas eu l'temps d'la baptiser, pis comme a peut pas aller au ciel, a ravaude dans l'étable. »

Maggie entre dans la maison, sa mère sur les talons.

— Accroche ton manteau, lui lance-t-elle, dès qu'elle franchit la porte.

Marie-Anne Miller, toujours vêtue de la même robe d'étoffe grise ceinturée sous les seins, retrouve sa chaise et son travail. Elle reprise de vieux bas de laine. Son visage chiffonné, au teint pomme de terre, est piqué de beaux yeux qui témoignent d'un passé moins ingrat. Sous sa coiffe de laine, le renflement d'une boule de cheveux noirs, attachés grossièrement sur la nuque, dessine une tête difforme. Maggie obéit sans même relever les yeux. Elle enlève ses manteau, chapeau et mitaines, prend une galette à la mélasse sur la table et se dirige vers la chaise de son père.

— Assis-toé pas dans s'ta chaise-là, tu vas être mieux à table pour faire tes devoirs.

Maggie l'ignore. Chaque soir, au retour de l'école, elle s'enfonce dans la chaise de son père, sa façon de le retrouver, de pallier son absence. Jimmy Miller passe l'hiver dans les chantiers. Maggie compte les jours avant Noël. Il a promis de venir chanter le *Minuit chrétien*, comme l'an dernier. Son absence lui pèse tellement.

Seule avec sa mère, elle s'ennuie. Sa sœur Lina, engagée chez les protestants, ne vient que le dimanche. Maggie voudrait trouver du travail, elle aussi, sortir de cette maison où elle étouffe. Partir. N'importe où. Mais son père refuse. « T'es trop intelligente pour t'engager, tu feras une maîtresse d'école ou une garde-malade. » Ainsi, elle restera plus longtemps à la maison. Absent plus de la moitié de l'année, son père se déculpabilise grâce à la présence de sa fille auprès de Marie-Anne. Maggie se berce, les yeux rivés à la fenêtre. Le soleil s'éclipse. Elle imagine la silhouette de son père, se profilant sur la route, revenant des chantiers à l'improviste.

Malgré les remontrances de sa mère, Maggie ne quitte pas cette chaise si riche en souvenirs. Petite, elle s'y faisait bercer par son père. Bon vivant, rieur, taquin, il lui faisait courir des frissons dans les oreilles et perler des larmes aux yeux en lui chatouillant le dessous du nez avec la pointe de ses cheveux roux.

— Arrête d'exciter Marguerite comme ça, a pourra pas dormir ! criait sa mère.

— Appelle-la pas Marguerite. J'aime pas ce nom-là. C'est Maggie, ma Maggie, la Maggie de son *daddy*, la plus belle Maggie de la terre ! disait-il en la tenant à bout de bras.

La fillette éclatait de rire. Maggie ou Marguerite, peu importait, quand son père était là, plus rien n'avait d'importance.

La voix rauque de sa mère qui allume une grosse chandelle de suif la tire de sa rêverie. La lumière découvre la table rustique, les quatre chaises, la berceuse et, dans le coin, contiguë à l'une des deux chambres, une chantepleure qui dégoutte pour empêcher l'eau de geler. Une attisée rougit les ronds du poêle.

— Dépêche-toé de finir tes devoirs pis tes leçons qu'on aille tirer les vaches.

Maggie abandonne la chaise de son père et s'approche de sa mère.

— Domina m'a fait tomber dans la neige, pis j'y ai rentré ma règle dans les côtes, dit-elle fièrement.

— T'as pas d'affaire à t'chicaner avec les gars. Domina, y vient d'une bonne famille. Ça te ferait un bon parti, un jour.

Maggie n'en croit pas ses oreilles. Domina ? Ce demeuré qui a doublé sa troisième année et qui sait à peine lire, même après avoir passé presque huit ans à l'école ? L'épouser ? Se retrouver à l'étable deux fois par jour pour l'éternité ! Revivre la vie de sa mère. Jamais ! Maggie rêve de la ville. Saint-Georges, mais surtout Québec dont son père lui a souvent parlé.

— Papa m'a dit de m'défendre.

Sa mère hausse les épaules.

— Parle-moé pas de ce faignant-là. Même pas capabe de nous envoyer d'l'argent!

Maggie bat en retraite. Impossible d'avoir une discussion avec sa mère. Sans éducation, anonyme au milieu d'une famille de seize enfants, menacée de rester vieille fille, Marie-Anne Pouliot a épousé Jimmy Miller, cet Irlandais pétulant venu de Québec s'engager chez les protestants de Cumberland Mills. Quand ils se sont rencontrés, Jimmy était ivre. Ils se sont revus trois fois. Marie-Anne a cru trouver dans le mariage la solution à tous ses problèmes. En devenant maîtresse de maison et responsable d'une petite ferme achetée à crédit, elle s'est sentie revigorée. D'un coup, elle trouvait son rang. Sa maison devint son royaume. Elle contrôlait enfin son destin. Mais elle déchanta rapidement. De cinq ans son cadet, Jimmy l'abandonnait toujours un peu plus, agacé par sa phobie des revenants, gêné en sa compagnie, préférant celle des bûcherons ou des protestants. Depuis son mariage, Marie-Anne vit entre sa cuisine et l'étable, entre sa maison et l'église de Saint-Benjamin.

Pendant que son mari court les chantiers et fait la fête, elle se referme de plus en plus dans son univers, occupée seulement à élever ses deux filles. Elle aurait souhaité avoir plus d'enfants, mais après la naissance de Maggie, Jimmy ne l'a plus jamais touchée. Et c'était probablement mieux ainsi. Marie-Anne Miller aime ses deux filles, pourtant elle n'arrive pas à le démontrer. Aucun empressement, aucun élan d'affection, rien, elle ne manifeste jamais ses sentiments. Maggie et Lina l'ignorent et font le plein de tendresse auprès de leur père. Marie-Anne Miller est incapable d'une caresse, du plus menu baiser. Quand Maggie, encore petite, lui prenait la main, agacée, elle se dépêchait de la laisser tomber.

La bougie de suif distille une odeur âcre. Sans empressement, Maggie enfile « son linge d'étable ». La nuit est tombée, une chape d'étoiles dans son sillage. La neige craque sous ses pas. Quand sa mère ouvre la porte de l'étable, l'odeur attiédie du fumier lui remplit les narines. Maggie grimace. Sa mère pose le fanal sur la trémie des cochons et s'accroupit sous l'une des quatre vaches, imitée aussitôt par sa fille. Les deux porcs quémandent leur pitance. Un vieux cheval roux, la crinière jaunie, renâcle. Dans la bergerie, les colliers de bois des moutons affamés s'entrechoquent.

— Patience, Rosy, ton foin s'en vient, lance Maggie à la vieille jument. Et papa va revenir betôt.

Elle ne rate jamais une occasion d'évoquer son père pour provoquer sa mère, la blesser. Elle lui en veut de ne pas l'aimer, de ne pas le retenir à la maison. Maggie ferme les yeux sur les incartades de son père, lui donne toujours raison. Son héros qui ne peut rien faire de mal! La victime de l'indifférence de sa mère. Parfois, Marie-Anne éclate et rabroue sa fille. La plupart du temps, elle ignore ses provocations et se renferme dans sa bulle, peuplée de revenants, de démons et de fantômes.

Absorbées, silencieuses, la mère et la fille traient les quatre vaches. Le sifflement du lait dans les chaudières attire un gros chat orange. Maggie remplit de lait le couvercle d'un bocal et le lui tend. Après la traite, pendant que sa mère affourage les animaux, Maggie nettoie la litière des vaches. L'odeur du fumier lui répugne. Elle se rend ensuite au poulailler où dorment trois vieilles poules et un coq qui tend le cou.

— Dors, Balthazar, je m'en retourne tout de suite.

Sa mère délaie une moulée épaisse dans l'eau. Les deux porcs, le museau frémissant, s'en délectent à l'avance.

— Oublie pas de soigner les moutons.

Maggie jette deux brassées de foin dans le râtelier de la bergerie. L'un des moutons vient à sa rencontre. Celui qu'elle a élevé à la bouteille parce que la brebis refusait de l'allaiter. Maggie lui caresse le cou. Elle en veut encore à sa mère de lui avoir coupé la queue. La vue du trognon rougi par le sang lui avait tourné la tête. Comme son père, elle n'aime pas l'étable et ses odeurs. À quinze ans, elle souhaite une autre vie. Partir ? Pour aller où ? Elle a promis à son père... En quittant l'étable, elle met deux œufs dans sa poche et se dépêche de rentrer à la maison, laissant sa mère seule avec ses revenants. Elle se lave vigoureusement à l'eau glacée pour chasser cette déplaisante odeur imprégnée dans sa peau.

Sa mère revient quelques minutes plus tard avec un seau de lait qu'elle transvide dans un gros bocal. Elle emplit une grande tasse et la dépose sur la table. Dans une assiette de tôle, Marie-Anne jette négligemment une tranche de pain et un morceau de lard froid. Sur le dos d'une soucoupe de faïence, elle verse un peu de mélasse et invite Maggie à manger. La jeune fille avale le tout en quelques secondes, retrouve la chaise de son père et replonge dans ses rêveries.

Sa mère ferme hermétiquement le bocal et le secoue lentement mais fermement. Au bout d'une heure, elle en tirera un peu de beurre qu'elle vendra au village pour acheter quelques provisions. Quant au lait de beurre, elle l'avale d'un trait. Maggie en a un haut-le-cœur.

— Ça placote ben gros à l'école parce que madame Aldina sort avec un protestant, laisse tomber Maggie.

Sa mère relève la tête sans rien dire. Ni surprise ni curiosité. Les nouvelles de la paroisse ne l'atteignent pas, ne l'intéressent pas. Parfois, Maggie a l'impression que sa mère s'isole de plus en plus, que son esprit est ailleurs.

— C'est péché de sortir avec un protestant ?

Marie-Anne s'impatiente. Elle n'aime pas la conversation et ses répliques n'admettent aucune répartie.

— Pour dire la franche carabine, c'est pas du monde comme nous autres. Si c'était pas de ton faignant de père qui nous donne pas d'argent, tu peux être sûre que ta sœur s'engagerait pas chez les protestants !

— Ils sont si dangereux, les protestants ?

Marie-Anne esquisse une moue dédaigneuse.

— C'est des protestants !

Échanges ténus, une économie de mots, cette conversation ne l'intéresse plus.

Maggie ne comprend pas très bien d'où vient le danger, mais elle n'insiste pas. Son père l'a emmenée quelques fois au magasin général de Cumberland Mills. Le grand sourire de Walter Taylor, un joli garçon de son âge, l'avait émue. Où est le danger ?

La lumière du fanal vacille. Marie-Anne Miller sort de sa robe trois grosses pelotes de guenille qu'elle déroule, examine et enroule de nouveau. Elle répète ce manège trois fois. Médusée, Maggie s'étonne d'un tel comportement. Est-ce que sa mère retourne en enfance ? Quand la bougie achève de se consumer, Marie-Anne lui ordonne d'aller au lit.

— Va te coucher avant que les morts se réveillent. Ton grand-père est sûrement au purgatoire. Y passe son temps à ravauder autour de la maison.

Incrédule, Maggie branle vigoureusement la tête. Sa mère est obsédée par les morts. Son père l'a déjà convaincue de ne pas croire aux histoires de « revenants » de sa mère. « Les morts ne reviennent pas sur la terre. Ben des gens le croient, mais c'est pas vrai. Tout ce que ta mère veut, c'est de te faire peur. »

Maggie tire la couverture de flanelle et ajuste la grosse peau d'ours qui la gardera au chaud jusqu'au matin. Elle pense à Aldina et à Fred, une « belle histoire d'amour ». Elle rêve à « son histoire d'amour », à son prince charmant qui doit bien l'attendre quelque part, un prince plus charmant, plus beau, plus intelligent que les Domina et Magella de ce monde ! Le sourire de Walter lui revient à l'esprit. Une image qu'elle repousse aussitôt. Au-dessus de son lit, la lune embrase la fenêtre ourlée de givre. Elle pense à son père, sourit, entend sa mère remplir le poêle pour la nuit et s'endort.

3

Aldina et Maggie avalent lentement une omelette et du pain grillé. Le petit poêle suffit à peine à les réchauffer. Dehors, la tempête rugit, féroce, soufflant sur l'école des trombes de neige. À midi, tous les parents, sauf la mère de Maggie, sont venus chercher leurs enfants. En pareille situation, Maggie va chez sa tante Mathilde qui habite à deux pas de l'école, mais elle est malade. Aldina n'a pas eu le choix, elle l'a gardée avec elle.

Affublée de gros chaussons, d'un pantalon et d'un châle de laine, l'institutrice peste contre cette nouvelle tempête qui s'infiltre par tous les interstices de l'école. Lacérées par le froid, les poutres geignent, bruits stridents qu'à force d'habitude Aldina n'entend plus, mais qui agacent Maggie. Aldina se lève et récupère trois bouteilles de grès qu'elle remplit d'eau. Elle les dépose près du poêle. En se couchant, elle glissera les bouteilles chaudes au pied de son lit pour se réchauffer.

— La dernière fois qu'on a eu un mois de décembre comme celui-là, c'était en 1862, l'année de ma confirmation.

Mais au-delà du froid, ce sont les cancans qui la dérangent davantage.

— Est-ce que t'as encore entendu parler de mes fréquentations ?

Maggie hésite un instant, ébauche un petit sourire et laisse tomber, taquine :

— La Loubier pense que vous allez brûler en enfer. C'est Vitaline qui a dit ça pendant la récréation.

— La Loubier, c'est une sans-génie. Elle devrait savoir que même si on est amis, Fred et moi, ça veut pas dire qu'on sort ensemble.

Les paroles de Maggie tracassent Aldina. Sa relation, pourtant discrète, avec Fred Taylor amuse les enfants. Ils répètent sûrement les propos de leurs parents. « Est-ce que tout le monde se moque de moi ? Sont-ils convaincus qu'il y a plus que de l'amitié entre Fred Taylor et moi ? » Maggie la tire de sa torpeur.

— Est-ce que vous l'aimez, monsieur Fred ?

— Ben non, voyons, on est juste des amis.

La question spontanée de Maggie a fait sursauter Aldina. Lui a tiré une réponse irréfléchie. Pour sauver les apparences. La voilà forcée de s'interroger sur des sentiments qu'elle a toujours refoulés jusque-là. S'agit-il de véritables fréquentations ou de vague complicité ? Fred est-il seulement un ami ? A-t-elle menti à Maggie pour faire taire la rumeur ? Elle passe beaucoup de temps avec Fred et y prend plaisir. Est-elle amoureuse ? Effrayée par la réponse, Aldina s'empresse de chasser de son esprit cette notion folichonne. Un jour, tout deviendra limpide.

Pourtant, l'an dernier, quand il est venu l'aider une première fois, elle l'a accueilli froidement. Ne trouvant personne pour réparer la porte de l'école, la commission scolaire, sur la recommandation du maire, a fait appel à Fred Taylor, un homme à tout faire de Cumberland Mills. Malgré les attentions et la gentillesse du vieux garçon, Aldina était restée de glace. Jamais l'idée de se lier d'amitié avec un étranger, protestant en plus, ne lui avait effleuré l'esprit. Mais Fred Taylor, ayant constaté rapidement l'état de délabrement avancé de l'école, avait proposé d'y effectuer plein de menus travaux. Petit à petit, Aldina l'avait écouté, lui avait parlé et s'était laissé apprivoiser. Il l'amusait avec son drôle d'accent. Mais s'il devait effectuer des travaux à l'intérieur de l'école, elle en sortait et n'y retournait pas avant qu'il ait terminé.

Un soir, à l'automne, elle se surprit à espérer son arrivée. « Il me désennuie », se justifia-t-elle. La veille, ils avaient placoté devant la porte de l'école. Il l'avait accompagnée jusqu'à la croix de chemin où Aldina récita quelques *Ave* pendant que Fred, recueilli par respect, l'attendait un peu à l'écart. Au retour, il avait tenté de saisir sa main, mais elle s'était dégagée brusquement. Depuis, elle l'accueille à l'école, à la nuit tombée, deux soirs par semaine, pour jouer aux cartes ou aux dames.

L'institutrice se lève, s'empare d'une pile de cahiers et s'assoit à la table de cuisine. Avant de corriger les devoirs, elle jette un coup d'œil à deux notes qu'elle a reçues le matin du Département de l'instruction publique. La première demande à l'institutrice que les enfants gardent leurs mains sur les pupitres, les bras croisés. Ne pas laisser les enfants aller plusieurs à la fois dans les lieux d'aisance. Aldina hausse les épaules. «Ça va de soi!» L'autre note l'agace davantage : défense d'inviter dans l'école les garçons que l'on fréquente pour éviter de souiller l'endroit où se retrouveront des dizaines d'âmes innocentes. La semaine dernière, le curé lui avait fait parvenir d'autres directives : défense de porter des couleurs vives, de fumer, de se teindre les cheveux; obligation de porter deux jupons et des vêtements qui couvrent bras et jambes. Défense d'avoir un cavalier, de l'inviter à l'école, de se marier. «Fred, c'est un ami, pas un cavalier, c'est pas pareil.»

Tout à coup, deux petits coups secs sont frappés à la porte. Aldina reconnaît aussitôt le signal de Fred. «Lui, par un froid pareil… et Maggie qui est ici, et la note du Département de l'instruction publique!» Un mélange d'inquiétude et de joie s'empare d'elle. Aldina a des papillons dans l'estomac. Normalement, elle serait heureuse de l'accueillir mais, ce soir, son bonheur est assombri, assorti d'un indéfinissable malaise. Maggie a relevé la tête, inquiète.

La jeune fille sur les talons, Aldina descend rapidement à l'étage de la classe, enlève la barre et ouvre la porte. Sous son gros chapeau de fourrure, les cils et les sourcils ourlés de frimas, rougeaud, Fred Taylor sourit comme un enfant, mais son sourire se fige quand il aperçoit Maggie. Aldina s'empresse de fermer la porte derrière lui.

— *Hi, miss Miller*, lance-t-il à Maggie, amusée.

Maggie sourit. C'est la première fois qu'une personne autre que son père prononce son nom à l'anglaise.

— Je l'ai gardée avec moi, sa tante est malade et je ne pouvais pas la laisser retourner chez elle dans une tempête pareille.

— T'as ben fait !

Normalement, Aldina l'aide à enlever son manteau. Ce soir, elle est un peu en retrait. Maggie les observe, curieuse. Aldina force un sourire et, d'un petit coup de tête, renvoie Maggie à ses cahiers à l'étage supérieur.

— Viens te chauffer. Avec ce froid-là, je ne t'attendais pas.

— J'manquerais pas un lundi, *you know that* !

Aldina sourit, petit rictus à peine ébauché. Ses gestes sont nerveux, précipités. Fred devine son inquiétude.

— C'est *because* la petite ?

— Non, non, elle ne dira pas un mot. J'en suis certaine.

— *Goddam*, t'es pas malade, Aldina ?

— Non, dit-elle en baissant les yeux.

Inquiet, Fred la détaille. Il allonge ses mains au-dessus du poêle en les frictionnant vigoureusement. À peine plus grand qu'elle, le même âge, l'œil sombre mais rieur, le visage buriné, Fred Taylor est un bel homme malgré son gros nez camard. Souvent, Aldina le taquine sur ses cheveux grisonnants qui lui donnent cette dignité des aristocrates anglais dont la photographie orne parfois la première page de l'*Action sociale*.

— Y a des troubles ? demande Fred dans son français approximatif.

Elle sourit, l'invite à s'asseoir en face d'elle, de l'autre côté de son gros bureau. Elle sort un paquet de cartes du tiroir et commence à les battre.

— Aldina, dis-moé la problème!

— LE problème, fait-elle, taquine.

Fred attend l'explication. Il n'a pas envie de jouer aux cartes. Aldina se décide enfin et lui raconte l'incident de l'école et les propos de la Loubier. Fred branle la tête, incrédule.

— C'est des *gossips*, des ragots comme tu dis des fois.

— Toi, t'as jamais rien entendu?

— *No*, des *jokes* plates des fois à Cumberland Mills, c'est toute.

— Faut pas s'inquiéter, dit Aldina sans conviction, on fait rien de mal.

L'atmosphère devient moins lourde. S'agit-il seulement de placotages? Même si les visites de Fred sont toujours discrètes, en quelques occasions, des paroissiens les ont vus ensemble, soit à la croix de chemin, soit dans la cour d'école. Mais personne ne lui a jamais rien dit. Lors de son départ, le curé Lamontagne l'a félicitée pour son «travail exceptionnel» auprès des enfants. Non, à l'évidence, il n'y a pas lieu de trop s'inquiéter.

— Veux-tu jouer? dit Fred.

Aldina brasse les cartes avec adresse. Fred l'observe, médusé de la voir s'exécuter à une telle vitesse, sans jamais en échapper une seule. Le vieux garçon a du mal à se concentrer. Même s'il les juge anodins, ces racontars le tracassent. Il connaît assez Aldina pour savoir qu'elle n'acceptera pas une situation équivoque. Dans un petit village, la taquinerie fait vite place à la mesquinerie et à la méchanceté. Le temps est-il venu de braver les deux communautés et de donner à ces fréquentations un caractère plus officiel? Doit-il déclarer son amour à Aldina? Si oui, comment le faire? Avec quels mots? Qui ne la feront pas fuir. Et si elle accepte, elle lui demandera de se convertir, ce qu'il n'est pas prêt à faire.

— On est ben ensemble, dit-il maladroitement.

Aldina rougit. Un léger frisson lui parcourt le dos. S'il fallait que Maggie l'entende! Pendant quelques minutes, ils jouent aux cartes sans dire un mot, mécanique bien rodée, l'esprit ailleurs. Fred attend une réaction d'Aldina, en vain. «Où veut-il en venir? Va-t-il me déclarer son amour et me promettre de se convertir?» Elle se surprend à le souhaiter. C'est à lui de faire les premiers pas. Une femme distinguée tient son rang et laisse à l'homme le soin de dévoiler ses sentiments en premier. Mais rapidement, Aldina se ressaisit. Non, Fred Taylor ne lui fera pas de grandes déclarations d'amour. Son imagination la trahit.

— Joue, dit-elle.

La partie de cartes dure une heure, ponctuée d'éclats de rire, de cris, de grognements et de coups de poings sur la table. Ils en oublient Maggie qui tend l'oreille pour tenter de capter des bribes de conversation. Aux moues contrariées d'Aldina, Fred réplique par de petits gloussements de joie quand il gagne. Ils ont retrouvé leur enthousiasme, le plaisir d'être ensemble. Pas besoin de l'exprimer avec des mots, leur bonheur est palpable. À la fin de la soirée, Aldina lui offre un thé et une pointe de tarte. La conversation tourne à vide, inoffensive, assortie d'un malaise qui les empêche d'aller au-delà de la tempête et des routes qui seront fermées le lendemain. Fred enfile ses lourds vêtements. Il s'approche d'Aldina, lui prend la main et, timidement, l'embrasse sur la joue.

— On est ben ensemble, Aldina. *I like you a lot!*

Il aurait souhaité être plus romantique, aller plus loin, exprimer ses véritables sentiments, mais il ne trouve pas les mots. Gros chapeau de poil calé sur la tête, Fred hésite un instant, se retourne vers Aldina, bafouille un «*good night*» et s'en va. Aldina en est toute retournée. Ce premier baiser a effacé tous ses doutes. La proximité de Fred, son souffle sur sa joue, sa main rêche sur son poignet, même l'odeur du tabac, tout cela l'attise. Elle est bel et bien amoureuse de cet homme. Amoureuse et effrayée par les conséquences.

Machinalement, elle met la barre à la porte, une bûche dans le poêle et retourne au deuxième étage. Maggie s'est endormie dans la grande chaise berçante. Aldina lui jette une couverture sur le dos, lui tapote la joue, «ma complice», et ranime le feu qui somnole dans le petit poêle. Elle s'assoit sur son lit et essaie de se convaincre que cet amour est déraisonnable. Que sait-elle de cet homme? De ses origines? Qui étaient ses parents? Que sont devenus ses frères et sœurs? Pourquoi ne s'est-il jamais marié?

Un amour insensé, impossible, qui ouvre la porte à la peine et à la douleur. «On ne tombe pas en amour à mon âge!» Submergée par de nouveaux sentiments, Aldina est incapable de se convaincre qu'elle fait fausse route. Doit-elle ignorer les cornes de brume qui claironnent dans sa tête?

Dehors, Fred se rit de la tempête. Elle l'assaille, lui bloque la route, le flagelle, mais il va son chemin comme si de rien n'était.

Ses pensées se bousculent, s'emmêlent. Bientôt, la tempête se calmera et il y verra plus clair.

4

En levant les yeux vers l'école, Maggie a un geste de recul. Le curé Antonio Quirion l'a précédée. Il a attaché le vieux cheval gris de la Fabrique à la rambarde de la galerie. Maggie se faufile derrière l'école, songe à se cacher dans les «bécosses», mais y renonce à cause du froid et de l'odeur immonde. Elle s'engouffre dans la petite remise à bois sous l'escalier conduisant à la chambre d'Aldina.

Au lieu d'accrocher son gros manteau, le curé le laisse tomber sur le plancher. Insultée, Aldina le ramasse et le suspend difficilement avec les vêtements des enfants. «Tu me parles de manières de grand seigneur!» se dit-elle.

— Bonjour, monsieur le curé, murmure-t-elle sans entrain.

— Fais sortir les enfants, j'ai à te parler.

L'institutrice hésite.

— Mais, monsieur le curé, ils viennent tout juste de rentrer. Ils vont attraper leur coup de mort.

— Bout de pipe, arrête tes sornettes. Fais-les sortir.

Témoins de la conversation, tous les enfants sont déjà debout. Au signal d'Aldina, ils se rhabillent, cafouillent et sortent rapidement de l'école. Maggie reste dans sa cachette.

Fraîchement arrivé à Saint-Benjamin, le curé Quirion visite l'école pour la deuxième fois. En septembre, il a laissé derrière lui un groupe d'élèves effrayés. Quelle différence avec son prédécesseur, l'abbé Lamontagne, si doux avec les enfants! Quand il est passé près de Maggie, le curé a ridiculisé son nom, le prononçant à la française, «Millaire», avec une moue de mépris. Maggie a senti le poil de ses bras se hérisser et un grand frisson de colère lui courir dans le dos.

Une odeur de propreté flotte dans la classe. Le curé fait le tour, examine les pupitres, fouille dans les tiroirs et s'approche d'Aldina.

— T'as couché dans ton école la nuit dernière?

— Ben oui, fait-elle, étonnée par la question.

Incrédule, le curé la regarde durement. Aldina refoule son indignation. « Me soupçonne-t-il de découcher ? » Aldina sent le besoin d'expliquer pourquoi elle avait encore son manteau sur le dos à son arrivée.

— Tous les matins, je vais voir le vieux Exior-à-Archilas. Il a soixante-dix-sept ans et il est souvent malade. Je vais m'assurer que tout va bien.

Le curé n'écoute pas la réponse. Grand, mince, le crâne dégarni, le teint cireux, il a des yeux perçants, cachés derrière de petites lunettes. « Y ressemble à un raton laveur », a dit le bedeau au lendemain de son arrivée dans la paroisse. La soutane patinée par le temps, le prêtre va et vient dans la classe en se frottant les mains pour les réchauffer.

— J'ai à te parler avant que les enfants rentrent.

Aldina se tourne vers lui avec appréhension.

— C'est au sujet de tes fréquentations avec Fred Taylor. Il y a des gens dans le village qui s'inquiètent. J'ai entendu jaser dès mon arrivée dans la paroisse. J'en glisserais bien un mot à ton frère, mais il n'a jamais le temps de passer au presbytère. Monsieur le maire est trop occupé !

Le ton persifleur du curé fait frémir Aldina. Non, Bénoni ne lui a jamais rien dit. Et à un conseiller qui le taquinait sur les « mamours » de sa sœur, le maire a rétorqué : « Y se font des petites politesses de temps en temps, mais ma sœur a toujours respecté son veuvage. »

Agacé, Bénoni en avait parlé à l'ancien curé. « Des politesses, oui, mais si ça devient de vraies fréquentations, pour le bon motif, il faudra que Fred Taylor se convertisse s'y veut l'amener au pied de l'autel. »

À l'évidence, le curé Quirion n'a pas la même approche.

— Cette fois, je ne passerai pas par ton frère, je vais te le dire en pleine face. Je ne veux plus entendre parler de ces fréquentations-là, m'as-tu compris ?

Sous le choc, Aldina réalise soudain que le curé donne à ses fréquentations avec Fred Taylor une importance démesurée.

— Si jamais j'apprends qu'il est entré dans l'école, ne serait-ce qu'une fois, tu n'enseigneras plus jamais, prends-en ma parole.

Stupeur ! Aldina en tressaille. Heureusement, Fred a toujours été très discret, empruntant le plus souvent un sentier dans la forêt plutôt que le rang-à-Philémon.

— On a rien fait de mal !

— Rien de mal ! Tu sors avec un protestant et t'oses dire que t'as rien fait de mal. Es-tu en train de perdre ton génie ? Quelle sorte d'exemple tu donnes aux enfants ? Y as-tu pensé ?

Aldina refoule indignation et colère. Sa conduite a toujours été exemplaire. Vingt ans d'enseignement, dont dix dans une école de rang, voilà qui devrait être un gage suffisant de bonne conduite.

— On est des amis, c'est tout.

— Arrête de raconter des sornettes ! Prends-moi pas pour un imbécile ! Je te répète pour la dernière fois que je ne peux plus endurer cela. Ou bien il se convertit tout de suite, vous vous mariez et on trouve une autre maîtresse d'école, ou bien t'arrêtes de le voir. Est-ce que c'est assez clair ? C'est la dernière fois. Si tu ne m'écoutes pas, je vais prendre les grands moyens.

Tapie dans la boîte à bois, Maggie entend tout. Les propos du curé l'agacent, lui font courir des frissons dans le dos. Ira-t-il jusqu'à frapper Aldina ?

Le curé s'arrête devant le gros pupitre de la maîtresse d'école et examine les images épinglées sur le devant du meuble.

— J'te dis que la piété ne t'étouffe pas !

Insultée, Aldina pince les lèvres.

— C'est les seules images que vous m'avez données quand vous êtes venu en septembre.

— L'autre curé que vous avez tous l'air de regretter, il ne vous en donnait pas, des images?

Une moue de mépris, ténue, à peine perceptible, roule sur les lèvres de l'institutrice. «Le curé Lamontagne avait d'autres préoccupations que la distribution d'images.» Antonio Quirion fronce les sourcils, se dirige vers la fenêtre, gratte le givre avec ses ongles et jette un coup d'œil rapide à son cheval.

— Il va falloir penser à une ou deux filles de ton école pour envoyer chez les religieuses. Pour les gars, oublie ça. C'est une bande de cabochons! Heureusement, à l'école du village, madame Cloutier les a mieux encadrés et j'aurai sûrement deux ou trois prêtres dans le groupe. Mais dans ta classe, je veux deux filles pour le couvent, t'as compris?

Aldina sursaute. Il exagère! Elle rêve. Jamais l'ancien curé n'a formulé une telle requête. Elle ne comprend pas. Les encourager, oui. Mais si elles n'ont pas la vocation? Antonio Quirion ne veut rien entendre. Il est engagé dans une véritable compétition avec ses collègues des autres paroisses de la province de Québec. Lequel enverra le plus de filles au couvent, de garçons chez les frères ou au séminaire. Chaque année, il écrit à l'évêque pour lui signaler les nouvelles vocations dont il est le seul juge. Elles surgissent toujours des familles les plus en vue, les plus riches de la paroisse. Le curé en tient une comptabilité minutieuse: neuf garçons au séminaire, six chez les frères et sept filles au couvent depuis son accession à la prêtrise. Avec un tel palmarès, Antonio Quirion, simple curé, ne tardera pas à devenir monseigneur Antonio Quirion, évêque de Québec et, qui sait, le cardinal Antonio Quirion!

— Il faut dire que les vocations ne poussent pas dans les arbres à Saint-Benjamin! Prends-en ma parole, ça va changer ! Saint-Benjamin va donner des enfants au bon Dieu ou je ne m'appelle pas Antonio Quirion !

Aldina est décontenancée. Comment infléchir ce curé obtus, le détourner de son projet incongru ? De quelle autorité peut-elle choisir deux filles pour le couvent ? Et si les filles ne veulent pas y aller ? Et les parents ? Devrait-on au moins les prévenir ?

— Maggie Miller est ma plus intelligente, dit Aldina, pour embarrasser le curé.

— La fille de l'Irlandais ?

— Oui, c'est la meilleure élève que j'aie eue depuis que j'enseigne.

— D'abord, tu vas me faire le plaisir de l'appeler par son vrai nom, Marguerite, Mar-gue-ri-te, insiste-t-il en détachant les syllabes. Maggie, ce n'est pas un vrai nom, c'est un nom protestant. T'es dans une école catholique au cas où tu l'aurais oublié.

Aldina balbutie quelques mots, étouffe les insultes qu'elle a envie de lancer au curé, mais il renchérit aussitôt.

— Si je ne me trompe pas, sa sœur est engagée chez les protestants ? À partir de maintenant, j'interdis à nos jeunes filles de s'engager à Cumberland. C'est trop dange-reux ! C'est pire qu'en enfer !

Aldina ne comprend plus. Elle étouffe. Colère et crainte l'assaillent. Elle s'insurge contre autant de propos gratuits. Ses yeux tressaillent, trahissent son désarroi. Jamais, dans ses longues conversations avec Fred Taylor, elle n'a décelé le moindre élément de danger. Doit-elle confronter le curé ?

— Maggie pourrait…

— Appelle-la pas comme ça ! Son nom, c'est Marguerite.

Maggie s'est recroquevillée encore un peu plus dans sa cachette inconfortable. Tout se bouscule dans sa tête. Elle déteste le curé, meurt d'envie d'aller lui jeter son mépris à la figure.

Le curé fait deux pas vers la fenêtre et se retourne.

— Il n'en est pas question, tu m'as compris. Une femme qui n'est pas capable d'avoir plus que deux enfants ne mérite pas que sa fille devienne religieuse.

— Il n'est pas nécessaire qu'elle fasse une religieuse, mais elle pourrait devenir maîtresse d'école. La paroisse va en manquer avant longtemps.

— Et avec quel argent tu vas la faire instruire? Celui de la Fabrique? Jamais!

— Elle est première de classe, ose dire Aldina, de plus en plus agacée par l'étroitesse d'esprit du curé.

— Ça ne veut rien dire. T'as quatre élèves seulement en septième année. Première de classe! Tu t'es sûrement trompée. Arrange-toi pour que ça n'arrive plus. La petite Vitaline Turcotte mérite bien plus d'être première que l'autre. Sa mère s'est jamais refusée à son mari comme Marie-Anne Miller. Les seules filles qu'on va envoyer au couvent, ce sont les filles de bonne famille. Arrête de t'occuper des petites vauriennes et intéresse-toi plus aux filles vertueuses. Sais-tu que l'Irlandais a pas payé sa dîme depuis trois ans et que sa femme ne vient à la messe qu'un dimanche sur deux?

L'impatience gagne Aldina. L'envie de lui tenir tête la tenaille.

— Ils restent bien loin de l'église.

— C'est pas une raison. Elle a un cheval, qu'elle l'attelle comme les autres. Et puis, arrête de dire des bêtises et fais rentrer les enfants.

De sa cachette, Maggie a tout entendu. Comment le curé peut-il mépriser ses parents de la sorte? Bien sûr, ils ne forment pas un couple modèle. Mais il devrait chercher à les comprendre. Son père est souvent parti. Sa mère dérape de plus en plus. Ils n'ont plus envie d'être ensemble, mais ils y restent pour sauver les apparences. Que le curé refuse qu'elle devienne religieuse, Maggie ne s'en offusque pas. Pas du tout. Elle n'a aucune envie de devenir religieuse. Mais maîtresse d'école, elle y pense de plus en plus depuis qu'Aldina et son père lui ont mis l'idée en tête. Et qu'Aldina la qualifie de la plus intelligente de tous ses élèves, voilà un encouragement additionnel à ne pas abandonner l'école trop tôt. Pour le reste, elle déteste ce curé et rumine sa vengeance.

Brisée, humiliée, Aldina essaie de se donner une contenance. Elle respire profondément et appelle ses élèves.

— Vite, rentrez et déshabillez-vous.

En silence, plus apeurés que disciplinés, les élèves regagnent leurs pupitres. Maggie sort de sa cachette, court dehors, détache les traits du cheval du curé, tripote le harnais et revient en vitesse dans la classe. Une fois le silence obtenu, le curé demande au plus jeune élève de réciter la prière. L'enfant bredouille. Le curé l'interpelle.

— Plus fort, j'entends rien.

La voix de l'enfant s'élève, incertaine. Aldina lui sourit timidement pour l'encourager. La prière terminée, le curé fait le tour des pupitres, règle en main. Hautain, cachant mal son mépris pour une vulgaire école de rang, il examine les cahiers, adresse un reproche à tous les petits de première année et fait même des remontrances aux plus brillants. Il tape sur les doigts d'un élève dont la note en religion laisse à désirer et administre une bonne taloche derrière la tête d'un petit garçon dont la page est maculée de nourriture. Il remet ensuite les bulletins aux élèves.

En arrivant à la hauteur de Maggie Miller, il prend son bulletin, le regarde dédaigneusement et le laisse tomber sans dire un mot. La jeune fille tend la main pour le replacer au milieu de son pupitre. Mais elle n'a pas le temps de compléter son geste.

— Je vous ai pas donné la permission de bouger.

Maggie le regarde droit dans les yeux.

— C'est mon bulletin, m'a va le placer comme j'veux.

Un silence glacial tombe sur la classe. Estomaqués, Aldina et ses élèves retiennent leur souffle. Avec assurance, Maggie replace son bulletin au milieu de son pupitre.

Décontenancé par tant d'audace, le curé tourne la tête et se dirige vers un autre élève. «Petite effrontée!» Il marche jusqu'au bout de l'étroite allée entre les pupitres et revient vers l'avant de la classe. Maggie, la tête penchée sur son bulletin, savoure sa victoire quand une solide taloche la ramène à la réalité. Son visage heurte la tablette de son pupitre. Un léger filet de sang s'échappe de son nez. Elle redresse la tête et esquisse un petit sourire à l'endroit d'Aldina, éberluée par un geste aussi gratuit. Les autres élèves tremblent de peur, eux qui ont pourtant l'habitude de ricaner chaque fois que Maggie est réprimandée. Les derniers de classe ont droit aux punitions habituelles. Le curé ordonne à trois d'entre eux de s'avancer près du pupitre d'Aldina. Il les force à s'agenouiller et à se prosterner, le front contre le plancher de bois. Il leur sert alors une bonne fessée à l'aide d'une grande règle. «Ça vous apprendra à avoir d'aussi mauvaises notes!» Dès que les enfants pleurent, le curé cesse de frapper. Deux d'entre eux, dont Domina Grondin, fondent en larmes rapidement, mais le troisième, Magella Pouliot, subit la fessée sans ciller. Aldina baisse les yeux. Après une dizaine de coups, le curé, frustré, s'arrête. Magella a placé des cahiers entre ses fesses et son pantalon. Il sourit. Niais.

— Magella et Domina, vous n'avez plus d'affaire à l'école. Vous êtes deux cruches! Après les Fêtes, restez à la maison et aidez vos parents.

Avec dédain, le curé se tourne vers Maggie Miller. Elle n'a pas essuyé le filet de sang qui coule sur ses lèvres et lui perle au bout du menton. Elle le dévisage. Le curé s'en retourne. Aldina le raccompagne jusqu'à la porte.

— N'oublie surtout pas ce que je t'ai dit tantôt. Et pour les enfants, arrête de leur passer tous leurs caprices. L'inspecteur vient dans deux semaines, tu veux qu'il retrouve une bande de petits vauriens?

Aldina en a assez entendu. Elle n'a même pas envie de lui répondre. Comment un prêtre peut-il être aussi méchant?

Qu'il punisse les cancres, va ; mais qu'il refuse de saluer le travail des premiers de classe, sauf celui de Vitaline, elle ne l'accepte pas. L'ancien curé et l'inspecteur d'école se sont toujours montrés plus que satisfaits de la tenue générale de sa classe. Mais aujourd'hui, elle n'a droit qu'à des reproches. Et pourquoi s'acharner ainsi sur Maggie ?

— Au revoir, monsieur le curé, laisse-t-elle tomber, balbutiement à peine audible.

Elle pousse un long soupir de soulagement. « Enfin parti ! » Avec empressement, elle console ses élèves, chagrinés par les reproches injustifiés du curé. Elle s'approche de Maggie et lui offre un mouchoir. La jeune fille l'accepte, s'essuie le nez et le menton.

— J'irai m'laver avec d'la neige tantôt.

— Vas-y avant que ça sèche.

Aldina est bouleversée. « Pourquoi se venge-t-il sur eux si c'est à moi qu'il en veut à cause de Fred ? » Les traiter de petits vauriens ! Quels propos injustifiés ! Aldina est très fière de sa classe. Certes, il y a quelques cruches, mais elle leur a enseigné l'essentiel : le catéchisme, l'alphabet et l'arithmétique.

— Magella et Domina, vous avez entendu ce que le curé a dit. Demandez à vos parents de venir me voir, je...

Soudain, un grand cri l'interrompt.

— Bout de pipe, que je n'attrape pas le voyou qui a fait ça ! Il est pas mieux que mort !

Aldina se précipite à la fenêtre. Le spectacle la réjouit et l'inquiète à la fois. Enneigé, endolori, le chapeau bosselé, le curé se relève péniblement. Un plaisantin a tripatouillé le harnais de son cheval. Quand le curé lui a donné le signal du départ, la bête s'est élancée, mais la carriole n'a pas bougé. Les guides autour du corps, le curé a été entraîné par-dessus le traîneau, tête première dans la neige, empêtré dans son gros manteau et sa lourde peau de carriole en fourrure d'opossum, cadeau de la Fabrique à son arrivée dans la paroisse. Le visage cramoisi, Antonio Quirion maudit ce pays de misère.

— C'est sûrement un de ces bouts de pipe de protestants qui est venu détacher les traits et les cordeaux.

Mais Aldina a une autre idée.

— Qui a fait ça? demande-t-elle, le regard tourné vers les plus grands.

Personne ne répond.

— C'est toi, Magella Pouliot?

— Non, madame.

— Domina?

— Non.

— C'est pas des farces à faire, il aurait pu se blesser très sérieusement, dit Aldina, en faisant un effort pour ne pas laisser paraître sa joie.

5

— Mesieur l'curé, v'nez vite, Théodule-à-Charlie vient de rentrer dans l'église, crie Odilon Perras, en état de panique.

Le curé ne comprend pas. Il se tourne vers le bedeau.

— Qui est Théodule-à-Charlie?

Blême, la bouche sèche, Stanislas Veilleux respire lourdement. Sur le pas de la porte, Odilon Perras a le visage de celui qui aurait été poursuivi par un taureau qu'on vient d'écorner.

— Un callâbe de revenant!

Exaspéré, le curé lève les bras au ciel. «Qu'est-ce que je fais dans ce village d'arriérés?»

— Arrêtez-moi ça! hurle le curé. Je vous l'ai déjà dit, les revenants, ça n'existe pas. Un mort, c'est un mort, enterré, fini, parti à tout jamais.

Mais Odilon et Stanislas ne l'écoutent pas, ne veulent pas l'entendre. Ils sont nombreux dans le village à avoir revu Théodule après sa mort, il y a deux ans, dans le lit de la Bolduc, une veuve aux mœurs légères.

— C'est sûr qu'il en a gros à s'faire pardonner, dit Odilon.

Le curé hoche la tête. Depuis son arrivée dans le village, il y a trois mois, une bonne dizaine de paroissiens sont venus le voir, argent en main, lui demandant de «chanter des messes» pour sortir leurs parents défunts du purgatoire, en espérant qu'une fois au ciel ils ne reviendraient plus harceler leurs proches. «Pourquoi monseigneur Bégin m'a-t-il envoyé dans ce pays de misère?»

Transi, le village de Saint-Benjamin, perché sur les collines de Dorchester, disparaît sous la neige. Petite agglomération de huit cents âmes, dont deux cent quatre-vingt-deux communiants, sa poignée de maisons est agglutinée autour de l'église. Une demi-douzaine de rangs se détachent du village et se perdent dans les bois. Seules les têtes des plus grandes épitaphes témoignent encore de la présence du cimetière. Curieusement, la pierre tombale de Théodule-à-Charlie Grondin est dégagée. Les tempêtes l'ont épargnée, le vent a soufflé la neige qui s'y accumulait. Mais plusieurs paroissiens ont une tout autre interprétation. « Ça se comprend, c'est l'bon Dieu qui veut ça, a dit le bedeau. Y a pas de neige sus sa tombe pour qui souaille capable de sortir et de ravauder toutes les nuits, et même le jour. Odilon l'a vu. »

Les sorties nocturnes de Théodule-à-Charlie ont semé la panique dans le village. La veille, les cordes de bois de Pit Grondin ont été renversées et les bûches éparpillées aux quatre coins de la cour.

— Y a mené tout un cabas, a dit Pit. Ça paraît qui charche encore la route du ciel !

Une semaine plus tôt, Pit affirme l'avoir vu entrer dans sa grange en pleine nuit. Théodule-à-Charlie est, et de loin, le personnage le plus fascinant à avoir habité le village. Fantaisiste, drôle, la morale légère, après la mort de sa femme, il a passé le plus clair de son temps à faire « étriver » les femmes du village ! Au prix de quelques bons coups de poing sur la gueule de la part de maris jaloux. Un matin, la veuve Généria Bolduc l'a trouvé mort dans son lit, loque froide collée à son flanc. Scandale, ont dit certains paroissiens. Bon débarras, ont dit les autres ! Le jour de son enterrement, plusieurs paroissiens jurent que Théodule a sorti un pied de sa tombe, prêt à défier la mort. La botte pendait du cercueil quand il a quitté la maison pour l'église. Des témoins ont soutenu qu'un neveu de Théodule a volontairement laissé dépasser un bout de jambe, mais bien des paroissiens sont convaincus que Théodule, son cercueil à peine fermé, se préparait déjà à revenir sur terre pour hanter les siens. « Faites-y chanter des messes », demandent les paroissiens aux proches de Théodule.

Odilon reparti, le curé se demande si les paroissiens ne sont pas en train de se moquer de lui.

— Veux-tu bien me dire ce que c'est que cette folie?

Insulté, Stanislas le regarde droit dans les yeux. Folie? Pas du tout. Il est certain d'avoir vu Théodule sortir du cimetière un soir de tempête. Dépassé par la naïveté du bedeau, le curé secoue furieusement la tête.

— Pis j'sus pas l'seul à l'avoir vu! insiste Stanislas.

À une semaine de Noël, Saint-Benjamin n'est plus qu'un amoncellement de neige, maculé çà et là de cheminées fumantes, sillonné de chemins tracés au traîneau. « On a pas vu ça depuis le décours du siècle », disent les vieux. L'hiver de 1914 force déjà les paroissiens à puiser dans leurs réserves des quartiers de viande enfouis dans les pârs d'avoine ou cachés dans les bancs de neige.

— As-tu sorti la crèche? demande le curé au bedeau.

Les deux hommes ont une relation difficile, pas seulement à cause des revenants. Stanislas Veilleux aimait l'ancien curé comme son frère. Cet ancien curé qui riait aimablement quand on lui parlait des revenants et qui proposait de prier pour les chasser. Antonio Quirion se frictionne l'épaule.

— Mon doux, vous vous êtes fait mal, monsieur l'curé?

— C'est rien, ment le prêtre. J'ai probablement mal dormi. Dis donc, Stanislas, qu'est-ce qu'on raconte dans le village depuis que je suis arrivé?

Gêné, le bedeau fait semblant de ne pas avoir entendu la question. Rougeaud, les joues flasques, le cheveu carotte et maïs, une excroissance velue se détache au-dessus de ses lèvres exsangues.

— Bout de pipe, dis-moi la vérité. T'es celui en qui j'ai le plus confiance. Cache-moi rien.

Enhardi, le petit homme se lève sur la pointe des pieds comme s'il se préparait à dévoiler un grand secret.

— Vous savez, y a ben des cancans! Y faut pas tout croire!

— Des cancans à mon sujet?

— Des fois!

Le curé retient sa colère. «Bande d'imbéciles! Tout ce qu'ils trouvent à faire, c'est de manger du curé. Ils vont s'apercevoir qu'avec moi, c'est différent.»

— Comprends-moi bien, Stanislas, je ne t'en veux pas. Toi, t'as rien à te reprocher, contrairement à cette bande de fainéants qui passent leur journée à parler dans mon dos. Ce qu'il faut dans cette paroisse, c'est de l'autorité. Et plus le temps passe, plus je me rends compte qu'on ne peut pas se fier sur le maire! Il doit venir tantôt, il ne perd rien pour attendre!

— Y a des problèmes? hasarde le bedeau.

Le curé se donne un air mystérieux et laisse tomber d'une voix grave, un peu désabusée:

— Oui, les protestants.

— Les protestants?

Stanislas ne comprend pas. Les protestants ont-ils déclaré la guerre aux catholiques? Le vieux quêteux dit qu'ils sont armés, sournois, dangereux, qu'ils se préparent à commettre de nouvelles atrocités, à refaire la bataille des plaines d'Abraham, mais comme ils n'ont encore dérangé personne, les catholiques ne s'inquiètent pas. Quoique peu fréquentes, les relations entre les deux communautés ont toujours été harmonieuses.

— Il y a pire que ça!

Stanislas sursaute. «Pire que ça?»

— Tu sais qu'Aldina Bolduc jeunesse avec un protestant et que je pourrais lui ôter son école à cause de ça.

Stanislas est soulagé. Le curé ne lui annoncera pas l'invasion des hordes protestantes. Mais il se ressaisit aussitôt. La nouvelle est importante. À n'en pas douter, la relation entre un protestant et une catholique est le plus gros événement à survenir à Saint-Benjamin depuis la mort de Théodule-à-Charlie dans le lit de la Bolduc.

— J'savais qu'a minouchait avec le protestant, mais j'savais pas que c'était pour le bon motif.

— Ça fait un bout de temps à part ça !

Stanislas cache mal son étonnement. Pourquoi l'ancien curé n'a-t-il pas interdit ces fréquentations ? Comment expliquer que pas un seul citoyen de Saint-Benjamin n'ait dénoncé Aldina ?

— C'est si grave que ça, monsieur l'curé ? Moi, j'connais un peu Fred Taylor, pis j'peux vous dire que c'est un callâbe de bon homme. La Fabrique l'a même engagé pour refaire la balustrade dans l'église. C'est un maudit bon ouvrier !

— Dans l'église ? tonne le curé, éberlué. Mais c'est un protestant ! Il n'a pas d'affaire dans l'église des catholiques. Tu devrais savoir ça !

— L'abbé Lamontagne avait dit que...

Le curé l'interrompt. Un protestant dans son église ! Mais où avait-il la tête, ce curé Lamontagne ? Stanislas recule d'un pas. Les yeux du curé sont injectés de feu. L'envie le démange de blâmer sévèrement l'ancien curé, mais il se retient. Les paroissiens gardent de lui un si bon souvenir qu'il serait mal venu de brouiller son image. Appuyé à la table, le curé allume sa pipe, faisant languir Stanislas pour donner encore plus d'impact à sa déclaration.

— Les protestants, c'est ce qu'il y a de plus dangereux. Tout ce qu'ils veulent, c'est nous voler des âmes. C'est arrivé pas plus loin qu'à Saint-Odilon de Cranbourne, il n'y a pas si longtemps.

— À Saint-Odilon ? Le village de l'autre bord d'la côte ?

— Oui, monsieur, à Saint-Odilon !

Le bedeau est sidéré. Comment expliquer qu'il n'en ait pas entendu parler avant aujourd'hui ? Mais le curé a grossi la nouvelle, déformé la vérité. Ces catholiques de Saint-Odilon, à peine une poignée, perdus dans le fond d'un rang, sont devenus protestants parce que l'Église a négligé de s'en occuper.

— C'est arrivé darnièrement ?

Le curé hausse les épaules, mais se garde bien de dire au bedeau que ces abjurations sont survenues il y a plus de cinquante ans.

— Toute la paroisse pourrait virer protestante. C'est pour ça que je ne peux pas permettre des fréquentations comme ça. C'est trop dangereux. C'est comme le maître chantre, Jimmy Miller !

— Mais c'est pas un protestant, riposte Stanislas.

— C'est un étranger, c'est pareil !

— C'est pas un étranger. Y est né à Québec, pis sa mère était une bonne Canadienne française ! Faut pas pardre la carte !

— Arrête de faire ton finfinaud, il a un nom anglais ! Dans la province de Québec, les Français sont catholiques et les Anglais sont protestants ! On ne se mêle pas ensemble. Et surtout, on ne se marie pas ensemble.

Stanislas est dépassé par la logique du curé. Antonio Quirion ne fait pas dans la nuance, mais il n'a pas complètement tort : les diktats de l'évêché et de l'Anglican Church of Canada sont assez clairs : tous ceux qui choisiront de passer à l'ennemi seront intimidés, rejetés par leur Église, et leur apostasie sera sévèrement dénoncée par leurs coreligionnaires.

— Avertis-moi quand le maire arrivera, demande le curé au bedeau.

Pantois, Stanislas se retire. Le curé détale, nerveux avant la visite du maire. La relation entre les deux hommes est mal établie. Quand Antonio Quirion est arrivé à Saint-Benjamin, le maire a consacré l'essentiel de son discours à faire l'éloge de l'ancien curé plutôt qu'à souhaiter la bienvenue au nouveau.

Déjà pas très heureux de se retrouver dans une si petite paroisse, Antonio Quirion a dès lors décidé d'inféoder ce maire peu accueillant. Les premières rencontres ont été houleuses, belliqueuses. Aujourd'hui, il a convoqué le maire pour revoir la liste des indigents publics qui reçoivent de l'aide de la municipalité, une aide que le curé veut refuser aux protestants.

— Pis la charité chrétienne, monsieur le curé? demande le maire, la voix pleine de sarcasme.

La troisième rencontre entre le curé et le maire est marquée au coin de l'animosité. Les deux hommes ne font aucun geste désintéressé. Le maire veut assurer sa réélection. Le curé cherche à imposer son autorité ou, à tout le moins, à reprendre celle que l'ancien curé avait cédée au maire. Ils s'engagent dans une bataille serrée, délimitant férocement leur territoire comme les hiboux avant la saison des amours. Bénoni Bolduc n'a pas l'habitude qu'on se mêle de ses décisions. L'ancien curé lui laissait les pleins pouvoirs. Antonio Quirion, fort de l'appui du bon Dieu, ne l'entend pas ainsi.

— La charité chrétienne, c'est avant tout pour les catholiques!

— Belle mentalité! Les protestants sont membres du village comme les autres. Y payent des taxes, même plus que certains catholiques.

— Oui, parce qu'ils contrôlent la bagosse. Ils ne se gênent pas pour saouler nos bons catholiques!

Y a-t-il plus de tripots à Cumberland Mills qu'au village? Le maire n'en a jamais fait le décompte. La bagosse est largement disponible à Saint-Benjamin comme partout dans Dorchester et en Beauce. En tant que maire mais surtout en tant que juge de paix, Bénoni a le devoir de fermer les tripots, mais dans ce pays où la misère est la norme et les plaisirs peu nombreux, il intervient seulement si la bagosse est à l'origine de batailles, de violence familiale ou autres désordres inacceptables. Et en temps d'élections, la bagosse fait des merveilles!

— T'as rien compris. T'es pas dans le village d'pus assez longtemps pour savoir c'qui arrive. Tu dis n'importe quoi. Faut pas toujours juger les gens sur des accraires.

Antonio Quirion frémit d'indignation. De quel droit ce petit maire de campagne se permet-il de lui faire la leçon et, surtout, de le tutoyer. Tous les paroissiens doivent vouvoyer le curé.

— Je préférerais, monsieur le maire, qu'on s'en tienne au vous si vous n'y voyiez pas d'objections.

Bénoni esquisse un petit sourire malicieux. «Le vouvoyer, jamais!» Ce serait lui reconnaître une trop grande autorité. Non, le curé devra descendre de son piédestal! Il lui laissera la Fabrique, le choix des marguilliers, la visite des écoles et l'administration de l'église, tout le reste est son affaire.

— Si j'te vouvoie, ça f'ra de moé un meilleur catholique?

Persifleur, Bénoni allume sa pipe et souffle une grosse bouffée de fumée dans le visage du curé. Antonio Quirion serre les poings. Comment ce minable petit maire peut-il défier ainsi l'autorité de l'Église? Il le méprise, le déteste. Dans son ancienne cure, le maire lui obéissait aveuglément. «Tu vas plier comme les autres.» Le curé songe à soulever immédiatement les fréquentations d'Aldina, la sœur du maire, mais se retient. Il le fera, et de façon spectaculaire, en un moment plus opportun.

Le maire se lève. Le curé le toise avec dédain. Grand, mince, l'œil vif, les cheveux courts et foncés, le teint buriné par le soleil, le vent et le froid, Bénoni est imposant. Les paroissiens le craignent et le respectent. Il est l'aîné d'une famille de onze enfants dont Aldina est la plus jeune des filles. Longtemps maire de Beauceville, influent, son père l'a fait engager *foreman* pour la Brown, la compagnie qui exploite les forêts de la région. C'est là que Bénoni a appris un peu d'anglais, ce qui lui permet aujourd'hui de communiquer avec les protestants de Cumberland Mills. Après le curé, Bénoni est l'homme le plus instruit de la paroisse: neuf ans à l'école. Têtu, arrogant, souvent méchant, Bénoni n'accepte pas que ses adversaires piétinent ses plates-bandes. Il tolère mal l'opposition. Bleu depuis toujours, il ne consulte jamais les deux conseillers rouges.

— Ne manquez pas la messe de minuit, monsieur le maire, ça va vous intéresser, laisse tomber le curé, mystérieux, au moment où Bénoni quitte le presbytère.

Depuis deux jours, la rumeur veut que le curé profite de la messe de minuit pour porter un grand coup. Le maire n'en croit rien. «Il a beau être cabochon, la messe de minuit, ce n'est pas le temps pour les drames. Et de quel drame pourrait-il bien s'agir?»

Le curé le rejoint dans le portique du presbytère.

— J'oubliais de vous dire, j'ai demandé à Batheume de chanter le *Minuit chrétien*. Ce sera le maître chantre à partir de maintenant. Je ne veux plus d'un ivrogne à moitié protestant comme Jimmy Miller pour chanter dans mon église. Et en plus, il n'est jamais là.

Le ton d'Antonio Quirion est fielleux. Avant que Bénoni ait le temps de le relancer, le curé a fermé la porte. Bénoni se mord la lèvre inférieure. «On va ben voir, Antonio Quirion!» Il est frustré par l'attitude du curé. Depuis son arrivée dans la paroisse, les rumeurs se multiplient. Bénoni en est rendu à se demander si le curé n'en est pas la source, d'autant plus que toutes ces rumeurs touchent les protestants.

«Ils se préparent à nous faire du tort! Les catholiques ont intérêt à se méfier. Même la maîtresse d'école du rang-à-Philémon est tombée dans le piège.» Mais les rumeurs restent imprécises, confuses, contradictoires, ce qui les rend encore plus inquiétantes. Pour la première fois, les catholiques se méfient de ces étrangers qu'ils connaissent à peine, même si Cumberland Mills est partie intégrante de Saint-Benjamin.

6

Les lames du borlo grincent sur la neige durcie. Moins confortable que la carriole avec son pare-neige et son fini velours, le borlo est un petit traîneau qui épouse douloureusement tous les accidents de terrain. Dans les champs, la lune allume de menus friselis le long des clôtures. Une nuit de Noël sans pareille! Emmitouflée, les deux pieds sur les briques chaudes, Maggie a de la difficulté à respirer tant le froid est intense. Elle se blottit sur le banc arrière du borlo, jetant un coup d'œil à ses parents qui n'ont pas échangé un mot depuis le retour de son père des chantiers, la veille.

Dans l'écurie commune, des paroissiens saluent Marie-Anne et Jimmy Miller. Sur le perron de l'église, des hommes rient, s'interpellent et, de temps à autre, se refilent une bouteille dont le contenu les fait grimacer. Quand Maggie et sa mère entrent dans l'église, quelques paroissiens tournent la tête pour observer les retardataires. Flanqué de quatre servants de messe, le curé cache mal sa mauvaise humeur.

— Vite, vite, vous savez que «monsieur» le curé aime pas qu'on entre dans l'église en r'tard, ironise Stanislas, le bedeau.

Des dizaines de chandelles, de lampions et de lampes éclairent l'église. Marie-Anne Miller regagne son banc dans la nef, suivie de Maggie. À leur surprise, Jimmy les suit plutôt que de se diriger à l'avant où se trouve le chœur de chant.

— Tu chantes pas l'*Minuit chrétien*? lui demande Maggie.

— *No*, répond-il, énigmatique.

Maggie déboutonne son manteau. Sa mère tire de sa poche un vieux missel écorné, une image de la Vierge en signet à la page marquant le commencement de la messe. La jeune fille regarde autour d'elle, peu intéressée par le début de la cérémonie religieuse. Elle croise le regard d'Aldina qui esquisse un mince sourire. Maggie le lui rend.

Immense, l'église a belle allure avec ses grandes rangées de chaises de métal, séparées de l'autel par une longue balustrade. Aux deux extrémités, la Vierge Marie, les yeux fermés, et saint Joseph, benêt, veillent sur les paroissiens. Devant la Vierge, le chœur de chant se regroupe autour de Domitilde Perras, l'organiste qui joue trop vite au goût de Batheume, le nouveau maître chantre. Autour de l'autel se bousculent une dizaine d'enfants de chœur en soutane et surplis, qu'Antonio Quirion voit déjà comme autant de futurs curés. Tous les paroissiens ont l'oreille tendue vers le chœur de chant. Batheume chantera-t-il vraiment le *Minuit chrétien*? Les rumeurs se sont multipliées. Informé de la décision du curé, Jimmy Miller a grimacé. A-t-il baissé les bras? Est-ce vrai que des amis du maire l'ont rencontré la veille? En le voyant dans la nef avec sa famille, plusieurs tirent la conclusion qu'il a perdu sa place.

— J'ai un ben meilleur organe que ce feluette de Batheume-à-Arthémise Labonté, s'est contenté de dire Jimmy.

Flatté par la décision du curé, Batheume-à-Arthémise pavoise. Il déborde dans son costume trop petit, les boutons de sa chemine menaçant d'éclater au moindre mouvement trop brusque.

— Tu penses pas que tu d'vrais pratiquer un peu, mon Batheume? lui a suggéré sa femme.

Accoudé à la fenêtre, le gros homme a sursauté. Le cheveux rare, le nez en forme de poire, l'œil toujours inquiet, Batheume a la réputation d'être lent.

— Pratiquer?

— Oui, oui, ton *Minuit chrétien*!

— J'ai pas besoin de pratiquer. C'est naturel! M'en va chanter comme d'habitude. J'ai un talent et j'l'emporterai dans ma tombe!

— Pis les paroles? demande sa femme, Mathilda.

— Les paroles?

— Ben oui, les paroles du *Minuit chrétien*! Tu t'en souviens?

— As-tu pardu la carte, Mathilda? Les paroles du *Minuit chrétien*, ça s'oublie pas!

Penaude, Mathilda retourne à sa baratte à beurre. Batheume enfile sa veste de laine, met sa casquette et file vers l'étable où il passe la matinée à étriller ses chevaux. Mathilda a semé le doute dans son esprit. Avant de revenir à la maison, après avoir jeté un coup d'œil à l'extérieur pour s'assurer qu'il était seul, il retourne au milieu de l'allée, entre les deux rangées de vaches et, la main sur le cœur, entonne le *Minuit chrétien*. Surprises, les vaches tournent la tête. La jument renâcle. Les yeux fermés, Batheume s'exécute jusqu'au bout; la fin de sa tirade est saluée par un cocorico spectaculaire de son coq! Fier de lui, Batheume quitte l'étable, convaincu que sa voix puissante fera frémir le tout Saint-Benjamin. Ces jours derniers, ses voisins n'ont pas manqué de l'encourager. «Tu va nous faire sonner ça de tous tes poumons, mon Batheume!»

Le curé lève les yeux vers le chœur de chant. C'est le signal. La voix de Batheume va bientôt s'élever. Le moment est solennel. Le *Minuit chrétien* met fin à l'avent et donne le coup d'envoi de festivités qui vont durer deux semaines, jusqu'aux Rois. Sur son banc, Mathilda en a des frissons à l'avance.

La main sur la bretelle de son pantalon, jamais pressé, Batheume se racle la gorge. Quand le silence tombe enfin sur l'assemblée, il relève la tête, respire profondément, mais il n'a pas le temps d'ouvrir la bouche. Une voix monte de la nef, puissante, ronde, qui fait sursauter les paroissiens. Jimmy Miller a devancé Batheume. Des paroissiens ricanent, d'autres ragent. L'organiste ne sait plus si elle doit jouer ou pas. Bénoni cache mal son plaisir. Le curé branle la tête, exaspéré. Sans faiblir, Jimmy continue de chanter comme s'il était seul au monde. Maggie en a des frissons. Marie-Anne a baissé la tête. La femme de Batheume se retourne et, d'un geste sec, ordonne à son mari de chanter lui aussi. La voix de Batheume s'élève, incertaine, et se joint à celle de Jimmy. «Le monde entier tressaille d'espérance!» Mais le duo est mal accordé. Les deux voix s'affrontent plutôt que de s'harmoniser. L'une tente d'éclipser l'autre. Le cantique se termine dans la cacophonie la plus totale.

Des murmures saluent la fin du cantique. Le curé pince les lèvres, retient sa colère. Tous guettent sa réaction, mais il retourne à l'autel et attaque le kyrie. L'église se réchauffe peu à peu et, dans la nef, des paroissiens enlèvent leurs épais manteaux de fourrure. Émoustillés, certains d'entre eux n'arrivent pas à suivre la cérémonie, ricanant, chuchotant et se lançant des clins d'œil complices. Le sermon du curé les ramène à la réalité. D'une voix éraillée, Antonio Quirion joue les rabat-joie.

— Je vous le dis tout de suite, l'an prochain, il n'y aura pas de messe de minuit à Saint-Benjamin. Des messes pour les ivrognes et les petits politicailleurs, moi, je n'en chante pas.

La déclaration fait sursauter les fidèles. Où est le sens de l'humour de ce curé fraîchement arrivé de la ville? Des paroissiens grommellent. D'autres sont convaincus qu'il s'agit de chantage et que le curé reviendra sur sa décision. Humiliés, les marguilliers baissent la tête. Ils n'ont pas été consultés. Jimmy Miller cache mal son plaisir.

— J'sus ben sûr que Bénoni va y faire comprendre le bon sens, murmure un paroissien.

Mais le curé n'en a pas terminé avec ses nouveaux disciples. Acariâtre, belliqueux, il se prépare à porter le grand coup, à saper pour de bon l'autorité de Bénoni

Bolduc qu'il soupçonne d'avoir pistonné Jimmy Miller dans le seul but de l'embarrasser.

— Il y a un problème très grave dans cette paroisse, un problème qu'il va falloir régler avant qu'il n'arrive aux oreilles de l'évêché.

Encore ébranlés par le premier message du curé, les paroissiens se taisent. Un problème? Lequel? Silence total. D'une voix dramatique, le curé en arrive à l'essentiel.

— Il y a une personne dans ce village qui fréquente un protestant. Je parle pas de bonjour par-ci, par-là, je parle de vraies fréquentations. Le soir, à la noirceur.

Le curé fait une pause pour mieux réussir son effet. Aldina a baissé la tête. Bénoni fusille le curé des yeux. «Qu'est-ce qu'il est en train de faire?»

— Vous savez qu'un protestant ne pourra jamais marier une catholique à moins qu'il se convertisse à notre religion, la seule qui est légitime. Des fréquentations comme celles-là, c'est péché mortel!

Aldina, qui n'est toujours pas remise de la dernière visite du curé à l'école, s'est recroquevillée sur son banc. Elle aimerait disparaître. Ce nouveau coup de Jarnac du curé lui coupe le souffle. Péché mortel! C'est la menace la plus sérieuse pour un bon catholique, capable de le ramener dans le droit chemin, le temps d'un acte de contrition!

— Jamais je n'accepterai ces fréquentations si le protestant n'accepte pas d'abord de se convertir. Les protestants, ce n'est pas du monde comme nous autres. Ils pensent que leur religion est aussi bonne que la nôtre, mais ce n'est pas vrai. Ils iront tous en enfer! Dieu n'ouvrira jamais les portes du ciel à cette engeance-là. Vous m'avez bien compris? Jamais!

Les propos du curé inquiètent l'assemblée des fidèles, une inquiétude mêlée d'étonnement. La centaine de protestants implantés aux confins de Saint-Benjamin, dans l'ancien fief de Cumberland Mills, se mêlent très peu aux gens du village, à l'exception de deux ou trois, comme Fred Taylor. Ils vivent dans une enclave, isolés. À l'occasion, un paroissien en rapporte des nouvelles. À l'automne, la Loubier a beaucoup inquiété les bonnes âmes en racontant que les protestants ne croient pas au pape, mais la Loubier exagère si souvent! Bien sûr, certains d'entre eux ont de drôles d'habitudes. Pour la plupart, ils ne disent pas un mot de français, mais sont-ils dangereux pour autant? Doit-on, dorénavant, s'inquiéter de leur présence au bout du rang-à-Philémon?

Le babillage d'un enfant se mêle aux chuchotements des adultes. Dans la nef, les yeux sont braqués sur Aldina et Bénoni. Maggie lève vers son institutrice un regard compatissant. Pourquoi lui faire ça? Pourquoi cette crainte soudaine des protestants que son père fréquente assidûment? Il n'a jamais évoqué le moindre danger. Plus encore, il a même promis à Maggie de lui apprendre l'anglais pour qu'elle puisse se faire des amis à Cumberland Mills. Pourquoi l'ancien curé n'en a-t-il jamais parlé? Maggie s'inquiète en pensant à sa sœur engagée chez les Laweryson. Pourquoi sa mère expose-t-elle Lina à cette engeance-là? Absorbée par ses pensées, Marie-Anne Miller n'écoute pas le sermon. Jimmy rage et brûle d'envie de sortir de l'église.

Assommée par la charge du curé, renfrognée sur son banc, Aldina songe elle aussi à sortir de l'église, à se sauver et à ne jamais revenir. Son frère fulmine. La mise en garde du curé au sujet des fréquentations de sa sœur était sérieuse. Il ne blaguait pas quand il a fait allusion, railleur, aux « amitiés particulières de la famille ». Mais pourquoi l'apostropher au beau milieu de la messe de minuit, l'humilier de la sorte devant la paroisse au grand complet? Bénoni comprend que, au-delà de sa sœur, c'est lui qui est dans la mire du curé.

Les fréquentations de Fred Taylor et d'Aldina Bolduc n'avaient encore scandalisé personne. D'ailleurs, avant cette nuit, la plupart des paroissiens en ignoraient tout. Les autres s'en moquaient, pas pour des raisons de religion, mais comme on se moque des fréquentations entre vieux garçon et vieille fille. Cette nuit, le curé vient de jeter un éclairage nouveau sur cette relation. Pour la première fois, un protestant fréquente une catholique pour le «bon motif».

— Et ce n'est pas tout, renchérit le curé. Je vous rappelle qu'il est interdit d'aller dans la mitaine des protestants. Si l'un d'entre vous s'avise d'y mettre les pieds, je le fais excommunier.

La mitaine, c'est le nom donné à la petite chapelle anglicane des protestants de Cumberland Mills. Un pasteur la visite deux fois par mois. Si les deux communautés relèvent de la même administration municipale, si les protestants ont automatiquement un représentant au conseil, quand il s'agit de religion et d'école, toutes les portes sont fermées. Chacun pour soi!

Menace futile, car aucun catholique n'a songé, ne serait-ce que par curiosité, à visiter la chapelle protestante. Sauf Fred Taylor pour y faire des travaux, pas un protestant n'a mis les pieds dans l'église catholique. Mais de là à croire que la mitaine est un endroit de perdition, plusieurs catholiques sont sceptiques! Le sermon du curé se termine sur des menaces d'enfer éternel. Les paroissiens sont décontenancés, le curé a réussi à détruire l'esprit du temps des Fêtes.

Furieux, le maire n'attend que la fin de la messe pour faire irruption dans la sacristie. À la communion, des hommes quittent l'église pour aller fumer, sous le regard désapprobateur du curé et malgré les femmes qui les retiennent par la manche de leur manteau. Après la messe, les paroissiens s'interrogent du regard, mal à l'aise. La Loubier interpelle Aldina:

— Toé, la protestante, j'espère que tu viendras pus t'ébavoler dans notre église.

Aldina ne relève pas l'insulte. Elle se sent comme Marie-Madeleine que les Juifs s'apprêtent à lapider. La brebis galeuse!

— Arrête de dire des niaiseries, la Loubier, lance l'épouse du marguillier en chef.

Aldina sait très bien ce qu'elle doit faire. Mais la Loubier ne s'arrête pas là.

— J'sus ben sûre que ton mari va revenir te soincer les ouies pis se venger. T'es ben mieux de fermer les portes de l'école comme y faut !

Aldina ne l'entend plus. Elle ne croit pas aux revenants et, même si les propos de la Loubier l'agacent, elle est convaincue d'avoir fait chanter assez de messes pour que l'âme de son mari soit accueillie au ciel.

Vieille femme abandonnée par son mari, Ida Loubier a de sérieux problèmes de comportement. La sachant inoffensive, les paroissiens ont appris à l'ignorer même si, dans son incohérence, elle a souvent le don de leur remettre leurs fautes sous le nez.

— Fréquenter un protestant, quel sacrilège ! répète une autre femme qui n'avait jamais soupçonné qu'il pouvait s'agir d'un péché avant l'admonestation du curé.

Blessée, Aldina se sauve au pas de course. Le maire rate la scène. Dans la sacristie, il tente d'endiguer la colère du curé. Et il tente surtout de se contenir, de ne pas laisser exploser sa propre colère.

— Est-ce que ton sermon veut dire qu'Aldina a pas le droit de parler à Fred Taylor ?

La familiarité du maire fait bondir le curé.

— Bénoni Bolduc, Aldina n'a pas le droit de fréquenter un protestant aussi longtemps qu'il ne se sera pas converti. La province de Québec est une province catholique, t'as l'air de l'oublier. On est français ou anglais, catholique ou protestant, on ne joue pas sur les deux tableaux.

— Faut toujours ben qu'y s'fréquentent un peu avant qu'Fred Taylor décide de s'convertir. Dans les autres paroisses, c'est comme ça que ça se passe. Va demander au curé Poulin à Saint-Georges. Andrew Pozer a marié

Rose-Aimée Lacasse l'an passé. Y les a laissé se fréquenter, pis quand y ont été prêts à s'marier, le protestant s'est converti.

L'explication est logique, mais Antonio Quirion n'a rien à faire de la logique. La seule façon d'éviter ces mariages déshonorants, c'est de les tuer dans l'œuf, avant qu'ils n'éclosent.

— Je n'ai rien à voir avec les autres paroisses. Moi, je m'occupe de ma paroisse et ici, c'est comme ça que ça va marcher. Ils se sont assez fréquentés. Ça fait des mois que ça dure. Ça commence par un couple, puis ça se multiplie comme des lapins. Jamais !

Incrédule, le maire dodeline de la tête pour marquer sa désapprobation.

— Milledieux, c'était pas nécessaire de l'humilier comme ça devant toute la paroisse. Si c'est à moé que t'en veux, aie le courage de me l'dire en pleine face.

Antonio Quirion ne désarme pas. Il sent qu'il a le haut du pavé, qu'en multipliant les attaques, même intempestives, il en arrivera à mater un maire qu'il n'aime pas et à convaincre ses ouailles de l'isoler.

— C'est la seule façon de vous faire comprendre le bon sens. T'oublies que t'es maire et que ta sœur est une maîtresse d'école. Vous devez donner l'exemple, si c'est pas trop vous demander, monsieur le maire !

— Y peuvent se fréquenter, pis pratiquer chacun leur religion. S'y décident de s'marier, y en aura ben un qui se convertira.

Le visage cramoisi, le curé lui coupe la parole.

— Un des deux qui se convertira ! L'entendez-vous ? Un vrai sacrilège ! C'est à lui de se convertir. C'est lui qui vit dans le péché ! Tu devrais avoir honte de dire des énormités comme celle-là. Bout de pipe, es-tu en train de perdre ta religion ?

Le curé est déchaîné. Bénoni bouille de rage. Il aurait envie de saisir le prêtre au collet, de le plaquer contre le mur et de lui casser les dents. Mais on ne bouscule pas un curé. Antonio Quirion le sait, pour lui, tous les coups sont permis, pas pour le maire. Dieu est toujours le plus fort! Bénoni peut gagner une bataille, mais pas la guerre.

— Bénoni, je ne tolérerai pas ces fréquentations et je n'endurerai plus que les jeunes filles de la paroisse s'engagent chez les protestants comme la fille de l'Irlandais. Tu m'as compris? Et arrête de faire des passe-droits aux protestants. À force de les fréquenter, tu vas finir par renier ta religion.

Bénoni fait un pas en direction du curé qui relève le menton, frondeur. Bénoni recule aussitôt. Le curé se réjouit. «Le petit maire peut bien retourner à ses intrigues de village!» Bataille terminée? Non, mais Bénoni a besoin de prendre du recul pour mieux jauger l'adversaire, la situation. Sa sœur fréquente un protestant, une relation qu'il n'a jamais prise au sérieux, dont il ne s'est jamais inquiété, avant cette nuit de Noël. Comment manœuvrer pour éviter que la majorité des paroissiens se rangent derrière le curé? Avec les élections toutes proches, le danger est grand! Mettre de l'eau dans son vin? Non. Il trouvera une façon de piéger le curé et de le discréditer aux yeux des paroissiens. En attendant, il aura une bonne conversation avec sa sœur et avec Fred Taylor.

La cour de l'église se vide. Entassés dans des borlos rouges ou noirs, des carrioles plus légères, les habitants retournent à la maison dans un concert de clochettes. Le vieux cheval de Jimmy Miller va au pas dans le chemin de neige. À quelques reprises, Jimmy ordonne à sa bête de se ranger pour laisser passer les attelages plus rapides ou ceux des gens plus importants. Maggie s'est endormie sur le banc arrière.

7

Épiés, surveillés, montrés du doigt, Fred et Aldina ne se fréquentent plus depuis la messe de minuit. Dans la tête d'Aldina, les questions fusent, lancinantes. Pourquoi Fred ne lui a-t-il jamais révélé qu'il l'aimait? «On est ben ensemble», a-t-il dit, mais ce n'est pas une déclaration d'amour. Pudeur, gêne? Pourtant, leur entente est tacite et leur amour, évident. Pourquoi ne pas l'avouer ouvertement? «Au moins, il sait à quoi s'en tenir, il connaît l'échéance.»

Engoncée dans sa chaise berçante, elle esquisse un petit sourire. Son premier mari, qu'elle a fréquenté quelques mois seulement, l'a demandée en mariage sans jamais lui dire qu'il l'aimait. Et elle n'avait aucun doute. Pourquoi les choses de l'amour sont-elles si compliquées? Adelbert, son mari, était un homme bon, juste et gros travaillant. Avait-elle besoin que toutes ces qualités soient assorties de mots d'amour? Non, bien sûr, et c'est la même chose avec Fred.

Au lendemain de la messe de minuit, quand Fred a frappé à la porte, elle ne l'a pas laissé entrer. Il a frappé deux fois, trois fois. Inquiet, il a activé la poignée et poussé la porte qui était barrée. «Aldina, t'es là? C'est moé, Fred!» De l'intérieur, elle lui a finalement lancé une série de phrases saccadées. «Je ne peux pas t'ouvrir, le curé me l'a défendu. Faudra que tu te convertisses, sinon on ne peut plus se voir.» Abasourdi, Fred Taylor ne comprit pas comment une femme intelligente telle qu'Aldina pouvait afficher un comportement aussi irrationnel. Il a piétiné, recalé son chapeau sur ses oreilles et il est parti. Aldina a attendu sa réponse, en vain. Comme s'il allait répondre sur-le-champ à un ultimatum aussi soudain que sans appel. Fred est rentré chez lui, déçu et inquiet, son visage giflé par le vent.

Fred Taylor a interrompu ses promenades dans le rang-à-Philémon. Aldina ne sort presque plus de son école, sauf pour rendre visite au vieil Exior. Et souvent, elle y va le midi et se fait accompagner de ses élèves de peur que des paroissiens la soupçonnent de donner des rendez-vous clandestins à son amoureux. La fin de semaine, elle ne quitte pas son école, sauf pour aller acheter des provisions au village.

Des coups sont frappés à la porte. Aldina a tiré les rideaux. En les écartant légèrement, elle aperçoit son frère. Elle s'empresse d'ouvrir, visiblement soulagée.

— T'es peureuse en milledieux !

— C'est plein d'écornifleux !

Depuis la semonce du curé, Aldina s'est repliée sur elle-même. Les habitants du rang-à-Philémon ne la regardent plus de la même façon. Même les enfants défient son autorité, souvent rabroués par Maggie, la seule à s'être clairement rangée derrière son institutrice. Déchirée entre son amour pour Fred Taylor et son sens de l'honneur et du devoir, Aldina se sent coupable de vivre dans le péché, même si elle n'arrive pas à l'identifier clairement. Certes, la Loubier l'a accusée de « faire des cochonneries avec le protestant », mais c'est faux. Elle n'aurait jamais osé « se déranger » en dehors du mariage. Elle n'a commis aucune faute, mais le curé prétend le contraire. « Péché mortel ! » Il doit bien le savoir, lui qui possède la vérité absolue, le seul arbitre du bien et du mal.

— T'étais pas à la grand-messe ? Demande son frère. T'es pas malade, au moins ?

Elle fait signe que non et l'invite à s'asseoir à la petite table de cuisine. Elle lui offre un thé noir qu'il accepte.

— Tu me parles d'un hiver épouvantable, dit-elle pour alléger l'atmosphère. On est à la veille de pus voir la maison de Ti-Jos-à-Petit.

Une poignée de maisons défient l'hiver autour de l'école d'Aldina. Le vent et la poudrerie ont soufflé la neige à la hauteur des fenêtres que les habitants ont dégagées. Le rang-à-Philémon n'est plus qu'un filet de route à peine assez large pour laisser passer un attelage de bœufs ou de chevaux.

Son frère acquiesce avec indifférence. Il souffle sur son thé fumant. Le poêle en fonte répand une chaleur réconfortante. Une vieille horloge sonne joyeusement onze heures. Une longue tige de rameaux, bénis le matin de Pâques, s'incline au-dessus du poêle. Sur une petite commode s'étire le cierge de la Chandeleur qu'Aldina n'a pas rallumé depuis la mort de son mari. L'école fleure bon le vinaigre.

— Tu peux pas manquer la messe comme ça !

Pour la première fois de sa vie, Aldina a manqué la messe sans raison valable.

— Je ne suis pas capable de retourner à l'église. Je ne me suis jamais fait humilier comme ça. Tout le monde me toise comme si j'étais Marie-Madeleine. Même à l'école, les enfants me regardent de travers.

La voix cassée d'Aldina cache mal son profond désarroi. Ses yeux mouillés papillotent. De gros frissons secouent son corps.

— Pile sus ton orgueil, pis fais tes dévotions comme tout le monde ! Si tu viens pas à la messe, ça va rempirer les choses. Ce curé-là va sauter sus toutes tes erreurs.

Aldina éclate en sanglots, incapable d'endiguer sa douleur plus longtemps. Ses épaules sont secouées comme celles de l'épileptique de Poléon-à-Gelotte quand il a ses grandes crises.

— J'ai dit ma façon de penser au curé, mais sus la religion, c'est lui qui décide. C'est une tête de cochon, pis si Fred Taylor se convertit pas, y pourra jamais t'emmener au pied de l'autel.

Aldina essuie ses larmes. D'une voix mal assurée, elle laisse tomber :

— Fred est trop orgueilleux, il ne se convertira pas. Sa religion, c'est important pour lui. Il passera le restant de sa vie à ronger les valets de châssis plutôt que de devenir catholique. Il m'a expliqué les différences entre nos religions, c'est presque pareil.

— C'est pas ce que le curé pense.

Aldina ne peut retenir un léger haussement d'épaules qui trahit son mépris pour le curé.

— Plus le curé insistera, moins Fred aura envie de l'écouter. Me semble qu'il pourrait au moins nous laisser sortir ensemble jusqu'à ce qu'on se décide.

— C'est ce que je lui ai dit, mais y veut rien comprendre.

Aldina se lève et tourne le dos à son frère, craignant d'avance sa réaction.

— Et si moi, je me convertissais à sa religion ?

Estomaqué, Bénoni branle furieusement la tête, comme si on lui avait annoncé le mariage du pape Pie X ! Aîné de la famille, Bénoni se sent une responsabilité particulière à l'endroit d'Aldina, la cadette. De tous ses frères et sœurs, Aldina est celle qu'il a toujours préférée, sans jamais l'avouer ouvertement. Son intelligence, sa vivacité d'esprit et sa compassion suscitent l'admiration de son frère. Aujourd'hui encore, il voudrait la protéger, la soustraire à sa douleur et l'aider à franchir la crise comme il l'avait fait lors de la mort de son mari. Bénoni avait alors emmené sa sœur chez lui et l'avait hébergée pendant quelques semaines, le temps qu'elle retrouve ses moyens.

— Non, non, Aldina. Tu peux pas devenir protestante, ça ne se fait pas par icitte. C'est des affaires de ville ! Tu connais assez ta religion pour raisonner mieux que ça. Dans la province de Québec, c'est le protestant qui se convertit. C'est peut-être différent dans la province d'Ontario, mais ici, c'est les catholiques qui mènent.

Aldina n'est pas surprise de la réponse de son frère. De petites secousses l'agitent encore. Bénoni constate que l'amour de sa sœur pour Fred Taylor est profond, beaucoup plus qu'il ne l'avait imaginé.

— Ça peut pas durer indéfiniment, Aldina. Ça va devenir invivable. Le curé lâchera pas aussi longtemps que tu lui auras pas donné une réponse satisfaisante.

Bénoni cherche par tous les moyens à convaincre Aldina de ne faire aucun geste précipité. Il voudrait lui donner raison ou, à tout le moins, son appui. Lui promettre que les choses s'arrangeront. Impossible, pas question de donner de faux espoirs à sa sœur, sachant qu'il ne pourra pas influencer le curé. Entre les deux hommes, le fossé est trop profond. Antonio Quirion est en train de bouleverser la paroisse. Bénoni s'en inquiète, mais on ne défie pas ouvertement un curé! Sans compter que le défier compromettrait ses chances de réélection au printemps. Déjà, ses adversaires font des gorges chaudes des fréquentations de sa sœur et colportent plein de ragots au sujet de Fred et d'Aldina.

Les cris d'Herménégilde Labonté attirent Aldina à la fenêtre. À son tour, il bat le chemin, opération que les cultivateurs effectuent à tour de rôle au lendemain des tempêtes pour s'assurer que le rang-à-Philémon restera praticable. D'une main sûre, Herménégilde guide un gros attelage de bœufs à robe beige piquée de blanc, mastodontes lourdauds qui lui rappellent ceux de son mari. Depuis l'arrivée de Fred Taylor dans sa vie, Aldina ne pense plus à Adelbert, l'autre occupe toute la place. Pourtant, depuis sa mort, elle n'a jamais cessé de recréer dans sa tête les années qu'elle aurait passé avec lui. Les travaux, l'agrandissement de la maison, les enfants, leurs prénoms, leur banc à l'église. Elle a tout inventé, tout imaginé, bâtissant, une parcelle à la fois, la vie qui aurait été la sienne si un arbre mort n'avait pas fauché son mari.

— Je me demande si le curé n'est pas parti en guerre contre les protestants.

Bénoni évite de donner raison à sa sœur, mais la démarche du curé le tourmente. Il a toujours entretenu de bonnes relations avec quelques protestants sans s'interroger, sans s'inquiéter des conséquences possibles. Le plus souvent, il ne consulte qu'un seul conseiller municipal, Gordon Wilkins, le représentant des protestants, dont il admire le jugement, la compassion et la vision.

— Se pourrait-il que l'évêché lui ait demandé de les chasser de la paroisse? Fred m'a dit qu'il avait lu dans son journal anglais que monseigneur Bégin se méfiait des protestants.

L'évêque de Québec, comme les autres dans la province, est préoccupé par la cohabitation des catholiques et des protestants. Sans l'interdire, il prêche la prudence. Selon l'évêque des Trois-Rivières, «les protestants occupent trop de place dans la province. À Montréal en particulier». Encore récemment, Gordon Wilkins a dit à Bénoni: «*Montreal belongs to us!*» Et même dans Dorchester, l'anglais est omniprésent: Cranbourne, Frampton, Watford, Cumberland Mills. Le chemin de fer est construit par la Quebec Central Railway et plusieurs forêts sont exploitées par la Breakey, l'ancien employeur de Bénoni, avec qui il a appris l'anglais quand il était *foreman* à Dorsett.

— Les évêques, dit Bénoni, ne pourront jamais chasser les protestants de la province de Québec. C'est impossible. C'est du bon monde, même s'y sont pas pareils comme nous autres. Mais y paraît qu'y craillent pas à la Sainte Vierge, ni au pape, ni à la confirmation.

Aldina se mord les lèvres. Elle n'ose pas répéter les explications de Fred. «On croit tous les deux au bon Dieu, c'est l'essentiel.» Elle sirote son thé du bout des lèvres, à petites gorgées. Ses yeux se sont immobilisés, figés dans l'infini. Quand elle sort de sa torpeur, elle se tourne vers Bénoni.

— Pourquoi t'essayes pas de lui parler doucement, de lui demander de laisser à Fred un peu de temps pour se décider, deux ou trois mois, ce serait pas la fin du monde.

Bénoni n'a pas très envie de jouer les intermédiaires. Il n'a surtout pas le goût de se frotter une autre fois à ce nouveau curé. Pas question de se mettre à genoux devant lui, de le supplier.

— Tu penses qu'il est trop borné, qu'il n'acceptera jamais?

— Parle pas comme ça du curé, Aldina, ça pourrait nous porter malheur!

Bénoni va partir. Il met son chapeau mais, avant de franchir la porte, demande à Aldina:

— T'as dit à Fred que tu pouvais pus l'voir s'y se convertit pas?

— Oui.

— Pis?

— Il n'a rien répondu et je ne l'ai pas revu.

Bénoni se surprend à souhaiter que Fred Taylor renonce à fréquenter sa sœur. Il ira le voir pour s'en assurer.

— Tu sais ce que Pauline Veilleux m'a dit?

Son frère la dévisage, inquiet. «Quoi encore?»

— Que des gens du rang veulent me faire perdre mon école à cause de Fred.

— Si c'est pas les gens du rang, ce sera le curé, laisse tomber Bénoni.

Les yeux d'Aldina s'emplissent d'eau. Bénoni sent l'indignation l'envahir. Décidément, ce curé dépasse les bornes. Pauline Veilleux est la femme du marguillier et il est évident que le curé s'est servi du couple pour intimider Aldina davantage. Bénoni s'était promis de ne plus en découdre avec le curé, du moins d'ici aux élections. Mais là, son bon sens lui dit que la punition dépasse la faute.

— M'a va t'aider, le président de la commission scolaire m'en doit une. M'a va lui parler mais, de ton côté, tu vas devoir trouver une solution, pis vite, sinon le curé va te poursuivre comme un chien enragé!

Aldina ne cache plus son indignation. Son frère tente de la réconforter, mais elle ne veut plus rien entendre.

— C'est injuste, tellement injuste!

Aldina regarde son frère droit dans les yeux.

— L'autre solution, c'est de partir. Aller vivre aux États. On pourrait rester chez ma belle-sœur à Waterville ou avec mon cousin à Lewiston, dans le Maine. Personne ne nous achalerait. J'en ai pas parlé à Fred, mais je suis certaine qu'il y penserait sérieusement. Rien ne le retient vraiment dans la Cabarlonne.

— Aux États! Milledieux, Aldina, perds-tu la tête? C'est au boutte du monde, pis tous les Canadiens français qui sont partis là-bas au détour du siècle s'ennuient à mourir. C'était à la mode y a vingt ans passés d'aller dans les États, mais aujourd'hui, les Canadiens français restent dans la province de Québec. Pis même si Fred te suit aux États, vous allez vivre dans le péché.

— Même si Fred ne vient pas, j'irai toute seule. Ma belle-sœur m'a écrit le mois passé et elle m'a dit que je pourrais travailler dans une *shop* et gagner de grosses gages.

Bénoni cherche les mots justes pour contrecarrer les plans de sa sœur.

— T'es trop intelligente, Aldina, pour aller travailler dans une *shop* aux États. C'est pas pour ça que papa t'a fait instruire. Ta vie à toé, c'est l'école, c'est ton devoir. T'as pas le droit de t'sauver et d'abandonner tes élèves. Si tu t'en vas, y vont faire venir une maîtresse étrangère. La commission scolaire pourra jamais en trouver une autre à Saint-Benjamin. Et loin de ton monde, à ton âge, tu vas t'ennuyer à mourir. Penses-y comme y faut.

— T'es dur, Bénoni.

— Laisse Fred niaiser un bout de temps. Laisse-lé réfléchir. Ça fait vingt ans que tu vis toute seule, un mois de plus, t'en mourras pas. Y finira par comprendre, pilera sus son orgueil, pis se convertira plutôt que de t'perdre.

— J'espère que t'as raison, mais je n'en suis pas convaincue. Il est têtu comme une mule!

— Penses-y ben, Aldina. Prends la bonne décision. Pense à l'honneur de la famille.

La porte claque derrière lui. Aldina est partagée entre la colère, la peine et la frustration. À l'évidence, son frère ne l'aidera pas. «L'honneur de la famille et ses maudites élections!»

8

En sortant du village de Saint-Benjamin, la route louvoie jusqu'à Cumberland Mills, le patelin des protestants. Avec les années, Cumberland Mills, nom officiel de l'ancien fief, a été rebaptisé «Cabarlonne» par les habitants du village qui n'ont jamais vraiment réalisé qu'il s'agissait d'un nom anglais. Avant l'arrivée du curé Antonio Quirion, la plupart d'entre eux pensaient que la Cabarlonne était peuplée d'Irlandais, comme Jimmy Miller, et non pas d'Anglais.

— Si c'étaient des Irlandais comme à Frampton, ils seraient catholiques comme nous autres! a dit le député fédéral.

Jimmy Miller, c'est un catholique parce que les Irlandais sont catholiques. Peu importe le raccourci, le député pensait d'abord à ses électeurs. Catholiques ou protestants, un vote, c'est un vote! «Faut quand même pas virer fou!»

À Cumberland Mills, la route se faufile entre les arbres, avant de s'incliner devant le manoir Harbottel et ses dépendances, ensemble vieillot, perché sur une colline. Gordon Wilkins en a hérité de ses parents. Quelques grappes de maisons bigarrées, joliment plantées des deux côtés de la rivière Cumberland, s'éloignent de la route, à l'abri des curieux. Après la disparition de l'ancien fief, une loi provinciale a rattaché Cumberland Mills à Saint-Benjamin, mais les protestants, autonomes, ne se sont jamais intégrés. Ils ont leurs moulins à farine et à scie, une grande école, un bureau de poste, un magasin, une petite gare et la chapelle anglicane.

Le maire attache son cheval à la clôture, loin de la
mitaine. Sa curiosité piquée par le sermon de la messe de
minuit, il détaille la chapelle St. Paul, construite au milieu
du siècle précédent. La mitaine! Drôle de nom pour une
église! C'est une déformation de *meeting house* et ça
vient des *townships*, lui a expliqué l'inspecteur des routes.
Benoni jette une grosse couverture sur le dos de son cheval
et attend la fin de la cérémonie religieuse des protestants.
La petite chapelle en pierres des champs, percée de grandes
verrières et d'un œil-de-bœuf, s'élève au-dessus d'une
cinquantaine d'épitaphes, presque toutes déneigées,
certaines en ciment, d'autres en bois, bien entretenues,
seules reliques de ces censitaires anglo-saxons, de ces
marchands anglais, les Miller, McKentyre, Gilhespie, Wilkins,
Laweryson et Taylor, venus de Wood-Horn et Morpeth,
en Angleterre, s'établir dans ce coin perdu au siècle dernier.
Après la cérémonie, les protestants observent le maire
avec étonnement. Que veut-il?

De loin, il ressemble à un enfant intimidé par ses camarades. Le ministre anglican le salue, Bénoni lui retourne sa
politesse, mais avec retenue, une retenue toute nouvelle,
inspirée par les propos du curé. Comme les catholiques sur
le perron de l'église, les protestants placotent, rient et se
taquinent. Ils sont habillés de la même façon, fument le
même tabac, s'échangent les mêmes plaisanteries. Leurs
enfants sont aussi dissipés et si certaines femmes «pètent
plus haut que le trou», d'autres sont aussi «cocessions»
que les catholiques. «J'sais ben pas pourquoi le curé s'énerve
autant.» Seule différence, les chevaux. Dans la cour de
l'église, il y a autant d'attelages de bœufs que de chevaux.
Devant la mitaine, pas un seul bœuf! Bénoni cherche Fred
Taylor. Quand il sort de la mitaine, il lui fait de grands
signes, l'invitant à le rejoindre.

— J'ai à t'parler.

— Ça ben donc l'air *serious*, dit Fred Taylor dans son
français coloré, qu'il a appris dans les chantiers.

— Oui, en milledieux !

Fred Taylor invite le maire chez lui. Il sait très bien de quoi il retourne. La visite du maire ne le surprend pas. Protégée par une haie de sapinage touffu, la maison de Fred Taylor se dresse fièrement entre deux grands bouleaux, ses auvents verts se détachant comme de gros yeux rieurs au-dessus de la galerie. Vieux garçon, Fred Taylor l'habite seul depuis la mort de son père en 1899. Il vit modestement d'une petite pension du gouvernement pour sa participation à la guerre des Boers. Sa nourriture, il la tire en grande partie d'un potager, planté derrière sa maison et qui lui fournit pommes de terre, carottes et betteraves pour l'hiver. L'été, deux longues cordes de bois protègent le potager. Véritables œuvres d'art, les cordes de bois de Fred Taylor font l'envie des voisins. Chaque jour, il les inspecte, comme un général ses soldats, repoussant les extrémités qui dépassent. À l'automne, il les recorde méticuleusement dans la cave de sa maison.

Le maire attache son cheval à la rambarde de la galerie, lui jette une couverture sur le dos et suit le vieux garçon dans la maison. Bénoni laisse tomber son manteau sur une chaise. Un petit poêle réchauffe la pièce. La maison est propre. Sur la table, un buste en bois du roi George V voisine avec un exemplaire du journal *Quebec Chronicle*. Un escalier mène au grenier. Fred Taylor tente de retarder le moment fatidique.

— Si t'es venu pour dîner, pas de *luck*, j'ai tout mangé !

Bénoni sourit. Frugal, Fred Taylor mange peu, se contentant de légumes ou d'une fricassée de lièvre et de pommes de terre. Le maire piétine, gêné. Il aime bien Fred Taylor, le protestant qu'il connaît le mieux après Gordon Wilkins. Comment l'aborder sans l'irriter ?

— As-tu vu Aldina, dernièrement ?

Le visage de Fred Taylor s'éteint, une moue de frustration déforme sa bouche. Le ton est cynique.

— Non, a m'a dit qu'y fallait que je change de religion. Elle a même pas voulu me laisser rentrer, comme si j'étais *a criminal*!

Le maire tente de le rassurer, de lui expliquer le comportement de sa sœur. La semonce du curé l'a bouleversée.

— Tu sais ce que l'curé a dit à la messe de minuit. Si tu te convertis pas, tu pourras pus jeunesser avec ma sœur. Y dit qu'elle est en état de péché mortel. C'est grave en milledieux! Faut pas que tu t'surprennes qu'Aldina refuse de t'voir.

D'abord incrédule, convaincu que le maire exagère, Fred Taylor éclate d'un grand rire sonore, nerveux.

— T'es pas *serious*, Bénoni? Ça fait pas sens!

— J'sus ben sérieux. Faut pas rire avec la religion catholique.

Le visage de Fred Taylor se rembrunit. Bénoni n'exagère pas. Le vieux garçon en a un haut-le-corps. Ses idées s'embrouillent. Il songe d'abord à hurler son indignation, à dénoncer l'étroitesse d'esprit du curé, à ridiculiser ces catholiques serviles, écrasés devant leur prêtre. Mais il se ravise. L'idée de se convertir pour épouser Aldina ne lui plaît pas, mais il ne l'a pas encore rejetée.

— Y é pas correct, ton curé, Bénoni. Pas correct, *goddam*!

Fred se lève et se dirige vers le poêle, y glisse une bûche de merisier et attise le feu avec un tisonnier tordu. Ses gestes sont saccadés. Fred Taylor est élégant dans son costume du dimanche. «Un peu maniéré», pense Bénoni, mais c'est sûrement le fait d'être resté vieux garçon si longtemps.

— Écoute, Fred, c'est mon devoir de t'avertir. C'est ma sœur qui est en cause. La religion et l'honneur de la famille, c'est ben important.

— *You are both against me, you and your damned priest*!

Piqué au vif, Fred Taylor en veut autant au maire qu'au curé. Colère et douleur se bousculent dans sa tête. Au début des fréquentations, il ne craignait rien du vieux curé Lamontagne. Il s'est inquiété à l'arrivée du curé Antonio Quirion, mais il a cru en sa tolérance. Aujourd'hui, il déchante. Ce bonheur fragile trouvé auprès d'Aldina est menacé. L'admonestation du curé la rendra plus craintive. Pourra-t-il encore la rassurer sans s'engager à se convertir et à l'épouser?

— *Dammit*, ton curé est pas correct, Bénoni!

Fred n'a pas d'illusions. Menacée, montrée du doigt, Aldina ne l'attendra pas très longtemps. Femme de principes, elle fera passer sa religion avant tout. Se convertir ou perdre Aldina? Il refuse d'envisager l'un ou l'autre. Mais à son âge, il sait que l'occasion ne se représentera pas. S'il laisse filer Aldina, il mourra vieux garçon. Il revient vers Bénoni.

— Tu veux demander au curé de nous laisser un peu de temps?

— Milledieux, Fred, le curé dit que vous jeunessez ensemble depuis trop longtemps. Y ne veut rien comprendre. J'ai jamais rencontré une tête dure comme lui. Y est bocké comme le joual d'Alex Wilkins.

Fred Taylor monte le ton.

— Toé, Bénoni, tu vas l'écouter sans *fighter*? Tu penses que ta sœur serait pas heureuse avec moé? Tu penses qu'on fait du mal ensemble?

— Non, non, je l'sais. J'sais tout ça, Fred, mais le curé, c'est le curé!

Le maire est déchiré, il sait que Fred Taylor a raison. Qu'Aldina finirait sa vie, heureuse, avec lui. Bénoni a envie de faire un pied de nez au curé, mais les conséquences seraient désastreuses. Il a trop à perdre.

— J'serais d'accord pour encore un peu de jeunessage, mais ben court. C'est ben certain que tu pourras jamais l'emmener au pied de l'autel si tu restes protestant.

Fred Taylor a enfoncé les mains dans ses poches, les yeux fixant le bout de ses chaussures.

— C'est ton faute, Bénoni !

Le maire ne comprend pas immédiatement le sens de la remarque. Ma faute ? Fred Taylor lui rappelle qu'il est à l'origine de leur première rencontre. Bénoni avait suggéré à la commission scolaire de l'engager pour effectuer des travaux à l'école d'Aldina. Fred avait accepté sur-le-champ, y trouvant une bonne occasion de rembourser sa dette au maire dont l'intervention lui avait permis d'avoir sa pension. Bénoni sourit. Regrette-t-il sa décision ? Non. Comment aurait-il pu deviner la suite des événements ? Que pouvait-il craindre de ce vieux garçon inoffensif ? Et puis, sa sœur avait toujours clamé haut et fort que jamais elle ne se remarierait. Comment soupçonner que deux êtres aussi « dépareillés » s'amouracheraient l'un de l'autre ?

— Je sais, je sais, Fred, mais, avec ce curé-là, tu feras pus d'travaux à l'école ni au village.

Fred Taylor se renfrogne. Ses illusions s'effondrent. La belle complicité du maire se volatilise, déchiquetée par le curé, par l'ambition. Entre un protestant, soupirant de sa sœur ou pas, et sa réélection au printemps, le maire n'hésitera pas. Il invoquera toutes sortes de raisons pour s'opposer aux fréquentations, mais Fred Taylor sait fort bien que la véritable raison tient aux élections, le pouvoir que le maire ne veut pas envisager de perdre.

— *Goddam*, Bénoni, t'es trop *smart* pour être en agrément avec le curé !

L'autre, embarrassé, tortille le rebord de son chapeau. Comment lui dire que ce nouveau curé l'agace ? Qu'il n'est pas d'accord avec lui ? Sans être un catholique fervent, le maire suit tous les enseignements de l'Église. Jamais il ne lui viendrait à l'idée de les remettre en question. Même si les directives du curé lui semblent carrément exagérées, Bénoni, après un premier affrontement, a peur que la malédiction et le déshonneur frappent sa famille. Sans parler des élections!

Maire depuis douze ans, Bénoni Bolduc est tout-puissant. Il contrôle tout. Il a un accès illimité aux députés provinciaux et fédéraux. L'organisation des élections, les petits contrats, la bagosse électorale, tout passe entre ses mains. Au temps du curé Lamontagne, il avait son mot à dire dans le choix des marguilliers et des membres de la commission scolaire. Même les places au cimetière relevaient de lui. Un pouvoir absolu, un droit de vie ou de mort, dont il devra maintenant céder de grands pans à Antonio Quirion, aussi assoiffé de pouvoir que lui. Sinon, il perdra la bataille. Les paroissiens, intimidés par ce nouveau curé, le suivront aveuglément.

— Le curé fait son devoir, laisse tomber Bénoni sans conviction.

Fred Taylor hoche furieusement la tête.

— Aldina pis moé, on fait pas de mal!

— Je sais, je sais, mais le boss de la religion, c'est le curé, pas moé!

Bénoni comprend le désarroi de Fred. Il aimerait pouvoir donner des réponses plus intelligentes. Pas seulement «le curé, c'est le curé». Sa sœur est aussi déchirée. Il voudrait partager sa peine. «Pour qu'elle parle de s'en aller dans les États, faut qu'elle soit en amour en milledieux!»

— Ça t'tente pas de te convertir?

— Pourquoi moé?

Le maire n'ose pas lui répéter l'explication du curé. «C'est comme ça dans la province de Québec.»

— Mon religion est un bon religion, *dammit*!

Les protestants sont des gens respectables, explique Fred Taylor. De bons travailleurs qui ont toujours payé leurs taxes et n'ont jamais hésité à aider un voisin, même catholique. L'an dernier, quand le petit Pouliot s'est perdu dans le bois, les protestants se sont aussitôt joints aux recherches et pendant que les catholiques rentraient chez eux à la tombée de la nuit, apeurés par les revenants, c'est

Tom Miller et Edgar Laweryson qui ont retrouvé l'enfant terrifié, affamé et le corps boursouflé de piqûres d'insectes.

Mais aujourd'hui, les catholiques n'attendent plus rien des protestants. Intimidés par le nouveau curé, ils sont prêts à couper les ponts et tous les ponts. Bénoni a une autre mauvaise nouvelle pour Fred Taylor.

— Le curé veut pus que les filles s'engagent chez les protestants. Y dit que c'est trop dangereux !

Livide, Fred Taylor n'en croit pas ses oreilles. Dangereux ? Mais quel danger ? Les catholiques sont-ils si peu convaincus de la justesse de leur religion qu'ils se sentent menacés au seul contact des protestants ? Jamais, au meilleur de sa connaissance, un protestant n'a tenté d'influencer un employé catholique. Jamais ils ne leur parlent de religion. Pas question de les inviter à la mitaine. Une fois le travail terminé, le catholique peut retourner à son missel et à son prie-Dieu. Le protestant n'en a que faire.

— Ton curé est malade dans tête, Bénoni. Ben malade !

Le maire n'ose pas le contrarier. Fred n'a pas cessé de hocher la tête, dépassé par tant de petitesse.

— Cumberland Mills, c'est mon place. J'veux mourir icitte, pis dormir dans le cimetière avec mon mère pis mon père. Mais pour ça, j'vas perdre Aldina.

Fred est déchiré. Abandonner son univers ou risquer de perdre la seule femme qu'il a jamais aimée. Se convertir ? Quelles en seraient les conséquences ? Échapperait-il à l'ostracisme des siens ? Serait-il forcé d'aller vivre à Saint-Georges ? Ou à Québec ? Au début du fief de Cumberland, on raconte qu'une catholique irlandaise s'est suicidée parce qu'on lui refusait d'épouser un protestant. Fin janvier, son père l'a retrouvée dans le puits, nue, une corde autour du cou, reliée à la margelle.

— Tu sais, Bénoni, qu'à Saint-Georges, c'est l'Pozer, un protestant comme moé, qui a payé l'église des catholiques. Tu devrais l'dire à ton curé.

Le maire ne répond pas. Fred Taylor a raison. Partout, en Beauce et dans Dorchester, les relations entre les deux communautés sont bonnes malgré la langue, la religion et la richesse. À quoi joue Antonio Quirion? Quelle est la raison profonde de cette hantise des protestants? Bénoni voudrait bien le savoir. Il met son manteau et part.

— Salut, Fred.

Le vieux garçon ne bouge pas, les yeux fixés à la fenêtre, les lèvres plissées, sa colère à peine contenue. Il songe à aller voir Aldina et lui dire que tout est fini, que la relation n'en vaut plus la peine. Qu'il n'a pas envie de brader l'essentiel pour un grand amour qui demande un sacrifice énorme. Il lui en veut de ne pas en avoir discuté, de s'être refermée sur elle-même après la sortie du curé. Mais il se ravise. Il laissera mijoter ce bouilli indigeste encore un peu. Après seulement, il ira voir Aldina.

9

Mi-janvier, l'hiver s'essouffle. Une semaine de doux temps remplit d'eau les ornières des chemins d'hiver. Le nez collé à la fenêtre, Bénoni Bolduc regarde tomber la pluie, inquiet. À son retour, l'hiver transformera tous les chemins en ponts de glace.

— Ça va être glissant en milledieux quand ça va g'ler bord en bord ! Les enfants vont avoir de la misère à se rendre à l'école.

Léda, sa femme, remue une épaisse soupe aux choux. Un gros bouilli de légumes et de bœuf fume sur un rond du poêle à bois. Bénoni s'assoit à un bout de la table et Léda, à l'autre bout.

— As-tu réussi à convaincre Aldina de lâcher son protestant ?

Le ton de Léda agace Bénoni. Sa sœur et Fred Taylor ne se sont pas revus, mais la relation n'est pas rompue. Chacun reste sur ses positions, attendant que l'autre fasse le premier pas. Fred Taylor en a perdu l'appétit. Aldina en est malade. À quelques reprises, elle a demandé à Maggie de la remplacer. Une grande complicité s'est installée entre la jeune fille et son institutrice.

— M'a va aller voir le curé avec elle.

— Pourquoi ?

— Pour lui demander d'être patient.

— Comment ça, être patient ? Ça fait trop longtemps que ça zigonne ! Moé, j'pense qu'a doit le lâcher tout de suite. Le curé l'a dit. T'accepteras pas que ta propre sœur humilie notre famille. J'te comprends pus, Bénoni. T'as l'habitude de bouger plus vite que ça !

Bénoni évite de donner la réplique à sa femme. Il avale rapidement sa soupe, se sert deux grosses patates jaunes, une bonne portion de légumes et de bœuf qu'il arrose d'un bouillon brun.

— Et même s'y se convertit, veux-tu vraiment l'avoir dans la famille? C'est pas du monde comme nous autres.

Bénoni est sur le point de perdre patience quand on frappe à la porte.

— Entrez! crie le maire sans même vérifier l'identité du visiteur.

Sa maison est toujours ouverte. Les paroissiens y viennent à tout moment lui soumettre leurs problèmes. La porte s'ouvre sur Gordon Wilkins, le conseiller de Cumberland Mills. Alarmée, Léda se signe à la dérobée et murmure à son mari de le faire attendre dans son bureau. Pas question de lui offrir le couvert comme elle l'aurait fait auparavant ou comme elle s'empresserait de le faire pour un catholique. Léda ne voit plus les protestants du même œil. Le curé l'a dit, ils sont dangereux.

— *Mornin'*, Bénoni!

À toute heure du jour, Gordon Wilkins salue son interlocuteur de la même façon, d'un *mornin'* lancé d'une voix assurée.

— Ça s'ra pas long, Gordon. Passe dans mon office.

Bénoni lève des yeux ahuris vers Léda, nerveuse, visiblement très mal à l'aise. Il n'a pas apprécié qu'elle se signe comme si le diable venait d'entrer dans la maison. Décidément, le curé a réussi son effet.

— Veux-tu arrêter tes simagrées, y te mangera pas!

— C'est pas du monde comme nous autres, répète-t-elle. Les protestants me disent rien de bon!

— Tu rabâches les sornettes du curé! Avant, t'en avais pas peur. Le curé Lamontagne a jamais rien dit contre les protestants. Je te dirais même qu'y sont pas mal plus avenants que ben des catholiques fanfarons du village!

— Arrête de les défendre!

Léda n'en démord pas. La parole du curé est sacrée et fait foi de tout. Quoi que dise Antonio Quirion, même si son message est différent de celui de l'ancien curé, Léda l'écoutera sans poser de questions. Le curé est infaillible, il ne peut pas se tromper.

— À partir de maintenant, tu les r'cevras au conseil, après la séance.

— Milledieux, Léda, j'sus maire et m'a va r'cevoir qui j'voudrai dans ma maison, catholiques ou protestants. T'ouvres la porte aux quêteux, aux pedleurs pis à des étrangers que tu connais même pas, pis là t'as peur de ton propre monde!

Le maire avale rapidement son repas et retrouve Gordon dans son bureau. Il ferme la porte derrière lui. Sur sa table de travail traîne une lettre du député de Dorchester et une copie de l'*Action sociale*, le journal catholique fondé par monseigneur Louis-Nazaire Bégin.

— Qu'est-ce qui t'amène?

Gordon Wilkins est le protestant le plus important. Ses ancêtres ont fait l'acquisition du fief de Cumberland Mills à la fin du dix-septième siècle et si, aujourd'hui, le fief n'existe plus, il est resté le maître de la communauté protestante. Costaud, les cheveux courts grisonnants, un nez proéminent, la peau rugueuse, ses yeux sont vifs et ses mains, énormes. Depuis l'intégration de Cumberland Mills, Gordon a été le seul représentant des protestants au conseil. Personne n'ose le défier. La dernière fois, sur la « recommandation » de Gordon, tous les protestants ont voté pour Bénoni.

— On a un *big problem* avec le vieux Matty Hall.

Matty Hall habite seul une maison délabrée. Il ne travaille plus depuis de nombreuses années, tirant l'argent dont il a besoin pour vivre d'un fructueux mais illégal commerce de bagosse, ce que les protestants appellent leur *homebrew*! Mais depuis quelque temps, il est presque toujours ivre. Ses clients l'ont laissé tomber faute d'approvisionnement fiable. La semaine dernière, un voisin l'a retrouvé transi, ses réserves de bois épuisées, trop saoul pour demander de l'aide.

— Qu'est-ce que tu proposes ? demande Bénoni. Qu'on l'mette sus la liste des indigents publics ?

— J'vois pas d'autre solution.

C'est ce que souhaite Gordon Wilkins. Qu'on lui verse une petite allocation et qu'on s'assure qu'il l'utilisera uniquement pour manger et se chauffer, pas pour la bagosse. Qu'il vive aux crochets de la paroisse, comme une douzaine d'autres personnes sans ressources. En temps normal, Bénoni n'hésiterait pas. Mais Matty Hall sera le premier protestant à se retrouver sur la liste des indigents. Que dira le curé ?

— *Jesus Christ*, Bénoni. Ça a rien à voir avec la religion. Un pauvre, c'est un pauvre, dit Gordon Wilkins, outré d'une telle réaction.

Le maire est d'accord, sauf que le curé et ses adversaires feront des protestants le thème de la prochaine élection à la mairie et Bénoni veut éviter de leur donner trop de munitions.

— J'ai parlé avec le *rural Dean* et y pense que la paroisse a pas le choix.

Une fois, l'an dernier, Bénoni a rencontré le doyen rural, sorte d'évêque des protestants. L'entretien avait été poli, sans plus. Bénoni préfère le pasteur Sydney Hibbard de Frampton qui dessert Cumberland Mills deux fois par mois.

— Comprends-moé ben, Gordon, j'sus d'accord aussi pour l'aider, mais d'ici aux élections dans cinq mois, on pourrait essayer de trouver une autre façon.

Laquelle ? Gordon Wilkins n'aime pas l'idée de céder devant le curé, toutefois il est d'accord pour gagner du temps. Il s'assurera qu'il a assez de bois et Bénoni promet de lui apporter de la viande et des patates. De cette façon, le curé n'en saura rien. Et dès qu'il sera réélu, il fera un pied de nez au curé et ajoutera Matty Hall à la liste des indigents publics.

— Y en a déjà assez avec Aldina pis Fred!

Gordon Wilkins branle la tête. Il est dépassé par la tournure que prennent de simples fréquentations de deux personnes dans la cinquantaine. Comme Bénoni, Gordon Wilkins est attaché à sa religion, mais pas au prix de tous les excès. Pourquoi faut-il que Fred se convertisse? Bénoni évite de lui répéter les propos du curé. «C'est comme ça que ça se passe dans la province de Québec.»

— *And your sister*, a se convertira pas? Y a des catholiques qui se sont convertis dans les Townships.

— J'pense pas, dit Bénoni. Aldina virera pas protestante. On est dans une paroisse catholique!

— J'comprends, réplique Gordon, y a plus de catholiques que de protestants à Saint-Benjamin, mais y faudrait faire ben attention de ne pas insulter les protestants. Y ont le droit de vote aussi!

Agacé par ce chantage, Bénoni bourre sa pipe et, pendant un long moment, ignore Gordon. Les protestants le laisseront-ils tomber? Voteront-ils pour l'adversaire pressenti de Bénoni? Lomer Caron n'a pas encore confirmé sa candidature mais, déjà, il accuse Bénoni d'être à la solde des protestants. Rien pour le rendre très populaire à Cumberland Mills!

— *How far* ira ton curé? T'as peur de lui? demande Gordon, moqueur. T'as pas l'habitude d'avoir peur de personne!

Le maire branle la tête.

— C'est plus compliqué que tu l'penses parce que c'est de la religion, pis la religion, dans l'village, j'm'en mêle pus depuis que c'curé-là est arrivé.

— *He is so narrow-minded!*

Le maire tique mais évite de se porter à la défense du curé. Entre les protestants et Antonio Quirion, à cinq mois des élections, Bénoni est en équilibre précaire. Gordon Wilkins lui rappelle que le curé Lamontagne n'a jamais eu une parole désobligeante à l'endroit des protestants. Le vieux curé a toujours entretenu des relations cordiales avec certains protestants. Il avait une passion : les montres et les horloges qu'il démontait et remontait en un clin d'œil. Souvent, des protestants lui apportaient une montre, une horloge à réparer sans que personne s'en offusque. Bavard comme un troglodyte, le curé Lamontagne faisait même la conversation en français aux protestants qui ne le parlaient pas!

— Y changera pas d'idée pour Fred? demande Gordon.

— Compte pas là-dessus, y est têtu comme un veau qui veut pas téter.

Gordon Wilkins ravale sa frustration. Il n'a jamais été d'accord avec les mariages mixtes. Il boude encore Winston McIntyre, son cousin des Townships dont le fils s'est converti pour épouser une catholique. Mais le cas de Fred Taylor est différent. Respecté, cité en exemple, Fred Taylor est aimé de toute la communauté. La majorité des protestants voient d'un œil suspicieux ses fréquentations avec Aldina, mais ils sont prêts à lui donner du temps, espérant qu'Aldina se convertira.

En sortant du bureau de Bénoni, Gordon Wilkins se retrouve face à face avec la femme du maire.

— *Mornin'*, Léda!

Elle recule vivement sans dire un mot. Gordon Wilkins referme la porte derrière lui.

— Qu'est-ce qu'y voulait? demande Léda, inquiète.

— Y veut que je me convertisse. T'es mieux de sortir ton eau bénite!

Léda tourne sur ses talons. Dénuée de tout sens de l'humour, elle n'apprécie pas les blagues de son mari, surtout quand elles touchent à la religion.

10

Le pas régulier de Caboche, la fidèle jument du maire, bat la route. La carriole sautille, menaçant l'équilibre précaire des deux voyageurs. Assis côte à côte, Aldina et Bénoni filent vers le presbytère, le visage tiré. Aldina a demandé à Maggie de la remplacer dans les dernières minutes de la classe et de s'assurer que le départ des enfants se fasse de manière ordonnée.

— Mets la barre à la porte jusqu'à mon retour. T'as dit à ta mère que tu dormiras ici ce soir?

— Oui.

Pas un seul mot n'est échangé entre le frère et la sœur. Ils savent exactement ce qu'ils diront au curé, devinent ses réponses et redoutent le résultat. Sorte de démarche du désespoir, de la dernière chance, ultime concession du maire à sa sœur avant de la soustraire à son prétendant. «Si le curé entendait soudainement raison...», se prend à rêver Aldina. Les habitants du rang-à-Philémon, habitués aux nombreuses visites du maire, comprennent que celle-ci est différente, mystérieuse.

Habituellement, le maire rend visite à sa sœur en revenant de Cumberland Mills. Il ne vient jamais expressément pour elle. Cette fois, il ne s'est même pas rendu chez les protestants. Pourquoi vient-il la chercher en milieu d'après-midi, à l'heure où normalement un cultivateur prépare son barda? Aldina est-elle malade? L'école sera-t-elle ouverte le lendemain? Toutes ces questions trottent dans la tête des habitants du rang qui épient le duo derrière les rideaux des maisons ou dans l'entrebâillement des portes d'étable.

91

Quand le maire et sa sœur atteignent le village, d'autres curieux se retournent. Pourquoi sont-ils endimanchés au milieu de la semaine? À la surprise générale, l'attelage s'engage dans la cour de l'église et s'immobilise devant le presbytère. Le curé a-t-il convoqué Aldina pour l'excommunier? Depuis quelques jours, les rumeurs les plus farfelues balaient le village, toutes jaillies du magasin de Mathias Saint-Pierre. «Aldina perdra son école, elle sera excommuniée, chassée du village.»

Bouleversée, Aldina n'est presque pas sortie de son école. Un soir, on a frappé à la porte. Des voix lourdes d'alcool lui ont crié de quitter la paroisse. Elle ne les a pas reconnues. A-t-on engagé des hommes de l'extérieur pour lui faire peur? Son frère n'écarte pas l'hypothèse. Le curé est-il à l'origine de cette campagne d'intimidation? Pas directement, ose croire Bénoni, mais il l'encourage par ses propos et ses agissements. La situation ne peut plus durer. Aldina lancera un ultimatum à Fred: la conversion ou la rupture, mais d'abord, une dernière tentative auprès du curé. Bénoni n'a pas annoncé sa visite. Quand elle vient ouvrir, Armoza Labonté, la servante du curé, cache mal son étonnement.

— Bonjour, Armoza, fait le maire froidement. On peut voir le curé?

— Vous avez un rendez-vous?

Agacé, Bénoni la fusille du regard. Depuis quand faut-il un rendez-vous pour voir le curé? «Ça paraît qu'il vient de la ville, celui-là!»

— Dis au curé qu'on veut l'voir.

Le ton est sans appel. Pincée, la servante tourne sur ses talons, les invitant à entrer d'un brusque coup de tête. Aldina, le pas chancelant, et Bénoni la suivent dans le vestibule du presbytère. Une odeur de vieux livres rancis fait grimacer Aldina. Surpris, le curé sort de son bureau et vient à la rencontre des visiteurs.

— On peut t'parler? fait le maire qui s'est promis de rester calme, de ne pas s'emporter.

Le curé regarde Aldina et Bénoni avec curiosité, hésite et devine la raison de leur visite.

— Suivez-moi.

Armoza Labonté disparaît dans la cuisine. Le curé s'enferme dans son bureau avec les visiteurs. Avant même que le maire ouvre la bouche, il s'approche d'Aldina, recroquevillée sur sa chaise.

— Ton école a encore été fermée cette semaine.

— Seulement deux jours et c'étaient les deux premiers jours depuis très longtemps. J'étais malade.

Bénoni vient à sa rescousse.

— A l'a attrapé une grosse grippe. A l'a toussé comme une consomption toute la semaine.

Le curé n'est pas satisfait de l'explication. Visiblement, il cherche à porter les premiers coups, à affaiblir Aldina, à la discréditer pour enlever toute pertinence au plaidoyer de son frère.

— T'as peut-être plus assez de santé pour faire l'école!

La déclaration gratuite du curé pique Bénoni, mais il n'ouvre pas la bouche. Il est clair que le curé a choisi la provocation. «Tu perds rien pour attendre après les élections, Antonio Quirion.» Aldina ne répond pas. Les sarcasmes, le persiflage et la méchanceté de ce curé la dépassent.

— Il paraît que t'es allée voir une pièce de théâtre à Beauceville avec Améline Veilleux?

Désarçonnée, Aldina ne voit pas où le curé veut en venir. Oui, elles ont vu *Cyrano de Bergerac*, une comédie qui lui a semblé inoffensive. Une sortie qui remonte à la Toussaint. Pourquoi le curé a-t-il attendu jusqu'à aujourd'hui pour la lui reprocher? Aldina se sent traquée.

— Les théâtres, vocifère le curé, c'est des endroits de perdition! Monseigneur Bégin est venu en personne à Beauceville dire que c'est péché de fréquenter le théâtre. C'est un trou que la ville devrait fermer!

— Ben voyons, monsieur le curé, c'était pas au théâtre, c'était dans une école et l'abbé Lachance de Beauceville était à la pièce, ça doit pas être si dangereux que ça !

Pris à contre-pied, Antonio Quirion grimace, cette grimace affreuse qui lui contorsionne le visage quand se touchent sa lèvre supérieure et le bout de son nez. «L'insulte ultime, c'est de le comparer à ses collègues des autres paroisses.» Le coup a porté.

Aldina s'en réjouit secrètement. Même si elle sait que ça ne changera rien. Le curé Quirion a déjà la réputation d'être l'un des plus sévères de la province de Québec, une réputation qu'il entend bien renforcer à Saint-Benjamin.

— Tout c'qu'on veut, dit Bénoni, c'est de démêler les ragots de la vérité. Pour savoir si c'est vrai que tu vas faire perdre son école à Aldina si elle continue à jeunesser avec Fred Taylor.

Le curé se frotte le menton, les pupilles chargées de dédain.

— Est-ce qu'il va se convertir, ton protestant ?

Aldina hésite. Elle ne connaît pas la réponse. Le curé insiste.

— Pas tout de suite, murmure-t-elle, dans un bredouillis à peine audible.

Antonio Quirion piétine, nerveux, pugnace. Pour désamorcer la colère du curé, Bénoni sort de sa poche une coupure de l'*Action sociale*.

— T'as vu ça, j'suppose ?

Le curé jette un regard furtif à la coupure sans paraître s'y intéresser. Le maire lit l'inscription qui accompagne la photo de sa sœur.

— «Aldina Bolduc, institutrice de Saint-Benjamin de Dorchester, vient de recevoir une prime de vingt piastres pour succès dans l'enseignement par l'entremise de l'inspecteur Drolet.» Ça prouve que c'est une bonne maîtresse d'école !

— Ça prouve rien du tout. Des primes, la maîtresse du village en reçoit aussi. Et à quoi ça sert d'avoir des primes si elle donne le mauvais exemple ?

Le curé rallume sa pipe et vient se planter devant Aldina.

— Tu devrais être assez intelligente pour savoir que s'il ne veut pas se convertir, c'est parce qu'il ne t'aime pas. Tout le monde a compris cela dans le village. Tout ce qu'il veut, c'est ton argent. Arrête d'être aussi naïve et ouvre-toi les yeux !

Aldina tressaille. La remarque du curé la heurte comme la bourrasque de fin d'automne. Son cœur s'emballe dans sa poitrine et lui fait mal. L'affirmation du curé est gratuite, méchante et sans fondement. Fred n'a jamais fait allusion à son argent. Et quel argent ? Elle a vendu la maison, remboursé les dettes de son défunt mari et mis cinquante piastres de côté pour ses vieux jours. Une bonne somme mais pas une fortune ! Comment peut-il échafauder pareilles hypothèses ?

Antonio Quirion fait quelques pas, enfonce les mains dans sa soutane et s'arrête devant la fenêtre, content d'avoir blessé Aldina, d'avoir embarrassé encore plus ce maire qu'il méprise.

Au-delà de l'argent, Aldina réfléchit aux paroles du curé. « S'il ne veut pas se convertir, c'est parce qu'il ne t'aime pas. » Et si le curé avait raison ? Fred ne lui a jamais déclaré son amour. Elle le tient pour acquis, un amour sans nuances comme le sien. Mais Fred n'a jamais rien dit. Certes, son comportement ne laisse aucun doute, mais pourquoi ne le lui dit-il pas, pourquoi ne lui propose-t-il pas le mariage après sa conversion ? Et si elle se trompait ? Le curé virevolte vers Bénoni.

— Ce que l'inspecteur ne sait pas, c'est qu'une famille a fait une plainte à la commission scolaire parce que ta sœur a estropié un enfant.

Hébétée, Aldina relève la tête. Jusqu'où ira cette mauvaise plaisanterie? Le maire, de plus en plus agacé, saute aussitôt dans la mêlée.

— Ma sœur a jamais estropié d'enfant!

— Qu'est-ce que t'en sais?

Bénoni se tourne vers Aldina dont le visage a blêmi. Il l'interroge du regard. Masquant à peine son indignation, Aldina regarde le curé droit dans les yeux.

— Le seul que j'ai puni, c'est Romain Veilleux après votre dernière visite. J'ai fait exactement ce que vous m'avez dit de faire et, avec tout votre respect, bien moins fort que vous.

Le curé ne se laisse pas démonter. Il établit sa preuve, échafaude les arguments fallacieux. Surpris que Bénoni et Aldina lui tiennent tête. Qu'ils aient réponses à ses insinuations. Comment se fait-il qu'une minable maîtresse d'école de rang tienne tête à un prêtre? Comment peut-elle oser lui remettre sous le nez ses accusations spécieuses?

— Il est revenu de l'école avec une oreille à moitié arrachée. C'est inacceptable! La commission scolaire ne pourra pas te défendre.

— Mais c'est pas vrai!

— Es-tu capable de le prouver?

Aldina flaire le piège. Certes, elle a corrigé des enfants. Quelques bons coups de règle, quelques taloches derrière la tête, retenues, pénitences, mais elle n'a jamais arraché l'oreille d'un enfant. L'attitude du curé la dépasse. Les punitions qu'elle a infligées à ses élèves n'ont rien de comparable à celles du curé. Depuis le départ du curé Lamontagne, les élèves craignent au plus haut point les visites du nouveau prêtre.

— Si ma sœur a battu un enfant, a va s'excuser auprès de la famille. C'est pas toujours facile d'être maîtresse d'école dans un rang. C'est pas tous des anges, ces enfants-là!

Comme sa sœur, Bénoni devine le complot. Les Grondin sont des libéraux enragés qui ne dédaigneraient sûrement pas se faire les complices du curé pour embarrasser le maire à l'approche des élections.

— C'est la commission scolaire qui va décider.

— On va aussi demander l'avis de l'inspecteur Drolet. On peut pas blâmer une maîtresse d'école sans demander l'avis de l'inspecteur.

Le curé ne répond pas, mais il est évident que l'avis de l'inspecteur ne pèsera pas lourd dans la balance. Bénoni y voit de plus en plus clair. Cette histoire d'enfant battu a été inventée de toutes pièces. S'il le faut, le curé utilisera ce faux-fuyant pour renforcer encore davantage sa preuve contre Aldina.

— C'est pour ça que tu veux y ôter son école ou si c'est à cause de son jeunessage avec Fred Taylor?

Débusqué, le curé se retourne, le visage cramoisi. Le théâtre à Beauceville, l'école fermée, l'enfant battu ne sont que des prétextes additionnels pour convaincre les paroissiens qu'Aldina «la protestante» ne mérite plus d'enseigner dans le rang-à-Philémon.

— Bénoni, ta sœur n'a pas le droit de faire l'école aux enfants si elle ne respecte pas sa religion. Elle vit dans le péché. Si d'ici deux jours elle n'a pas mis fin à ses fréquentations avec le protestant ou s'il ne s'est pas converti, la commission scolaire va lui ôter son école. J'ai déjà demandé au président de trouver une remplaçante.

Une remplaçante? Les mots écorchent Aldina. Devant l'intransigeance du curé, Bénoni est sur le point d'éclater. «Il va trop loin, il n'a pas le droit de lui faire perdre son école.» Le maire respire profondément. S'il s'emporte, le résultat sera désastreux. Aldina sera congédiée illico. «Il ne perd rien pour attendre!»

— J'ai le devoir de veiller sur la vertu. Je ne veux pas que les enfants du rang-à-Philémon virent protestants, tu m'as compris?

Buté, le curé ne cède pas un pouce. Aldina lutte de toutes ses forces contre les larmes qui l'envahissent. Persuadé qu'il n'obtiendra rien du curé, le maire se lève, entraîne sa sœur par le bras et quitte le presbytère, sans un mot de plus.

Dehors, la brunante enveloppe le village. Des enfants jouent à la guerre dans des tranchées improvisées à même les bancs de neige de la rue principale. Le maire aide sa sœur à grimper dans la carriole, détache sa jument et lui donne le signal de reprendre la route.

— C'est vrai, cette histoire d'oreille arrachée?

— Jamais de la vie, fait Aldina rageusement. La dernière personne qui a battu Alphonse Grondin, c'est le curé lui-même.

— Tu l'as pas frappé?

— Non, il a eu l'oreille rouge pendant deux ou trois jours, mais sa sœur m'a dit qu'il s'était chamaillé avec son frère.

— C'est ben clair que son père pis l'curé ont arrangé ça ensemble pour te nuire.

Bénoni ramène Aldina à l'école. La lumière des bougies et des fanaux danse aux fenêtres des maisons. Une nuit claire et froide tombe sur le rang-à-Philémon. Absorbés par leurs pensées, le frère et la sœur gardent le silence, un silence lourd, rompu seulement par le pas régulier de Caboche. Bénoni est maintenant convaincu que le curé cherche à avoir sa tête, encore plus que celle d'Aldina.

— Aldina, j'pense que t'as pas d'autre choix. Ou ben Fred Taylor se convertit ou t'arrêtes de l'voir. Contre ce curé-là, on a aucune chance de gagner, on va perdre tous les deux.

L'institutrice ne répond pas. Les lèvres plissées, le regard absent, elle sait déjà que son frère ne la soutiendra pas si elle défie le curé. Et elle est convaincue que Fred ne cédera pas au chantage. Dans un contexte normal, elle aurait probablement réussi à le convaincre. Maintenant, elle en doute.

— Dis-toé ben que si tu fais rien, la commission scolaire va t'faire perdre ton école. C'est une bande de flancs mous, pis y vont tous se mettre à genoux devant le curé. Le président est de mon côté, mais y se battra pas, je l'connais assez pour le savoir. Tu m'as compris, Aldina?

— Tu m'aideras pas?

— Comprends le bon sens, Aldina, j'peux pas t'aider. La religion, c'est la religion. Y a une seule solution : y se convertit et vous vous mariez. Sinon, tu fermes le dossier, pis on n'en parle pus. Tu iras pas vivre aux États, tu m'as entendu?

Aldina ne répond pas. Elle descend de la carriole et disparaît dans son école. En la voyant, Maggie comprend que le curé ne s'est pas montré plus conciliant. Aldina lui raconte l'essentiel. Hérissée, Maggie rêve d'en découdre avec le curé.

— T'es probablement la seule qui ne remet pas en question mes fréquentations avec Fred Taylor!

— Je le déteste, ce curé-là, laisse tomber Maggie.

— Dis pas ça, ça va te porter malheur.

— J'crois pas aux prophètes de malheur, répond Maggie. C'est comme les histoires de revenants. Des inventions pour faire peur au monde.

La jeune fille s'approche d'Aldina.

— J'peux vous confier un secret, madame Aldina?

L'autre la regarde, intéressée.

— Un secret?

— Oui et j'espère que vous m'en voudrez pas. Quand le curé est venu à l'école la dernière fois, pis qu'y a pirouetté par-dessus sa carriole, c'est moé qui avait détaché les traits du harnais.

— Toi?

Aldina n'arrive pas à effacer le sourire qui illumine son visage.

— T'étais cachée dans le cabanon à bois?

Rouge comme une pomme, Maggie acquiesce et feint de lever vers Aldina des yeux implorants. L'institutrice l'attire à elle. Elles restent un long moment dans les bras l'une de l'autre. Aucun mot échangé. Seulement la douceur de l'étreinte et, un instant, l'impression d'échapper aux méchancetés. Quand Aldina veut s'éloigner, Maggie la retient pour emmagasiner un peu de cette bonne chaleur maternelle qui lui manque tant. Aldina sourit, lui caresse les cheveux et lui relève le menton.

— Viens, on va manger une bouchée.

11

Madame Bolduc,

Votre conduite récente est loin d'être au-dessus de tout soupçon. La commission scolaire de Saint-Benjamin a reçu des plaintes. Certains parents refuseront d'envoyer leurs enfants à l'école si vous continuez d'y enseigner. Ils craignent, avec raison, que leurs enfants soient influencés par votre comportement. Donc, après consultation et réflexion, nous en sommes arrivés à la conclusion qu'un changement important s'impose. Au cours d'une réunion spéciale qui sera tenue la semaine prochaine, ladite commission scolaire de Saint-Benjamin se prononcera sur la résolution suivante : «Proposé par Nazaire Veilleux et secondé par Oram Grondin, il est recommandé au Département de l'instruction publique d'annuler le contrat de madame Aldina Bolduc, institutrice à l'école du rang-à-Philémon, paroisse de Saint-Benjamin, comté de Dorchester. Ladite commission scolaire juge que madame Bolduc ne répond plus aux critères moraux très élevés que la commission scolaire veut maintenir dans ses écoles.» Une copie en bonne et due forme sera envoyée au Département de l'instruction publique de la province de Québec.

Votre tout dévoué,
Magella Veilleux
Président de la commission scolaire de Saint-Benjamin

À plusieurs reprises, Aldina lit et relit la lettre, apportée par le fils du président de la commission scolaire. «Des critères moraux très élevés! Un peu plus et ils me traiteraient de pécheresse! Quand je pense que plus de la moitié des commissaires ne savent même pas lire, et ils se permettent de parler de critères moraux très élevés!» À n'en pas douter, la lettre a été écrite par le curé, il n'y manque que sa signature.

— C'est bien certain que Magella n'a pas écrit cette lettre tout seul. Il n'a jamais été capable de mettre une barre sur un t, dit Aldina à Léda, sa belle-sœur qui s'est arrêtée à l'école pendant que Bénoni rend visite à un colon.

À l'évidence, cette trop rare visite de Léda est téléguidée par son mari.

— As-tu parlé à ton protestant?

Le ton est méprisant. Aldina grimace, refoule son agacement.

— Non, pas encore.

— Qu'est-ce que t'attends?

Blessée par la lettre de la commission scolaire, Aldina n'a pas envie d'avoir cette conversation, surtout pas avec sa belle-sœur.

La lettre est un ultimatum. Il ne lui reste que quelques heures pour prendre une décision. Écrasée dans sa berceuse, les yeux rougis, Aldina tend la lettre à Léda.

— Tu veux la lire?

Léda s'empare de la lettre et la parcourt rapidement, sans la moindre surprise. La veille, Bénoni a été informé du contenu par le président de la commission scolaire.

— C'est un pensez-y ben, avertit Léda. Tu risques de perdre gros. Maîtresse d'école, c'est honorable. Pis t'as de bonnes gages: cent soixante piastres par année, ça se prend ben. Avec la vieille Caron du village qui s'en va à la fin de l'année, c'est toé qui auras le plus d'expérience dans la paroisse.

Aldina ne l'écoute pas. La meilleure maîtresse de la paroisse! À quoi bon, si la fonction est assortie de restrictions, si pour l'exercer elle doit abandonner l'homme qu'elle aime?

— Mais, je l'aime, Léda. Tu peux comprendre ça? C'est un homme qui est bon, doux, prévenant, qui dit jamais un mot plus haut que l'autre, toujours paré à m'aider. Si je le laisse aller, j'en trouverai jamais un autre comme lui.

Un frisson d'agacement court dans le dos de Léda. Elle s'impatiente. L'amour est une notion folichonne, abstraite. À la suggestion de son père, elle a rencontré Bénoni, l'a fréquenté quelques mois et l'a épousé pour fonder un foyer et avoir des enfants. Certes, elle n'aurait jamais épousé un ivrogne ou un «courailleux», mais aussi longtemps qu'il s'agissait d'un homme droit, respectueux de sa religion et capable de bien la faire vivre, cela lui suffisait. Femme d'une grande rigueur, froide, Léda ne perd pas de temps à analyser ses états d'âme. Seul le devoir compte.

— T'as passé l'âge, Aldina. L'amour, c'est pour les jeunesses, pas pour une veuve comme toi. C'est ben plus important de faire une bonne vie en accordance avec le bon Dieu que de t'amouracher d'un étranger. Tu penses pas? Le mariage, c'est pour avoir des enfants et toé t'es trop vieille pour ça, conclut Léda, lapidaire.

Aldina ne s'habitue pas à la rigidité, à la sévérité de sa belle-sœur. Elle songe à la rabrouer vertement, à la renvoyer à ses chaudrons et à ses missels. Mais à quoi bon envenimer davantage la situation?

— C'est une belle écœuranterie du curé! Il n'a pas le droit de me faire ça.

Léda sursaute.

— Aldina, t'as pas le droit de parler du curé comme ça. Tu lui dois respect pis obéissance. Y a plein droit de te dire de pas sortir avec un protestant.

Léda en est convaincue, le curé a tous les droits. Le mépriser, l'insulter, remettre en cause son autorité, comme le fait Aldina, relèvent du sacrilège. Quand il s'agit de religion, Léda n'accepte aucun passe-droit. Pour défendre l'honneur du prêtre et de la religion, elle pourrait même défier l'autorité de son mari.

— J'ai promis une neuvaine à la Saint-Vierge pour que tu comprennes le bon sens.

Ahurie, Aldina rabroue sa belle-sœur.

— Léda, laisse tes bondieuseries de côté. C'est pas le temps !

Mais Léda n'en démord pas. Comme un chien, elle défend son os, férocement.

— Tu feras rien qui serait contraire à ta religion ?

Exaspérée, Aldina la fusille des yeux. Elle se lève et va à la fenêtre. Dans le rang-à-Philémon, des enfants se chamaillent. Ses élèves n'ont plus pour elle le même respect, sans doute influencés par leurs parents.

— Tout le rang se tourne contre moi. Je ne peux pas comprendre que le monde soit si sans-cœur. J'ai toujours travaillé d'arrache-pied pour que leurs enfants aient un minimum d'éducation. Pas plus tard que le mois dernier, je suis allée aider Desneiges Boily à passer au sauvage et elle est la première à se faire aller la baboune pour dire que je dois partir.

Elle fait une pause et revient vers Léda. Dans le poêle, une bûche d'érable trop sèche craque bruyamment.

— Tout ça est la faute du curé. Un vrai dictateur !

Léda refoule son agacement.

« Bande d'ingrats ! » pense Aldina. Mais faut-il leur en vouloir ? Le vrai coupable, c'est le curé qui la sacrifie à son obsession des protestants et à son désir de se défaire d'un maire qui empiète sur son autorité. Aldina fait une longue pause. Seul le caquètement de l'horloge rompt le silence. Le soleil, par petites touches, applique de jolies esquisses à la fenêtre, à même le frimas qui tapisse les rebords.

— Et si moi j'allais vivre à la Carbarlonne, laisse tomber mollement Aldina, sorte de ballon d'essai, pour mesurer à l'avance la réaction des siens à un geste aussi catégorique.

Léda bondit, livide.

— T'as pas le droit de faire ça! As-tu perdu la tête?

— Je pourrais vivre avec Fred et aller faire mes dévotions à Beauceville, c'est pas très loin.

Léda n'en croit pas ses oreilles.

— Tu peux pas faire ça! Tu peux pas vivre avec un homme en dehors du mariage. Es-tu tombée sus a tête? Es-tu en train de me dire que t'es parée à vivre dans l'péché? Même si le curé de Beauceville est pas sévère, y acceptera jamais ça.

Aldina fixe le mur. La réaction de sa belle-sœur ne l'étonne pas. Elle a exagéré pour la provoquer, pour voir jusqu'où Léda peut aller au nom de la religion. Aldina a maintenant sa réponse.

— T'arrêterais de me parler, Léda, si j'allais vivre avec Fred Taylor sans être mariée?

Prise à contre-pied, dépassée par l'ampleur du propos, Léda détourne la tête, tortillant la frange de la grande écharpe grise qui lui recouvre les épaules.

— Je serais obligée, Aldina, c'est ben trop grave!

Aldina n'en doute pas. Si elle commettait l'impensable, la réaction des siens serait terrible. Ils la laisseraient tous tomber et ne lui pardonneraient pas de s'acoquiner avec Fred Taylor. Mais elle n'a encore pris aucune décision. Elle tâte le terrain, tente de se convaincre qu'elle pourrait aller vivre aux États-Unis, à la Cabarlonne, qu'elle pourrait vivre dans le péché, loin des siens. Toutes ces hypothèses lui répugnent. Elle cherche à provoquer les siens pour qu'ils l'aident à gagner du temps, le temps de convaincre Fred Taylor d'accomplir le seul geste acceptable : l'épouser après s'être converti. Elle tourne la tête en entendant le bruit de la porte. Bénoni entre, secoue ses bottes et tire sa pipe de sa poche. En voyant l'air dépité de Léda, il comprend qu'Aldina n'a pas renoncé à cette relation impossible.

— Ta sœur est parée à aller vivre à la Cabarlonne avec son protestant !

Le ton de Léda est méprisant, dégoûté. Aldina dévisage sa belle-sœur, le feu dans les yeux. Bénoni bourre sa pipe, craque une allumette et souffle une grosse volute de fumée. Il se tourne vers Aldina, le ton solennel.

— Aldina, t'as pus l'choix. La lettre est claire, t'as quelques jours pour convaincre Fred de s'convertir ou mettre fin à cette histoire-là pour de bon. Y a pas d'autres choix, tu m'entends ? Les États, la Cabarlonne avec les protestants, Beauceville, c'est de la pure folie et j'te connais assez pour savoir que tu serais malheureuse pour le restant de ta vie si tu t'en allais de la paroisse. Ce serait pas juste contraire à ta religion, ce serait un scandale pour notre famille et, ça, je ne l'accepterai pas.

Le visage d'Aldina s'est durci. Léda guette sa réaction du coin de l'œil.

— J'sais que l'curé exagère, qu'y va beaucoup trop loin, mais j'y peux rien. J'accepterai pas qu'y m'dise comment m'occuper du village, j'serais ben mal venu de me mêler des affaires de son église. Avec le curé Lamontagne, j'm'occupais aussi de la commission scolaire, mais pas avec Antonio Quirion. Comme dans les autres paroisses, c'est le curé qui gardera un œil sur la commission scolaire, pis si tu veux pas perdre ton école, t'as intérêt à leur envoyer une lettre signée de ta main pour leur dire que Fred Taylor va se convertir ou que tu vas arrêter de jeunesser avec lui. S'y décide de s'convertir, perds pas une seconde, amène-lé voir le curé au plus vite.

Aldina n'a pas bougé. Elle est incapable d'imaginer la scène de Fred Taylor annonçant au curé qu'il est prêt à se convertir. Léda égrène son chapelet. Les *Je vous salue, Marie* courent sur ses lèvres comme des centaines de gouttes d'eau lancées sur le feu qui consume la maison.

— Et dis-toé ben que s'y se convertit pis que tu l'maries, tu vas aussi perdre ton école. Le curé acceptera pas non plus qu'une femme mariée fasse l'école. C'est défendu dans la province de Québec. Y te permettront probablement de finir l'année, mais pas plus. Tu m'as ben compris, Aldina?

— Je n'ai plus quinze ans, Bénoni. Je suis assez vieille pour prendre mes décisions. Je vais parler à Fred. C'est avec lui que je déciderai, personne d'autre. Et si ça ne vous plaît pas, tant pis!

Sa voix est calme mais ferme. Elle ne se laissera plus intimider. Bénoni le réalise et s'en inquiète. Léda est visiblement très contrariée. «Une vraie Bolduc, têtue, butée, comme son frère!» Bénoni fait une dernière mise en garde.

— Penses-y ben, Aldina. Pense à ton devoir. Pense à tous ceux qui t'ont toujours soutenue depuis la mort de ton mari.

Léda tire Bénoni par la manche de sa veste. Ils quittent l'école sans saluer Aldina. L'institutrice met la barre à la porte. Ses sentiments sont emmêlés. Par bravade, elle aimerait dire oui à Fred Taylor pour faire un pied de nez à ce curé qui l'a bousculée, humiliée, et aux siens, qui menacent de l'abandonner. Elle fait chauffer une soupe et met une tranche de pain à griller sur le rond du poêle. Que dira-t-elle à Fred Taylor? Et si, aux prises avec l'inévitable, il acceptait de se convertir?

12

Les élèves sont dissipés. L'un d'entre eux, victime d'une bousculade, pleure. Tendue, déconcentrée, Aldina n'arrive pas à rétablir l'ordre. Maggie vient à sa rescousse, tentant de consoler le petit garçon.

— Tranquilles et à vos places immédiatement!

Le brouhaha se dissipe lentement, mais le silence n'est pas rétabli complètement. Aldina est fatiguée, à bout de nerfs. Elle arrive difficilement à s'intéresser à ses élèves. Plus de fard sur les joues, plus de boucles colorées pour retenir son chignon, un peu plus de gris dans ses cheveux, elle couve sa peine. Quand Romain Veilleux échappe la tablette de son pupitre, le bruit cinglant provoque un grand éclat de rire dans la classe.

— Silence, sinon vous serez en pénitence pendant la récréation. Romain, ouvre la tablette de ton pupitre et laisse-la tomber doucement.

— On a pus peur de vous, dit-il avec bravade.

Aldina le fusille des yeux et s'approche de lui. Seul à défier l'institutrice, Romain baisse la tête, un sourire niais au coin des lèvres. Mais il refuse de refermer la tablette de son pupitre.

— Romain, je ne te le dirai pas deux fois. Tu refermes doucement ta tablette ou tu vas passer l'avant-midi dans le corridor.

Romain finit par obéir. Depuis quelques jours, les bravades des enfants se multiplient. Dans le rang-à-Philémon, sous-entendus et moqueries sont monnaie courante. Aldina tente de les ignorer. La veille, elle a surpris la conversation de deux fillettes. «Maman ne m'enverra plus à l'école si

madame Aldina se marie avec le monsieur protestant!»
Les amies d'Aldina baissent les yeux ou l'insultent quand
elles la croisent. «Pourquoi tu sors avec un protestant? Les
catholiques sont pas assez bons pour toi?»

À la fin de la classe, Aldina demande à Maggie de rester
un peu. Une fois les enfants partis, elle tire une enveloppe
de la poche de sa robe et la lui tend.

— Peux-tu faire un petit détour et remettre cette
enveloppe à monsieur Fred?

— Ben oui!

— Assure-toi qu'on ne te verra pas, d'accord?

Entre Aldina et sa jeune élève, la méfiance des débuts
a fait place à une belle complicité. Souvent, Maggie prend
sa défense, corrige les faussetés véhiculées par les autres
élèves et répète à qui veut l'entendre que sa sœur est traitée
comme une reine par les protestants. Maggie manipule la
lettre avec d'infinies précautions, devinant que le message
qu'elle contient sera déterminant pour Aldina.

— Y veulent pas que vous vous mariiez avec monsieur Fred?

— Inquiète-toi pas.

Maggie serre la lettre contre elle et coule un sourire
entendu à Aldina. «Comment réagira-t-il? Il m'en voudra
sûrement d'avoir attendu si longtemps. Orgueilleux comme
lui!» Machinalement, elle range les pupitres, éponge le
tableau et ajoute une bûche dans le poêle de la classe. «S'il
avait décidé de se convertir, il aurait trouvé un moyen de
me le faire savoir.»

La lettre enfouie dans son sac, Maggie emprunte un
raccourci pour ne pas éveiller les soupçons. Fred Taylor
s'étonne de la trouver sur le pas de sa porte.

— Madame Aldina vous envoie cette lettre.

Elle ne bouge pas, plantée devant lui, comme si elle
voulait s'assurer qu'il la lira. Fred lui indique de partir.

— *Thank you, Maggie.*

Le cœur battant, il retourne l'enveloppe entre ses doigts avant de l'ouvrir. Il n'attendait pas de lettre, rien, convaincu qu'Aldina avait tout abandonné. Il lui en voulait de s'être fait intimider par le curé et de lui avoir laissé l'odieux de se convertir sans même avoir une vraie discussion. Plusieurs fois, à la tombée de la nuit, il avait songé à rendre visite à Aldina, à s'expliquer avec elle, à la convaincre de ne pas rompre avant qu'ils aient pris une décision, qu'ils se soient mis d'accord sur la suite des choses. Mais, frustré par la tournure des événements, surpris par la hargne de ce nouveau curé, il y avait renoncé. Cette lettre le forcera-t-il à réfléchir encore, à rouvrir le dossier, à en examiner tous les aspects? L'idée de se convertir lui plaît de moins en moins.

Certains protestants, opposés à sa conversion, le harcèlent. L'arrivée d'un nouveau curé, les pressions qu'il exerce sur l'un des leurs, son mépris de leur religion ont braqué les protestants de Cumberland Mills. Qu'un protestant accepte de se convertir pour épouser une catholique serait humiliant. Céder au chantage, non. Aussi longtemps que ce nouveau curé poursuivra sa chasse aux sorcières, les protestants vont se refermer encore davantage sur eux-mêmes.

Même le pasteur Sydney Hibbard a tenté d'infléchir la décision de Fred Taylor, au nom du «dangereux précédent». Fier et indépendant, Fred Taylor a refusé de les écouter. «Et si je décide de me convertir, personne ne me chassera de Cumberland Mills, personne.»

«Je veux te voir, peux-tu passer à la brunante?» dit simplement la note d'Aldina. Un instant, Fred Taylor est soulagé. Après ce long silence, il craignait d'ouvrir une lettre d'adieu. Il relit la note. Elle est trop brève mais il ne s'en offusque point. Aldina n'a pas fermé la porte, elle veut le voir. À lui de la convaincre. Il découpe une tranche de pain, l'enduit de graisse de lard et mange sans appétit.

Quand le soleil disparaît derrière le manoir Harbottel, Fred enfile son manteau. Il ne se souvient pas d'un mois de janvier aussi froid. À se demander s'il aura assez de bois, si ses chères cordes de bois suffiront à le chauffer tout l'hiver.

L'œil rivé à la fenêtre, Aldina réchauffe une tarte, guettant la silhouette de Fred dans le rang-à-Philémon. Elle devra patienter. Pour ne pas éveiller les soupçons, il attend toujours l'obscurité totale. Petit sourire en coin, Aldina imagine sa démarche assurée, presque militaire. Le voilà ! Il frappe deux petits coups à la porte, comme il a toujours été entendu entre eux. Le sourire un peu forcé, elle l'invite à entrer.

— Salut, tout est ben correct ?

— Oui, oui, la journée a pas été facile. Les enfants sont de vrais petits diables, je ne sais pas ce qu'ils ont.

Embarrassé, Fred sourit timidement. Il enlève son chapeau, son manteau et ses mitaines et déboutonne sa veste, sans l'enlever.

— Tu veux me voir ?

— Oui, viens t'asseoir.

Fred tire une chaise derrière un pupitre. Aldina s'installe deux pupitres plus loin. Le silence pèse lourd sur le couple. Aldina a allumé deux bougies pour éclairer la classe.

— Si jamais quelqu'un t'a vu entrer, il ne pourra pas nous accuser de veiller à la noirceur, comme l'a déjà insinué la Loubier. Personne t'a vu entrer ?

— Non, j'ai pas vu personne.

Aldina cherche les bons mots pour lancer la discussion. Des mots qui dandinent dans sa tête, décousus, imprécis. Comme elle, Fred est nerveux, tendu. Elle craint un peu sa réaction.

— Tu dois m'en vouloir d'avoir attendu aussi long- temps ?

— Ben non, j't'en veux pas.

Elle sourit, gênée, soulagée.

— J'ai pas des trop bonnes nouvelles, Fred.

Les yeux exorbités, il la regarde avidement.

— C'est au sujet du curé et de la commission scolaire, dit-elle finalement, la voix hésitante. Ils m'ont avertie que je dois arrêter de te voir, sinon je vais perdre mon école. À moins que tu te convertisses. J'ai reçu une lettre de la commission scolaire. Ils se réunissent lundi. J'ai trois jours pour me décider, sinon, ils vont engager une autre maîtresse d'école.

Sa voix s'étouffe. Elle fait un grand effort pour retenir ses larmes. Fred fait le geste de la consoler, de la rassurer, mais il ne va pas plus loin. «Trois jours, *damnit!*» Il hoche la tête à la fois pour marquer son dépit et son refus d'obtempérer à l'ultimatum. Nerveux, il boudine les cordons de sa blague à tabac. Il regarde Aldina droit dans les yeux.

— M'en va pas me convertir par la force. *Never*, comprends-tu, Aldina? J'peux pas.

Même si elle l'avait prévue, la réponse de Fred lui vrille la poitrine. Une grosse boule l'empêche de respirer normalement. Est-ce une décision finale? Le fruit d'une longue réflexion? A-t-il vraiment envisagé de se convertir? La fierté et l'orgueil ont sûrement inspiré une réponse aussi catégorique. De gros doutes trottent dans la tête d'Aldina. Et si le curé avait raison. «Tout ce qu'il veut, c'est ton argent. S'il ne se convertit pas, c'est parce qu'il ne t'aime pas.»

— Tu ne te convertiras jamais?

— *No, I'm not saying that*, mais pas par la force. Si je change de religion, ce sera ma décision, pas celle de ton curé.

Aldina est soulagée. La décision de Fred n'est pas irrévocable même si, à court terme, il y a peu d'espoir. Elle est prête à se montrer patiente, mais en attendant sa décision, il n'y a pas de solution mitoyenne. Ils devront mettre fin à leur relation.

— Ça risque d'être long?

Fred Taylor la regarde droit dans les yeux.

— C'est pas une décision *easy* à prendre, Aldina.

Aldina comprend, mais les paroles du curé lui reviennent sans cesse en tête.

— Tu m'aimes pas assez?

Fred Taylor relève vivement la tête. Ses yeux pétillent, cachant mal son dilemme.

— J't'aime ben gros, Aldina. J'ai jamais aimé *somebody* comme toi, *never*.

Le souffle soudainement court, Fred Taylor fait une pause, comme gêné d'avoir affiché pareils sentiments, malheureux de réaliser qu'Aldina doute de son amour. Ses yeux mouillés trahissent son désarroi. Il aime Aldina, profondément. Dans un cheminement normal, il en serait probablement arrivé à se convertir pour l'épouser. Mais l'idée de céder aux pressions, de le faire maintenant, à trois jours d'avis, lui donne le vertige.

Dans la tête d'Aldina surgissent des images qu'elle s'empresse de refouler. Elle voudrait se jeter dans ses bras, se serrer contre Fred, lui prouver qu'elle l'aime de toutes ses forces dans l'espoir d'infléchir sa décision. Mais peut-elle s'abandonner aussi facilement? Elle se lève, attise le feu. La nuit est tombée, froide, claire. Elle ne peut pas se résigner à renoncer à Fred. Elle a besoin de lui, veut le toucher, l'embrasser, dormir à ses côtés. Au fil des mois, elle a bien senti son cœur s'emballer sans essayer de comprendre ce qui lui arrivait, sans y croire vraiment. «On ne tombe pas en amour à mon âge. »

Fred suit ses mouvements, plein de tendresse. Il a aimé Aldina dès leur première rencontre. Il se trouvait ridicule, mais ne pouvait pas refouler ce merveilleux sentiment. Lui qui n'a jamais connu d'autres femmes, sauf pendant la guerre, un soir, après s'être saoulé avec ses copains. Mais ça n'a plus d'importance.

— Si on ne se marie pas, on ne peut plus se voir, avertit Aldina. Et si tu te convertis, moi je perdrai sûrement mon école. Ils ne veulent pas de maîtresses d'école mariées, mais je suis prête à renoncer à l'enseignement pour finir ma vie avec toi.

Fred est ébranlé par le sacrifice qu'Aldina est prête à faire pour l'épouser. Il n'a jamais douté de son amour, n'a jamais demandé de preuve. Il en a une maintenant. Sera-t-il capable d'en faire autant ?

Fred se lève à son tour. Il a besoin de bouger. Il allume sa pipe et tire de grandes bouffées. Un nuage de fumée blanche roule au-dessus des pupitres. Il s'approche d'Aldina, la saisit par la taille et l'attire à lui. Après un peu de résistance, elle se coule dans ses bras. Fred la serre tendrement contre lui. Elle sent son souffle chaud dans ses cheveux. Il resserre son étreinte, puis se dégage un peu et l'embrasse. Sa bouche est rêche, son haleine lourde de tabac, mais Aldina ne le repousse pas.

— Toé, Aldina, tu veux pas t'convertir ?

Aldina fait non de la tête.

— Je ne serai jamais capable de me convertir à ta religion. J'aurais des remords et je serais malheureuse. T'en souffrirais, toi aussi.

— Tu m'aimes pas assez ?

— Oui, oui ! Si t'étais catholique, on se marierait demain et je suis certaine que je serais la femme la plus heureuse de Saint-Benjamin jusqu'à ma mort. Mais si je me convertis et épouse un protestant, je vais tout perdre. Mon école, ma famille, mes amies. Et même si ta religion est presque la même, je ne pourrai pas vivre dans une autre religion. J'aurai toujours des remords et la peur de brûler en enfer pour le restant de ma vie.

— *Hell does not exist*, Aldina, dit Fred d'une voix blanche.

Aldina ne comprend pas et ne lui demande pas de s'expliquer. Fred Taylor se tourne lentement, marche un peu entre les pupitres et revient vers Aldina. Il cherche le compromis, la façon de gagner un peu de temps pour y voir plus clair. Mais Aldina doit donner une réponse dans trois jours. C'est ce soir ou jamais.

— J'peux pas, Aldina. Pas maintenant. Pas maintenant. *I can't. I'm sorry.*

Fred recule d'un pas. De grosses larmes coulent des yeux d'Aldina. Il hésite un long moment, puis met son manteau et s'en va, refermant doucement la porte derrière lui. Aldina va à la fenêtre pour tenter de le suivre des yeux dans le noir. Mais en quelques secondes, Fred Taylor disparaît dans la nuit. Aldina s'essuie les yeux, met la barre à la porte, éteint les bougies et retourne dans sa chambre. Elle allume une grosse chandelle, la dépose sur son bureau, tire une feuille de papier et une enveloppe d'un tiroir, mouille la pointe de sa plume avec sa langue avant de la tremper dans une encre foncée.

«Ce vendredi, 15 janvier 1915,

Monsieur le président de la commission scolaire, j'ai décidé de me conformer à vos directives. J'ai mis fin à mes fréquentations avec Fred Taylor. J'entends consacrer tout mon temps à la bonne marche de mon école.

Votre toute dévouée,
Aldina Bolduc»

13

Aldina est morte. Gelée.

En arrivant à l'école, lundi matin, les premiers enfants trouvent la porte ouverte, l'école froide comme une grange abandonnée. Le poêle éteint. Intrigués, ils entrent dans l'école. Tout est rangé, propre, le tableau noir bien astiqué. Vitaline appelle Aldina. Aucune réponse. Elle monte à l'étage. Personne. Là aussi, le poêle est éteint et l'eau est gelée dans la cruche. Quand Maggie arrive, Vitaline est très inquiète.

— La porte était pas barrée. Tu penses qu'y est arrivé malheur à madame Aldina?

Soupçonnant le pire, Maggie se défait de son sac et emprunte le sentier de neige qui monte jusqu'à la maison d'Exior. Un cri retentissant fait bondir les enfants. Sous les yeux de Maggie gît le corps gelé d'Aldina, enfoncé, face première dans la neige.

— Non, non, non! A l'est morte!

Les enfants sortent de l'école, relèvent la tête pour tenter de voir le corps d'Aldina. Mais les cris et les pleurs de Maggie les font fuir. Véritable débandade, ils retournent chez eux à la course, se bousculant, s'enfonçant dans la neige, hors du chemin, plutôt que d'attendre derrière les plus lents.

Dans la haie de sapins qui longe le sentier d'Exior, une bande de mésanges dissipées pirouettent dans les branches. Maggie essaie de bouger le cadavre, de relever une jambe, un bras, dans l'espoir de le ranimer. Sans succès. Le corps d'Aldina est raide, dur comme un bloc de glace, immuable. Maggie n'ose pas le retourner. Elle regarde autour d'elle.

Rien. Les rideaux de l'école sont tirés. Elle file jusqu'à la maison d'Exior et frappe vivement à la porte. Le vieil homme ouvre et lui lance un regard plein de colère.

— Veux-tu ben m'dire pourquoi tu t'énarves comme ça?

Les yeux pleins de larmes, Maggie est incapable de dire un mot, se contentant de pointer le doigt en direction du cadavre d'Aldina. Exior lève les yeux, aperçoit une tache sombre dans la neige, s'efforce de comprendre et demande à Maggie:

— Qu'est-ce qui se passe?

— Madame Aldina est morte.

La voix de Maggie se perd dans une cascade de pleurs. Exior prend son manteau, met son chapeau et s'approche lentement du corps gelé. «Mon Dieu, mon Dieu!» Il comprend tout de suite, se signe, branle la tête avec désespoir, incrédulité.

— Comment est-ce Dieu possible?

Exior voudrait reconstituer les événements, en comprendre les raisons. Il refoule les images désagréables qui surgissent dans sa tête. Pourquoi? Elle était en bonne santé, ce n'est pas la maladie. Quelqu'un l'a tuée? Autour du cadavre d'Aldina, il ne voit aucun indice laissant croire à un meurtre. Suicide? L'idée lui répugne, lui donne un haut-le-cœur. Se laisser mourir gelée! Sentir des aiguillons de glace vous transpercer le corps lentement, vous engourdir les membres et le cerveau. Ça ne ressemble pas à Aldina! Il se tourne vers Maggie.

— Va chercher ta tante Mathilde, au plus vite.

Mais avant que Maggie n'ait fait un pas, Roméo Turcotte, le père de Vitaline, arrive au pas de course. Il s'approche, se signe et lève vers Exior des yeux exorbités.

— Est morte?

Le vieillard fait signe que oui, les yeux rivés sur le cadavre gelé.

— As-tu eu connaissance de queque chose?

Exior fait signe que non. Une larme perle sur sa joue. Il jette un dernier coup d'œil à Aldina, hoche la tête de dépit et rentre chez lui. Roméo se tourne vers son fils et lui demande d'atteler la jument et d'aller chercher le curé et le maire. Il ordonne à Maggie de rentrer chez elle, comme les autres enfants, mais la jeune fille refuse net.

— Ça sert à rien que tu restes là. Va chercher ta tante.

Mais Maggie ne l'entend pas. Plein d'idées se bousculent dans sa tête. À l'évidence, la pression, la tension auront eu raison d'Aldina. Fred a-t-il refusé de l'épouser? Le curé l'a-t-il de nouveau menacée? La commission scolaire a-t-elle mis à exécution sa menace de lui enlever son école? Elle leur en veut. Mélange de rage et de peine.

La neige pétille, badigeonnée par un soleil guilleret. Journée magnifique. En compagnie d'autres voisins, la grosse femme de Roméo Turcotte, à bout de souffle, s'approche, retourne le cadavre d'Aldina, enlève la neige recouvrant le visage et se signe elle aussi. Les yeux ouverts, figés dans l'infini, les cils et sourcils ourlés de frimas, son chapeau de laine calé sur les oreilles, rien n'indique qu'Aldina ait été violentée. À la vue du visage figé de son institutrice, Maggie se sauve à la course, comme si son dernier espoir de la ranimer avait disparu. Zilia Turcotte ordonne à son mari et à deux autres voisins de transporter le cadavre d'Aldina dans l'école. Ils s'en emparent avec d'infinies précautions, le portent en titubant dans le sentier de neige et le déposent délicatement sur un tréteau improvisé. Marie-Louise et deux autres femmes récitent quelques *Je vous salue, Marie* et un acte de contrition. Irma Boulet monte à l'étage et en rapporte une chandelle qu'elle allume au chevet d'Aldina. Roméo rallume le feu. L'école commence à peine à se réchauffer quand le curé arrive.

Antonio Quirion s'approche du cadavre, se signe et se recueille quelques instants. Sans même enlever son manteau, il récite ensuite les prières d'usage et lui administre l'extrême-onction sous condition. Visiblement agacé, ses yeux font le tour de la classe, comme s'il cherchait des indices. Quand le maire entre dans l'école, le curé se retourne, mais ne soutient pas son regard. Bénoni s'approche, silencieux. Le visage blême, son chapeau tremblant dans sa main, il balaie le groupe du regard, à la recherche d'une explication. Pas un mot au curé, les deux hommes s'ignorent, cherchent à deviner les pensées de l'autre, mais n'engagent pas la conversation. L'heure n'est pas aux blâmes ; les règlements de compte auront lieu plus tard.

Roméo Turcotte attire Bénoni à l'écart, lui raconte l'arrivée des enfants, la découverte de Maggie et les propos d'Exior.

— C'est ben épouvantable !

Bénoni hoche légèrement la tête. Le curé les rejoint.

— Tu vas faire venir un docteur ?

Bénoni ne répond pas. Un docteur pourquoi ? Le docteur est à Saint-Prosper, à dix milles de Saint-Benjamin. Il vient pour les malades, pas pour les morts.

— Faudrait bien savoir de quoi elle est morte, dit le curé.

Après une pause, Bénoni se tourne vers le prêtre, le regard accusateur.

— Si tu tiens vraiment à l'savoir, appelle le docteur Laflamme toé-même. Moé, j'ai pas besoin d'un docteur pour comprendre, pis j'sus ben certain que si tu fais un p'tit effort, tu vas comprendre toé aussi.

Il sort de la classe et claque la porte de toutes ses forces. Le curé se tourne vers Roméo Turcotte.

— Va chercher le docteur et dis-lui de s'arrêter au presbytère quand il l'aura examinée.

Le curé retourne au village, chassant les remords, les questions qui l'agacent. A-t-il poussé Aldina dans ses derniers retranchements ? Est-il allé trop loin comme il l'avait fait dans sa cure précédente en forçant une mère à envoyer son fils malade dans un asile où il s'est pendu ? Antonio Quirion n'a pas de réponses à ses questions. Il tient

mollement les guides du cheval de la Fabrique qui retrouvera
son chemin même si le curé ne lui donne pas d'indications.
«Le vrai coupable, c'est ce maudit protestant!»

En se rendant à la maison d'Exior, Bénoni s'arrête
longuement devant l'empreinte laissée dans la neige par
le corps d'Aldina. Il examine les alentours. La neige n'a pas
été déplacée. Pas de traces de pas: rien dans la grande
épinette laissant croire qu'un meurtrier s'y serait caché.
Bénoni frappe à la porte d'Exior. Après un long moment,
le visage défait, celui-ci vient ouvrir et fait signe à Bénoni
d'entrer. Modeste, la petite maison d'Exior n'a qu'une
pièce. Un poêle en fonte partage sa bonne chaleur avec
un lit défait, une table en pin, deux chaises et une berceuse.
Une photo du Sacré-Cœur orne un mur et une statue de
la Vierge repose sur le rebord de la fenêtre.

— Quand l'as-tu vue pour la darnière fois? demande
le maire.

Exior étouffe, incapable de dire un mot. De grosses
saccades secouent ses épaules. Bénoni s'approche, met
sa main sur la sienne, mais ne trouve pas les mots. Exior
éclate, ses pleurs heurtent Bénoni comme une volée de
grêlons. Sa douleur trop longtemps contenue, le vieil homme
pleure si fort que Bénoni en est mal à l'aise, aux prises lui
aussi avec un torrent de larmes qu'il tente d'endiguer.

— C'est pas de ta faute, Exior. Tu pouvais pas savoir.

Au bout de quelques minutes, Exior s'essuie les yeux
avec le revers de sa manche. Sa voix est brisée, fragile.

— A l'est venue vendredi soir m'apporter des provisions
pis un peu de tabac à pipe. A m'a rien dit. A parlait pas
beaucoup ces derniers temps. J'l'ai pas vue de la fin de
semaine, pas avant à matin, morte dans la neige.

Il s'interrompt un instant. Bénoni réalise que sa sœur
est probablement morte le vendredi en retournant chez
elle, dans l'indifférence totale. Caché par l'école, le sentier
n'est pas visible du rang-à-Philémon. Et comme Exior a
rarement des visiteurs et qu'il sort très peu en hiver, personne

n'a vu Aldina. Mince consolation pour Bénoni ; une tempête
de neige l'aurait ensevelie et on ne l'aurait probablement
pas retrouvée avant le printemps. Exior se lève péniblement
et, courbaturé, se frictionne le bas du dos.

— Faut dire que j'l'ai pas encouragée à sortir avec
Fred. Aujourd'hui, Bénoni, j'm'en veux, tu peux pas savoir.
Fred, c'est un bon gars. Et y va aller au ciel comme moé.
Peut-être pas le même ciel, mais un ciel aussi bon que
le mien.

Ses yeux se mouillent de nouveau. Bénoni a envie de
renchérir mais ne le fait pas.

— Pis, ce nouveau curé-là, y m'dit rien de bon, Bénoni.
Tu sauras me l'dire, y va virer la paroisse à l'envers.

Bénoni en est convaincu aussi. Petit à petit, la douleur
fait place à la colère. À n'en pas douter, le curé a du sang
sur les mains, mais l'aveu d'Exior le force à faire son propre
examen de conscience.

— Tu sais comme moé, Bénoni, c'qui a fait mourir
Aldina. C'est moé, c'est toé, c'est ce curé obsédé, pis Fred
aussi. Y aurait dû piler sus son orgueil pis se convertir. La
mort d'Aldina, on va tous l'avoir sus la conscience. Pas
besoin de chercher de midi à quatorze heures pour savoir
pourquoi a l'est morte.

Bénoni ne l'écoute plus. Exior a raison. Mais cette vérité
lui vrille le cœur. Lui jette au visage sa faiblesse, ses ambitions,
son égoïsme, ses maudites élections.

Après un long silence, il quitte le vieil homme, en lui
promettant que quelqu'un prendra la relève d'Aldina et
veillera à ce qu'il ne manque de rien. Dans l'école, le corps
d'Aldina est dégelé, de l'eau ruisselant dans le cou, la tête
retombée en arrière, les bras pendant le long du tréteau.
Bénoni les relève délicatement et les croise au-dessus de
la poitrine de sa sœur. Il voudrait prier mais n'y arrive pas.
Il donne congé aux femmes, referme la porte derrière lui
et enveloppe le cadavre d'Aldina dans une grande couverture. Après l'avoir déposé sur le siège arrière de la carriole,

Bénoni laisse retomber les guides sur le dos de Caboche qui comprend le message et retourne à la maison sans que le maire ait besoin de la diriger. Scène surréaliste d'un homme défait, perdu dans ses pensées, le cadavre de sa sœur brinquebalant sur le siège arrière.

Aldina sera sur les planches trois ou quatre jours et, ensuite, on l'enterrera.

Avant de rentrer à la maison, Maggie s'arrête chez sa tante Mathilde, encore affaiblie par une pneumonie. Gaudias, son oncle, ouvre de grands yeux ahuris quand il apprend la nouvelle.

Maggie est inconsolable. Ses épaules sont secouées par d'interminables rondes de pleurs. Quand enfin elle se calme, Mathilde lui demande des explications. Mais Maggie est trop ébranlée pour y voir clair. Tout est confus, le curé, Fred Taylor, Romain Veilleux, le président de la commission scolaire ; Mathilde et Gaudias n'arrivent pas à démêler l'écheveau des propos de la jeune fille.

En rentrant, Maggie fait un détour jusqu'à la maison de Fred Taylor. Les yeux rougis, le nez qui coule, elle frappe à la porte, vivement. En voyant son visage défait, Fred Taylor devine un drame.

— Madame Aldina est morte. On l'a trouvée dans la neige, derrière...

La voix de Maggie se brise. Étouffée par les sanglots, elle s'enfuit, incapable de donner plus d'explications. Livide, Fred Taylor reste sur le pas de sa porte un long moment, oubliant le froid, incapable de bouger. La nouvelle l'a assommé, véritable coup de massue. Aldina, morte, gelée. Tellement d'idées, d'images se bousculent dans sa tête qu'il en a le vertige. Ses yeux s'embrouillent, son cœur lui fait mal, tout son corps est figé, incapable d'absorber la nouvelle, tailladé par les regrets, les remords, la douleur.

Un cri perçant le tire de son hébétude. Celui de Maggie. Cri strident pour exorciser sa rage et sa douleur. La plainte lui déchire le cœur. Fred Taylor rentre, referme la porte et se laisse tomber sur sa chaise. Il y restera, sans bouger, toute la journée, la soirée, la nuit. Au petit matin, engourdi, les bouts des doigts gelés, il rallume finalement le poêle. Quand Gordon Wilkins frappe à sa porte, Fred l'ouvre sans le laisser entrer, sans un mot, et la referme de toutes ses forces. Une trombe de neige se détache de l'auvent et tombe aux pieds de Gordon. Vers midi, un groupe de protestants se retrouvent à la mitaine. Elfrida Wilkins, la femme de Gordon, récite quelques prières et, à la fin, le groupe se recueille en silence pendant de longues minutes.

En arrivant à la maison, Maggie s'engonce dans la chaise berçante de son père et laisse libre cours à sa peine. Étonnée, sa mère veut savoir pourquoi elle n'est pas à l'école.

— Madame Aldina est morte.

Un long moment, sa mère reste sans bouger, les yeux fixés sur sa fille comme si elle attendait que Maggie lui dise que c'est une mauvaise blague. Finalement, elle se signe, ne pose pas de questions, ne veut pas savoir. Elle s'habille et sort de la maison, laissant sa fille à sa peine.

Le docteur Laflamme examine le corps d'Aldina, mais n'y trouve aucune blessure. Un examen sommaire, car le docteur Laflamme n'a pas l'habitude d'examiner les morts. «Pure perte de temps», pense-t-il. Pour le jovial petit homme aux cheveux grisonnants, toutes les morts sont des morts accidentelles ou naturelles. À l'Église d'assurer le suivi. Il a trop à faire auprès des malades pour chercher à expliquer la mort. Il a fait exception pour Aldina parce que le curé a beaucoup insisté. Et après tout, c'est la sœur du maire.

— Elle s'est pas enlevé la vie ? demande le curé.

Le docteur Laflamme sursaute. Une hypothèse qu'il n'a pas envisagée. Quelqu'un se suicide quand on le retrouve pendu à un arbre comme le vieux Émile Rodrigue, sinon, les suicides sont très rares et «habituellement l'affaire des faibles d'esprit».

— J'en serais bien surpris, monsieur le curé. Elle a probablement eu un malaise et elle est tombée dans la neige, inconsciente. Avec le froid qu'il faisait ces jours derniers, ça va vite. Et il me semble que si elle s'était enlevé la vie, comme vous dites, elle se serait pendue dans son école plutôt que de se laisser mourir de froid, parce que se laisser mourir de froid, dans la neige, ça peut être long. Tout un supplice! Il y a des façons moins douloureuses de mourir.

Le curé est contrarié. S'il avait la preuve absolue d'un suicide, il pourrait lui refuser les égards de l'église. Refuser de chanter la messe des morts, refuser de l'enterrer au cimetière. Mais sans preuve, il n'aura pas le choix. Il en est irrité. Quel sermon prononcera-t-il? Les paroissiens voudront des explications. Cette fois, ils le jugeront plus sévèrement, certains le tiendront coupable de la mort d'Aldina. Selon le bedeau, la tragédie a secoué le village et nombreux sont ceux qui remettent en question le comportement du curé dans cette affaire. D'abord tenté de s'en laver les mains, Antonio Quirion doit maintenant se justifier. Justifier son intransigeance, son impatience. Expliquer pourquoi il n'a pas donné à Aldina et à Fred Taylor le temps de trouver une solution. Pourquoi il a exercé autant de pression sur la commission scolaire. Tout mettre sur le dos des protestants? Voilà la solution la plus facile. Mais suffira-t-elle à convaincre les fidèles?

Léda regrette qu'Aldina soit partie si vite. Comme les autres, un sentiment de culpabilité l'habite, même si elle est profondément convaincue d'avoir bien agi. Contrairement à Bénoni, elle n'essaie pas de comprendre pourquoi Aldina est morte ni comment. Pas question d'envisager d'autres scénarios qu'une mort naturelle. «C'est Dieu qui l'a voulu, son heure était arrivée, il n'y a pas d'autres explications.» La mort de sa belle-sœur jette une ombre sur la famille et Léda s'en désole. «Au moins, je vais en faire une belle morte!» Elle ferme les yeux d'Aldina avec le rond de son pouce, lui passe sa plus belle robe, recoiffe ses cheveux, met un soupçon de rouge sur les joues, croise ses mains au-dessus d'un crucifix posé sur le corps de la morte et enroule un chapelet dans ses mains. Avec l'aide de Bénoni, elle place Aldina dans la chambre d'amis, plante de grosses chandelles à chaque extrémité de la dépouille et installe un prie-Dieu devant elle.

En soirée, les paroissiens commencent à défiler devant le cadavre d'Aldina. Passage obligé dans un petit village. Ne pas rendre un dernier hommage à un mort, c'est comme manquer la messe le dimanche. Brisé, Bénoni accepte les condoléances de ses concitoyens, mais refuse d'engager la conversation, de répondre aux questions ou de spéculer sur les raisons de la mort d'Aldina. Blâme-t-il le curé ? Oui, au premier chef, mais il a sa part de responsabilité. Exior a raison, il a laissé tomber sa sœur, comme Léda et tous les autres. Comme Fred Taylor avec qui il aura une bonne conversation pour essayer de comprendre. Il a besoin de comprendre, de se convaincre qu'Aldina ne s'est pas enlevé la vie, qu'elle est morte après avoir eu un malaise, comme le suggère le docteur. Les paroles d'Exior continuent de le hanter : « Tu sais comme moi, Bénoni, ce qui l'a fait mourir. » L'angoisse, l'abandon des siens, la fureur du curé et le refus de Fred de se convertir ont été autant de déclencheurs de ce malaise qui l'a emportée.

Le deuxième soir, même affluence. La maison est pleine de paroissiens, certains revenus une deuxième fois. Même les adversaires les plus coriaces de Bénoni ont oublié, le temps d'une veille au corps, les différends qui les opposent au maire. Les conversations tournent toutes autour des circonstances de la mort. Des hypothèses sont échafaudées. Murmures à peine audibles de ceux qui cherchent un coupable, de ceux qui accusent Aldina «d'avoir couru après sa mort», de ceux qui dénoncent le curé à mots à peine couverts et qui regrettent le vieux curé Lamontagne. Quand Exior, Maggie et sa mère entrent dans la maison, tous les yeux se tournent vers eux. Le premier, le vieil homme s'arrête devant la dépouille, se signe, reste un moment immobile, pose sa main affectueusement sur celles d'Aldina et retrouve Bénoni dans la cuisine.

— Du nouveau ?

— Non, le docteur a dit qu'elle a eu un malaise en revenant de ta maison.

« Un peu facile de parler de malaise », pense Exior. L'explication calmera les bonnes âmes et les empêchera de se culpabiliser, les dédouanera un peu trop aisément. Le maire lui offre du tabac.

— T'étais pas obligé de venir. À ton âge, tu peux prendre ton coup d'mort !

Le vieil homme hausse les épaules.

— Quand Maggie est venue m'charcher avec sa mère, j'me sus dit que je devais ben ça à Aldina. Maggie m'a enveloppé dans deux grosses couvertures. J'mourrai pas à soir, Bénoni, mon heure est pas arrivée !

Maggie s'est agenouillée devant Aldina et lui caresse les mains, inertes, froides. Elle retient ses larmes. Elle a trop pleuré. Immobile un très long moment, elle se lève quand Léda propose de réciter une dizaine de chapelets. La mère de Maggie, mal à l'aise, n'a pas dit un mot, ne s'est pas approchée de la défunte, évitant d'établir la moindre relation avec une morte qui pourrait revenir la hanter, la nuit.

Le jour des funérailles, l'église est pleine. Le curé est renfrogné, distrait. Il n'est pas sorti du presbytère depuis la mort d'Aldina. Les habitués du magasin de Mathias Saint-Pierre l'ont attendu en vain. Personne pour leur expliquer les nouvelles de l'*Action sociale*. Le curé n'a pas envie de commenter la mort d'Aldina. De répondre à des questions pleines de sous-entendus. Un désagréable sentiment de culpabilité le poursuit. Même s'il tente désespérément de se convaincre qu'il a agi au nom de Dieu pour protéger sa paroisse contre le mal, incarné par les protestants.

Dans l'église, tous les élèves d'Aldina sont regroupés autour du cercueil. Romain Veilleux a oublié d'enlever sa casquette. Vitaline Turcotte a les yeux rougis, les plus petits sont en larmes. Stoïque, Maggie tient la main d'Amélie Turcotte, inconsolable.

Après le kyrie, la grande porte de l'église grince sur ses gonds. Tous les paroissiens se retournent pour observer les retardataires. Quand Fred Taylor entre dans l'église, le silence est total, comme si la vie s'arrêtait. Pas le moindre souffle, le moindre balbutiement. Un revenant aurait eu moins d'attention. Des femmes se signent, des hommes, la bouche ouverte, sont incrédules. Bénoni est à la fois fier de la provocation de Fred Taylor, mais agacé par son audace. S'il avait accepté de se convertir, Aldina serait encore vivante. Fred Taylor enlève son chapeau et, la tête haute, s'avance dans la nef. Il trouve une place libre à côté de Marie-Anne Miller.

Le curé lève les yeux vers le marguillier en chef qui ne comprend pas le message. Doit-il demander à Fred Taylor de quitter l'église ? Il reste planté dans son banc, penaud, alors que le curé retourne à l'autel d'un pas saccadé. Les paroissiens sont convaincus qu'il profitera du sermon pour demander à Fred Taylor de sortir. Antonio Quirion rage. Quel effronté ! Fred Taylor a les yeux rivés sur le cercueil de bois. Il aurait aimé voir Aldina une dernière fois. Il n'a pas osé aller chez Bénoni. Il souhaiterait ouvrir le cercueil, la toucher, l'embrasser, lui demander pardon. Lui dire combien il l'aimait. Ce sentiment merveilleux qu'il avait essayé si souvent d'atténuer mais qui, à la fin, l'avait complètement submergé. Lui dire encore qu'il avait pris la décision de se convertir et que, un soir de la semaine dernière, il s'était rendu jusqu'à l'école pour le lui annoncer. Mais à la dernière minute, il avait rebroussé chemin, histoire de se donner encore un peu de temps pour peaufiner sa décision, pour déterminer clairement comment il vivrait sa nouvelle religion, comment il composerait avec ce détestable curé, comment il ferait une toute petite place à la Vierge Marie qu'Aldina vénérait avec passion, comment il aborderait cette stupide confession secrète. Serait-il capable de faire autant de compromis ? Il le croyait, mais il avait besoin de temps pour y arriver.

Quand le curé s'approche de la chaire pour livrer son sermon, Fred Taylor le regarde droit dans les yeux. Le silence enveloppe l'assistance. Mais Antonio Quirion balbutie, dérangé par la présence de l'impie dans son église. Hésitant. Lui montrer la porte ou l'ignorer ?

— Mes chers frères, prions pour notre sœur Aldina qui a su résister à la tentation, qui a donné son âme à Dieu plutôt que de sombrer dans le péché.

Bénoni et plusieurs paroissiens hochent la tête, agacés, mal à l'aise devant ses exagérations. Le sermon du curé est décousu. La présence de Fred Taylor, stoïque, le gêne.

— Notre Sainte Mère l'Église ne reconnaîtra jamais ces pécheurs qui pratiquent une religion différente et qui veulent nous voler des âmes.

À l'évidence, le curé cherche à provoquer Fred Taylor qui ne bronche pas. Il est là pour Aldina, personne d'autre. Le curé aura beau le menacer, l'insulter, ridiculiser sa religion, il ne quittera pas l'église à moins qu'on l'expulse *manu militari*. Il n'a rien à dire, aucune explication à donner. Son message, il l'exprime par sa présence, sa façon de dénoncer l'étroitesse d'esprit de ce curé et la faiblesse de tous ceux qui l'ont écouté. Dans l'église, ils sont nombreux à penser comme lui, à croire que le moment est très mal choisi pour régler ses comptes avec les protestants. Bénoni se promet d'avoir la tête de ce détestable curé.

Après la cérémonie, Fred Taylor quitte lentement l'église et, avant de franchir la porte, se retourne, jette un dernier regard au cercueil d'Aldina, puis s'en va. Dans la sacristie, le curé menace le marguillier en chef de lui faire perdre son poste. «Espèce de flanc mou, c'est ton travail de t'assurer que l'église n'ouvre pas ses portes aux étrangers. Où avais-tu la tête ?»

Le corps d'Aldina sera conservé dans un caveau froid, attenant à l'église, et enterré au printemps quand le sol sera dégelé.

14

L'école d'Aldina reste fermée toute la semaine. Roméo Turcotte s'y arrête deux fois par jour pour s'assurer que les deux poêles ne s'éteindront pas. Qui remplacera Aldina ? Aucune femme de la paroisse n'a le temps ou la compétence pour le faire. Le curé a demandé à la commission scolaire de tenir réunion le dimanche suivant et de trouver une solution. Selon la rumeur, il a proposé de confier l'école à Vitaline Turcotte, seize ans, ou à tout le moins de lui demander de terminer l'année scolaire.

Au lendemain des funérailles, le curé retourne au magasin général pour la première fois. Peu d'entrain parmi la poignée d'hommes qui s'y retrouvent tous les matins. Pas de discussion animée, pas d'éclats de voix, quelques mots sur l'hiver et les deux vaches de Napoléon Bolduc, mortes gelées dans l'étable parce que Napoléon était trop ivre pour s'en occuper. Mathias Saint-Pierre, l'onctueux propriétaire du magasin, s'affaire à regarnir les tablettes, feignant de ne pas s'intéresser à la conversation, lui qui a l'habitude de l'animer, de disputer la tribune au curé. En aucun moment le nom d'Aldina n'est prononcé ni sa mort évoquée. Mais à l'air taciturne du curé, les hommes comprennent que l'événement l'a dérangé.

Le dimanche matin, avant la grand-messe, le président de la commission scolaire, Magella Turcotte, convoque les commissaires et Roméo Turcotte, son cousin. Seul objectif : entériner la décision du curé qui, du haut de la chaire, annoncera la nouvelle aux paroissiens. Ceux du rang-à-Philémon s'y attendent un peu. Maggie Miller a un léger haussement d'épaules, un brin de jalousie, convaincue que

Vitaline ne sera pas à la hauteur des attentes. Encore secouée par la mort d'Aldina, Maggie en veut au curé d'avoir confirmé l'embauche de Vitaline sans ménagement, sans souligner le travail d'Aldina, sans la regretter, trop heureux de ne plus avoir à composer avec cette paroissienne embarrassante.

Quand les élèves arrivent à l'école le lundi matin, Vitaline est assise au bureau d'Aldina. Les enfants la regardent, curieux, intrigués de la retrouver en position d'autorité, elle qui, il y a quelques jours encore, les accompagnait à l'école et partageait leurs jeux à la récréation. Maggie entre dans la classe sans même lever les yeux vers Vitaline, visiblement inconfortable, intimidée par les élèves de son âge, dont Maggie qui a toujours obtenu de meilleures notes. Certains enfants rient, se moquent, tardent à s'installer à leur pupitre.

— Debout pour la prière, lance Vitaline, d'une voix mal assurée.

Maggie se lève, mais d'autres élèves plus vieux restent assis. Le regard suppliant, Vitaline les dévisage, puis baisse les yeux. La prière n'est qu'un bredouillis inaudible. Quand elle s'approche des plus grands pour leur dicter le travail de la matinée, l'un d'eux, Romain Veilleux, lui jette au visage :

— T'es même pas une vraie maîtresse d'école !

Vitaline rougit mais n'ose pas semoncer l'effronté. Elle regagne son bureau, fouille dans ses cahiers et, d'une voix chevrotante, demande aux plus jeunes élèves de recopier les lettres qu'elle écrit au tableau. Dans son dos, les murmures, les rires étouffés et même les grossièretés se multiplient. À bout de nerfs, Vitaline éclate en sanglots, sort de la classe et se réfugie dans la chambre de l'institutrice. Maggie n'est pas étonnée. Douce vengeance contre celle qu'on lui a préférée. «Si cette niaiseuse de Vitaline pense qu'elle peut remplacer madame Aldina du jour au lendemain, elle se trompe. »

Vitaline revient au bout d'une demi-heure, les yeux rougis, hésitante. Un désordre indescriptible règne dans la classe. Des enfants se lancent des boulettes de papier, des chaises sont renversées, un pupitre, bouleversé. Jeune fille timorée, Vitaline Turcotte vit encore dans les jupes de sa mère qui l'a toujours surprotégée. De santé fragile, elle a la toux facile et la larme à l'œil. Plus jeune, ses parents ne la laissaient jamais seule sur le chemin de l'école même si elle n'habite qu'à cinq minutes plus loin. Chaque fois que la pluie, la neige ou le froid perturbaient son quotidien, Vitaline restait à la maison.

— Reprenez vos places, s'il vous plaît.

Le ton est geignard. Les plus jeunes enfants retrouvent leur pupitre, les plus vieux l'ignorent. Maggie observe la scène avec un plaisir évident, convaincue que le chaos prévaudra jusqu'à la fin de l'année scolaire.

— Silence! hurle Vitaline, étonnée elle-même de s'être ainsi emportée.

Maggie sourit. Les plus vieux élèves continuent de placoter, indifférents à l'avertissement de la nouvelle institutrice. Exacerbée, Vitaline éclate une fois de plus en sanglots, sort de la classe, enfile manteau, bottes et chapeau et, au pas de course, va retrouver sa mère. Par la fenêtre de la classe, les enfants la regardent s'enfuir, titubante, comme le jeune veau maladroit du printemps. Un grand éclat de rire salue la chute de la jeune fille qui bute dans un trou.

Cinq minutes plus tard, Roméo Turcotte, furieux, entre dans la classe et ordonne aux enfants de s'habiller et de rentrer chez eux. Son ton est sans appel et Romain Veilleux, celui qui a humilié sa fille, a droit à un bon coup de pied au postérieur. Maggie regrette la tournure des événements. Certes, elle n'a aucune compassion pour Vitaline, mais elle se demande si elle n'aurait pas dû l'aider. Juste un peu! Pareille mesquinerie à l'endroit d'une jeune fille de seize ans dépasse l'entendement.

Mais faut-il en vouloir aux enfants ou aux adultes qui ont placé Vitaline dans cette situation? Maggie craint la suite des choses. Si l'école restait fermée? Si la commission scolaire dénichait une institutrice aussi sévère que celle du rang Langevin?

Roméo Turcotte informe aussitôt la commission scolaire que non seulement sa fille ne remplacera pas Aldina plus longtemps, mais qu'elle ne retournera pas à l'école. Le président de la commission scolaire convoquera une autre réunion après avoir demandé l'avis des parents du rang-à-Philémon. En apprenant la tournure des événements, le curé suggère aux parents de Vitaline de l'envoyer au couvent, mais sa mère s'y oppose. Sa fille est trop fragile pour quitter la maison.

Encore une fois réunis, les commissaires cherchent une solution. Lentement, un compromis se dessine autour de Maggie Miller.

Compromis qui n'en est pas un. Aucune autre candidate à l'horizon. Mais comment l'imposer au curé? Quand Magella Veilleux, le président, lui annonce la nouvelle, le curé, sidéré, entre dans une violente colère.

— Êtes-vous tous tombés sur la tête? Quelle bande d'imbéciles! Depuis quand confie-t-on une école à une vaurienne comme Marguerite Miller? Elle a probablement du sang protestant! Sa mère vient rarement à la messe et son père est un ivrogne qui ne respecte rien, même pas la messe de minuit! Jamais, vous m'entendez? Jamais!

Intimidé, le président hausse les épaules pour marquer son impuissance. Les commissaires en sont arrivés à la conclusion unanime qu'il n'y a pas d'autres choix et que le curé devra faire un compromis. «Après ce qu'il a fait à Aldina, a dit l'un des commissaires, il est ben mal placé pour rechigner!» Si au début les paroissiens ont appuyé leur nouveau curé, avec le recul, plusieurs d'entre eux regrettent sa sévérité, l'intransigeance dont il a fait preuve à l'endroit d'Aldina, une institutrice respectée qui faisait œuvre de missionnaire dans leur lointaine école de rang.

— Y a vraiment personne d'autre, monsieur le curé. Ce serait une solution temporaire, pour finir l'année. Après, on essayera de trouver une vraie maîtresse.

— Non, non et non! Si on doit engager une maîtresse sans diplôme, on va engager l'une des deux filles de septième année de l'école du village. Elles pourraient très bien enseigner jusqu'à la fin de juin.

Les commissaires ont tenté d'embaucher l'une des deux jeunes filles, mais sans succès.

— Émilie Caron est toujours malade, pis la mère de Blandine Poulin la garde à la maison deux jours par semaine pour l'aider avec ses douze enfants. Pis... elles ont pas plus de diplômes que Maggie Miller.

— Mar-gue-ri-te!

Désarçonné, le curé branle la tête de gauche à droite, furieusement. La commission scolaire a le droit d'embaucher une maîtresse d'école sans diplôme, mais elle doit au préalable obtenir un certificat de moralité du curé. Voilà un pas qu'Antonio Quirion ne fera pas. L'effronterie de la jeune fille lors de sa visite à l'école l'a convaincu qu'elle n'a pas les qualités morales nécessaires pour enseigner dans une école aussi difficile que celle du rang-à-Philémon.

— La solution, c'est d'envoyer ces enfants-là à l'école du village.

Magella Turcotte n'en croit pas ses oreilles. Demander à des enfants de franchir de six à huit milles, deux fois par jour, est insensé. «Quel cabochon!» Comment faire entendre raison à ce curé?

— C'est ben trop loin! Déjà que ben des enfants viennent même pas à l'école de rang l'hiver, y iront encore ben moins au village.

— Que les parents les conduisent, chacun leur tour.

— La plupart du temps, les chemins sont même pas dégagés et la maîtresse du village a déjà vingt-cinq enfants. C'est trop lui demander.

Pris à contre-pied, le curé ne baisse pas les bras.

— Tu vas me dire qu'il n'y a pas une seule femme dans ce damné rang-là qui peut enseigner ?

Magella le confirme, la femme la plus instruite du rang-à-Philémon a une cinquième année et huit enfants sur les bras.

Poussé dans ses derniers retranchements, Antonio Quirion brandit la menace ultime, celle qui titillera le chauvinisme des paroissiens.

— On va faire venir une maîtresse de l'extérieur.

Magella reste suspendu aux lèvres du curé. « Les parents n'accepteront pas une maîtresse qu'ils ne connaissent pas. » De toutes façons, la solution est irréaliste. D'où viendra-t-elle, la maîtresse ? Qui fera les démarches pour la recruter, la convaincre de venir enseigner dans une école de rang en plein mois de janvier ? Visiblement, la solution du curé est improvisée, irréfléchie. Ses obsessions personnelles occultent l'obligation d'assurer à ces enfants une éducation minimale dans des conditions acceptables. De nature paisible, un peu nonchalant, Magella commence à perdre patience. Le ton de sa voix est plus mordant.

— À ce temps-ci de l'année, toutes les maîtresses sont déjà engagées, monsieur le curé. Vous savez ça aussi ben que moi !

Comme un coq en cage, Antonio Quirion tournoie, coasse, s'assoit et donne un violent coup de poing sur son bureau.

— Faites donc ce que vous voudrez, bande d'ignares ! Engagez la Miller, mais ne venez pas vous plaindre si ça tourne mal.

Magella quitte le presbytère, soulagé de ne pas avoir à chercher d'autre solution. « Assez de temps perdu ! » Quand il a accepté la présidence de la commission scolaire, son seul objectif était d'être «dans les honneurs». Aujourd'hui, il doit non seulement y consacrer beaucoup de temps et subir les foudres du curé, mais si Maggie Miller échoue comme Vitaline Turcotte, il en sera tenu responsable.

Magella ne perd pas une minute. Il saute dans sa carriole et va sans plus tarder vérifier la disponibilité de Maggie Miller. La maison de Marie-Anne Miller disparaît derrière une congère dont le modelé a les allures d'une chapelle sans clocher. Quand Magella Veilleux cogne à la porte, Marie-Anne Miller lui ouvre, étonnée.

— Est-ce que Maggie est icitte?

La jeune femme surgit aussitôt, roulant de grands yeux inquiets. Le président lui explique que la commission scolaire est prête à l'engager jusqu'en juin, pour remplacer Aldina. Sous le choc, Maggie ne réagit pas immédiatement. Des images de Vitaline en pleurs, de désordre et de mesquinerie envahissent d'un coup son cerveau. Est-ce une blague? Elle a toujours été convaincue que la commission scolaire ne ferait jamais appel à ses services à cause de ses origines et de son comportement face au curé. Sa mère fait de grands signes de tête comme si l'embauche de sa fille était une aberration.

— On va te donner dix piastres par mois et tu pourras rester dans l'école comme Aldina. Tu feras du catéchisme, de l'arithmétique, pis tu leur montreras à écrire.

La commande est minimale. Maggie Miller se débat avec une foule de sentiments contradictoires. Dire oui, même si elle réalise qu'elle est la solution de dernier recours. Dire non, car la tâche est énorme. Aura-t-elle droit au même traitement que Vitaline? Aura-t-elle peur de se retrouver seule dans l'école, le soir venu? Pourtant, l'idée d'enseigner, de remplacer Aldina, de s'imposer à cette bande d'élèves indisciplinés lui plaît. Reste à convaincre sa mère, mais depuis qu'elle a entendu mentionner les dix piastres mensuelles, Marie-Anne Miller semble beaucoup plus ouverte à l'idée.

— Tu reviendras coucher à la maison le vendredi, pis tu repartiras le lundi matin.

Maggie se tourne vers le président de la commission scolaire. Magella hésite. Normalement, la maîtresse reste à l'école la fin de semaine.

— Ça peut s'arranger, déclare-t-il. J'trouverai quelqu'un pour aller chauffer l'école le samedi pis le dimanche.

— Vous l'avez dit à Vitaline ? demande Maggie qui n'a pas le goût de retrouver l'autre sur un banc de sa classe.

— Ses parents ne l'enverront pus à l'école, se contente de répondre Magella.

Mince consolation qui n'enlève rien à l'énormité de la tâche. Se retrouver devant une vingtaine d'enfants de tous âges, de la première à la septième année, indisciplinés, rarement motivés, surtout les plus vieux : le défi est colossal. Pourra-t-elle répondre aux attentes de la commission scolaire ? Elle ira fouiller dans les grands cahiers d'Aldina. Si seulement elle était là pour la conseiller ! Quant à la discipline, Maggie a déjà son idée.

— Tu peux commencer demain ? demande Magella en sortant de la maison.

Maggie acquiesce d'un petit signe de tête, mais une autre question lui trotte en tête.

— Et le curé, qu'est-ce qu'y dit ?

Magella baisse les yeux. La décision est celle de la commission scolaire. Mais son ton manque de conviction et sous-entend qu'elle n'a pas reçu l'aval du curé.

— On t'engage jusqu'à la fin de l'année, pis en septembre prochain on verra si on peut trouver une maîtresse diplômée.

Maggie n'aime pas la réponse. À l'évidence, le curé n'a pas béni la décision, mais faute de solution de rechange, il s'est résigné. Le reste de la journée, la jeune femme fait des plans, réfléchit, change plusieurs fois d'idée, s'inquiète. Elle sonde le terrain auprès de sa mère, mais sans résultat.

Quand Maggie insiste trop, celle-ci quitte la maison et se réfugie dans l'étable.

Ce soir-là, Maggie dort d'un sommeil lourd, assorti de mauvais rêves. Des élèves qui lui lancent des craies, le visage du curé à travers le frimas de la fenêtre, la barre de la porte disparue.

Dans le pâli d'un petit matin, Maggie Miller rentre à l'école avec, dans son sac, des provisions pour le reste de la semaine. Elle range les pupitres, remet une bûche dans le poêle, nettoie le tableau et attend patiemment l'arrivée des premiers enfants. Comme Vitaline, ils la regardent avec un mélange d'inquiétude et d'amusement. Les plus grands font des blagues. Maggie les ignore. Quand ils sont tous là, elle se lève et, d'une voix forte, demande à Amélie Turcotte de réciter la prière.

— À vos places, immédiatement.

Romain Veilleux n'a pas bougé.

— Si tu penses qu'on va écouter une pauvre petite maîtresse irlandaise, dit-il, provoquant un éclat de rire général, tu t'trompes.

Maggie s'approche vivement de lui, le saisit par le cou et, malgré le cri de douleur de Romain, ne relâche pas son emprise. Elle le traîne hors de la classe.

— Tu vas passer l'avant-midi en pénitence. Pas de récréation, pis si je t'entends marmonner une autre fois, tu t'en vas chez vous. C'est assez clair?

Romain ne répond pas.

— C'est assez clair? hurle Maggie.

Quand Romain refuse encore une fois de répondre, Maggie retourne dans le corridor, l'attrape par le lobe de l'oreille qu'elle pince sans ménagement. Elle plonge ses yeux dans les siens.

— Si t'as perdu la voix, tu vas te mettre à genoux dans le coin, pis quand t'auras décidé de répondre à ma question, tu m'le diras.

Les élèves sont sidérés. Mais Maggie n'en a pas fini avec le groupe. Elle éloigne l'un de l'autre les élèves les plus âgés, intercalant les plus jeunes entre chacun d'eux, et force Prosper Rodrigue, un fauteur de troubles de cinquième année, à s'asseoir dans la première rangée. Il maugrée mais s'exécute pour ne pas se retrouver avec Romain.

Quand l'ordre est rétabli, Maggie s'installe au tableau, écrit quelques mots et se retourne vivement quand un enfant échappe la tablette de son pupitre. Réalisant qu'il s'agit d'un accident, Maggie sourit aussitôt à l'enfant paniqué.

Après l'obligatoire leçon de catéchisme que Maggie déteste par-dessus tout, elle circule entre les élèves, aide les plus jeunes à recopier lettres, mots et chiffres et s'attaque à la conjugaison avec les plus grands. Sa journée terminée, Maggie aide les plus petits à s'habiller, fait ses recommandations et se tourne vers Romain.

— Demain, si tu veux te conduire comme du monde, tu seras le bienvenu. Sinon, tu restes à la maison. Tu m'as compris ?

— Oui, madame Maggie.

Le ton est moqueur, mais elle sourit. Elle a remporté la première manche, haut la main. Après avoir mis la barre à la porte, tout rangé dans la classe, elle monte dans sa chambre, attise le poêle qu'elle avait complètement oublié, allume les deux grosses bougies et plonge dans les cahiers d'Aldina où elle retrouve les leçons de chaque jour, de chaque mois, pour chaque groupe d'élèves, les mêmes cahiers qu'Aldina utilisait religieusement d'une année à l'autre. Dans le tiroir, elle trouve une pile de bulletins qu'elle devra remplir et remettre aux enfants. Et le curé viendra sûrement...

Après de longues heures d'étude et un souper frugal, Maggie jette un coup d'œil par la fenêtre. Un foisonnement d'étoiles, une nuit froide, les poutres qui craquent. Des souvenirs de sa dernière nuit avec Aldina lui reviennent en tête. Une chandelle brûle encore à la fenêtre des Turcotte. Maggie pense à Vitaline, se réjouit de ne pas avoir subi le même sort qu'elle, se met finalement au lit, mais n'arrive pas à dormir. Même si ses nouvelles responsabilités lui pèsent beaucoup, Maggie est heureuse de la tournure que vient de prendre sa vie. Pour la première fois, elle a l'impression d'être utile, importante. L'autorité que lui confère le statut d'institutrice la ravit. Elle n'est plus la petite fille de ses parents, l'élève d'Aldina ou le souffre-douleur de Domina Grondin. Non. Elle est Maggie Miller, l'institutrice de l'école du rang-à-Philémon de Saint-Benjamin. Elle reprendra là où Aldina a laissé, poursuivra son œuvre. Les commissaires d'école, les parents et, elle l'espère, l'inspecteur et – pourquoi pas? – le curé la traiteront désormais avec tous les égards dus à son rang.

15

Maggie Miller a passé le test de la première semaine avec très grande distinction. Elle a corrigé tous les devoirs et même commencé à préparer les bulletins. Dans le cahier d'appel d'Aldina, elle a noté absences et présences, méticuleusement. La jeune institutrice est soulagée, fière d'elle. Quelques enfants, parmi les plus âgés, ont continué de se regimber, mais la fronde s'est vite dissipée. Vendredi, il ne restait plus que Romain sur la première ligne des timides contestataires, et quand le président de la commission scolaire a félicité Maggie devant toute la classe, Romain s'est engoncé sur sa chaise, vaincu. Après le départ des enfants, le président lui a donné une piastre, une avance sur son salaire pour lui permettre d'acheter des provisions.

Maggie rentre chez elle, son sac de cahiers sur le dos. La neige tombe depuis une heure. De gros flocons paresseux roulent sur ses épaules. En fin de semaine, elle prendra le temps de revoir toutes ses corrections, de s'assurer de leur justesse et de coller quelques étoiles dans le cahier des meilleurs élèves.

Le lendemain, sa mère refuse de l'accompagner au magasin du village. Elle exige que Maggie lui remette la piastre, mais la jeune femme s'y oppose avec énergie. Maggie décide de se rendre au magasin de Sam Taylor, à Cumberland Mills, à dix minutes de marche de la maison. Son père fréquente l'endroit régulièrement. « C'est meilleur marché qu'au village ! »

Même si le village compte à peine cinq cents habitants, il a deux magasins généraux. Celui de Mathias Saint-Pierre offre les produits de base, de la farine aux vêtements, sans

143

compter une vaste sélection de produits agricoles, broches, crampillons et outils. Les cultivateurs protestants y viennent à l'occasion. Les catholiques ne fréquentent jamais le magasin de Cumberland Mills.

Bien dissimulé par une haie de sapins, le magasin de Sam Taylor est coiffé d'un toit en tôle rouge qui s'avance au-dessus d'une longue galerie. Près de la porte, des affiches de Tabac Champlain et Rose Quesnel se disputent l'attention des clients. Le magasin a de tout : farine, saindoux, chocolat et même quelques objets de luxe : des colliers, de jolies étoffes, des rubans. Maggie est émerveillée. Elle n'a jamais vu pareille camelote au magasin de Mathias Saint-Pierre.

— *Can I help you?* fait une voix venue de nulle part.

Maggie ne répond pas et tourne le dos à son interlocuteur. Walter Taylor ne la quitte pas des yeux. Les cheveux noir de jais, de beaux yeux bleus perçants, une peau rosée, il a l'air un peu mal à l'aise dans ses pantalons trop grands et sa chemise carrelée. Bel homme, même âge que Maggie, il ressemble à ces acteurs anglais dont la photo orne parfois les pages du *Chronicle Telegraph*. En tâtant une étoffe, Maggie tourne légèrement la tête. Elle sent le regard inquisiteur de l'autre. Il l'agace. Mais quand elle lève enfin les yeux sur lui, elle le reconnaît, lui sourit et rougit.

— Acheter *something*? demande-t-il dans un français approximatif.

Maggie se contente d'acquiescer à petits coups de tête. Effrontée au magasin du village, ici, elle a perdu tous ses moyens. «Ressaisis-toi!» Du doigt, elle montre les produits qu'elle veut acheter : de la farine, un peu de sel, du sucre, du thé et un gros pain rond, dont l'odeur l'a envoûtée.

Walter prend tout son temps, la détaille, tente d'attirer son regard, d'engager la conversation. Peine perdue. Il lui offre d'autres produits et essaie par tous les moyens d'échanger un sourire avec Maggie.

— *Your father came here at Christmas.* Ton père…

Mais Walter s'arrête. Dans le cadre de la porte du magasin, sa mère lui demande si tout va bien. Elle sourit à Maggie. Jolie femme au chignon grisonnant, elle a de beaux yeux, un port altier et une sorte d'élégance qui rappelle à Maggie sa chère Aldina.

La jeune fille glisse une piastre sur le comptoir, attend la monnaie.

— Toi la nouvelle *teacher* à l'école ?

Maggie sursaute. *Teacher* est l'un des quelques mots anglais qu'elle connaît. Comment sait-il cela ? Pourquoi est-il si intéressé ? Se comporte-t-il de la sorte avec tous les clients pour s'assurer de leur fidélité ?

— Oui, fait fièrement Maggie.

Elle récupère ses provisions et quitte les lieux sans un mot de plus. Maggie aurait aimé examiner davantage la marchandise, mais Walter l'importune. Elle se sent épiée, dépaysée comme si elle venait de poser le pied dans un monde interdit.

— *Goodbye, miss Maggie!* lance Walter Taylor, moqueur.

Maggie l'ignore. Il l'agace. Elle marche vite. Pour une fois, elle est pressée de retrouver sa maison, ses odeurs, même sa mère. Pourquoi est-elle intimidée de la sorte ? Son père lui a enseigné assez de mots anglais pour soutenir une conversation simple. Et Walter a l'air de mâchouiller quelques mots de français. Alors, pourquoi ce besoin de fuir ? Pourquoi ne pas engager la conversation ? Le dépaysement, la proximité d'un protestant, d'un joli garçon ? Une sorte de malaise l'habite. Confus, plein d'embruns. Elle pense à Aldina, au sort qui a été le sien après ses incartades en milieu protestant. À Lina, sa sœur, ragaillardie depuis qu'elle est à l'emploi de ces mêmes protestants.

Dehors, le froid lui mord les joues. Un cheval, couverture sur le dos, est attaché à la rambarde du magasin. Le pourtour de ses yeux est couvert de frimas. Walter Taylor sort du magasin et la rejoint.

— *Can I carry your bag?* dit-il, les mains tendues vers elle.

Maggie n'a pas compris, mais fait de grands signes que non de la tête. Peu importe ce qu'il demande, la réponse est la même : non !

— Walter, hurle sa mère, *don't go out without your coat. You'll get sick !*

Walter l'ignore. Maggie presse le pas. Pourquoi un tel empressement ? Dehors en bras de chemise, sans chapeau ni mitaines par un froid pareil ! Vite, à la maison ! Quand elle se retourne, un sourire lumineux éclaire le visage de Walter Taylor.

— Aider toi avec ton sac ?

— Non, non, j'sus capable de le porter moi-même.

Il fait quelques pas avec elle sans dire un mot. Maggie marche très rapidement pour s'en détacher. Il s'arrête, la regarde aller et attend un long moment, espérant que Maggie se retournera une dernière fois.

— *Goodbye, Maggie !*

Cette fois, le ton est amical. Sans se retourner, Maggie fait un petit geste de la main. Son cœur s'est emballé. Elle ne comprend pas ce qui lui arrive. Pourquoi est-elle remuée de la sorte ? À l'exception de Rosaire Veilleux, un grand garçon sans manières et sans charme, de Magella et Domina plus enclins à la harceler qu'à lui faire la cour, c'est la première fois qu'un garçon s'intéresse à elle. Pourquoi Walter Taylor l'a-t-il suivie ? Est-ce simplement un jeu ? Pour se moquer d'elle ? Elle pense à Aldina, morte de chagrin à cause de fréquentations impossibles avec un protestant. Oui, Walter Taylor est un beau garçon, séduisant, attentif, mais non, ce n'est pas un garçon pour elle.

16

Mi-avril, les alouettes grisollent dans les labours. L'hiver tire à sa fin. À Québec, le premier ministre Lomer Gouin promet de visiter la Beauce et Dorchester avant la fin du printemps. En Europe, la guerre fait rage. «La faute de ces damnés Allemands», dit le curé au magasin.

Dans le rang-à-Philémon, des garçons sautent à cloche-pied dans les flaques d'eau pour asperger les filles. Maggie Miller s'attarde devant son école avant de rentrer à la maison pour la fin de semaine. Titulaire de l'école depuis deux mois, elle surveille attentivement les enfants qui se dispersent en se chamaillant. La veille, une fillette a beaucoup pleuré quand deux garçons qui se bousculaient l'ont fait tomber.

Quelques minutes plus tard, Maggie Miller quitte son école, en espérant secrètement croiser Walter sur le chemin du retour. Il s'y retrouve, presque tous les vendredis, «par hasard», dit-il, mais Maggie n'est pas dupe. Conversations anodines, peu de mots échangés, des sourires et quelques pas ensemble. Un soir, il est même venu frapper à la porte de l'école, mais Maggie a refusé de le laisser entrer ou d'en sortir pour marcher avec lui.

En arrivant à la hauteur de Cumberland Mills, son cœur fait trois bonds. Elle s'immobilise. Walter? Non. Un homme dont elle reconnaît la silhouette titube dans la route. Jimmy Miller est de retour des chantiers.

— Papa! crie-t-elle de tous ses poumons, ignorant les flaques d'eau et ses bottes trouées.

L'homme accélère le pas, reconnaît sa fille, s'avance vers elle, mais, trop ivre, trébuche. Maggie presse le pas.

147

Son père se relève péniblement, essuie ses mains sur son pantalon et sourit. Elle se jette à son cou. Vacillant, Jimmy Miller écarte les bras de Maggie et la repousse doucement pour éviter qu'elle les fasse tomber tous les deux.

— T'es encore plus belle pis plus grande, dit-il d'une voix pâteuse.

— T'es r'venu pour de bon?

— Pour l'été.

Le ton de son père n'est pas très convaincant. Maggie l'impute à l'alcool.

— Ça s'est ben passé dans les chantiers?

— Oui, oui, mais l'hiver a été frette à faire péter les glaçons!

Jimmy Miller avance péniblement, pantin fragile. Maggie le surveille, tend le bras chaque fois que ses jambes ramollissent.

— Comment ça se fait que tu r'tournes à la maison toute seule, pis pas avec les autres enfants?

Le visage de Maggie se rembrunit.

— Madame Aldina est morte, c'est moé qui la remplace en attendant que la commission scolaire trouve une vraie maîtresse. Je t'expliquerai.

Même ivre, Jimmy Miller est abasourdi par la nouvelle. Il s'arrête, chancelant, en attente d'explications additionnelles.

— Morte? Toé, ma fille, maîtresse d'école!

— Oui, oui, je t'expliquerai.

Maggie n'a pas le goût de tout lui raconter et de recommencer le lendemain, quand, dégrisé, il aura tout oublié. Sa main dans la sienne, elle l'accompagne à la maison, attentive à ses moindres vacillements, déçue qu'il soit ivre. Sa mère ne manquera pas de le houspiller parce qu'il a encore trop bu. Un peu avant d'arriver à la maison, elle aperçoit Walter qui aura sûrement fait demi-tour en la voyant avec son père. Elle est désappointée. Quand ils arrivent, une forte odeur de graisse fondue empeste l'air.

Marie-Anne Miller fait du savon. À peine relève-t-elle la tête. Aucune surprise. Ni joie ni regrets n'allument ses yeux. Ses gestes sont plus saccadés, témoins de sa mauvaise humeur. Son mari s'en approche, mais elle freine aussitôt ses élans d'affection.

— Chaque printemps apporte son rabat-joie, laisse-t-elle tomber sans lever les yeux vers son mari au sourire béat.

Entre Jimmy Miller et sa femme, il ne reste plus rien. Depuis que les filles ont grandi, ils ne cherchent même plus à sauver les apparences. L'atmosphère est lourde, l'heure à l'affrontement. Marie-Anne se surprend souvent à souhaiter que son mari ne revienne pas. Elle devra l'endurer tout l'été. Six longs mois! Dès que les feuilles tourneront à l'automne, elle aura hâte à son départ dans les chantiers. Aussitôt qu'il aura franchi la porte, baluchon au dos, elle sera soulagée.

Jimmy Miller dort jusqu'au lendemain matin. En se levant, il va à la fenêtre, la tête lourde, un goût amer dans la bouche. Ragaillardi, le soleil batifole dans les ornières. Une vache meugle. Les moutons sont regroupés autour d'une grosse vailloche de foin.

— Alors, Maggie, m'as-tu ben dit hier que madame Aldina est morte?

Le regard sombre, la jeune femme lui raconte tout, sans oublier un détail. Jimmy Miller est dépassé par l'ampleur des événements. Le seul à fréquenter les deux communautés, il n'y a jamais vu de différences assez profondes pour causer la mort d'une personne. Tout au plus peut-on reprocher aux catholiques de se méfier inutilement des protestants et à ces derniers, leur indifférence à l'endroit des catholiques. Jimmy en est convaincu, le curé est le grand responsable de la mort d'Aldina.

— Qu'est-ce qu'y ont décidé au village? Que c'était une mort accidentelle?

— Le docteur a dit que c'était son cœur. Qu'a l'a eu une faiblesse, pis qu'a l'est morte gelée.

Jimmy Miller n'accepte pas ce verdict. Le curé et ses faire-valoir sont les seuls responsables. Dégoûté, il sort son paquet de tabac, roule une cigarette et, après un moment, il se tourne vers Maggie.

— Pis maîtresse d'école, t'aimes ça? T'as pas trop de problèmes avec les enfants? Si je me rappelle ben, c'est pas tous des anges!

Maggie sourit, lui raconte comment elle a imposé son autorité, les bons résultats scolaires de la plupart des enfants, la satisfaction des parents.

— Ça doit être plus facile de pas faire l'école aux septième année. Paraît que le curé a mis Magella pis Domina à la porte?

— Oui! Une chance, je m'vois pas faire l'école à ces deux codindes-là!

Jimmy Miller a une moue contrariée.

— J'ai travaillé avec Domina Grondin dans les chantiers. Son père l'a emmené avec lui après les Fêtes. C'est un gros travaillant, pis un bon p'tit gars!

Maggie éclate de rire.

— Ah oui! Y a au moins une qualité!

— Tu devrais pas parler comme ça de Domina. Y va hériter d'une grosse terre et y paraît que son père a de l'argent de collé. Ça te ferait un bon parti.

Maggie secoue la tête vivement. Elle a envie de lui parler de Walter, mais n'ose pas.

— Ben voyons donc, papa, c'est un niaiseux qui a peur des filles pis des revenants.

Jimmy Miller n'insiste pas, mais se promet de revenir à la charge.

Dans les jours qui suivent, il essaie de replonger dans la routine de la ferme, mais n'y arrive pas. Les travaux de l'étable l'ont toujours ennuyé. Fils de bûcheron, vaches, cochons, poules et moutons l'exaspèrent. Il laisse à Marie-Anne le soin de diriger la ferme. Le soir, il a de longues discussions avec Maggie pendant que sa femme vaque aux travaux domestiques.

— J'ai vu le président de la commission scolaire aujourd'hui. Y paraît que tout le monde est ben content de toé. Y m'a dit qu'y serait pas surpris pantoute que tu sois encore engagée en septembre.

— Ça me surprendrait ben gros. Le curé a tout fait pour m'empêcher de remplacer Vitaline, pis y paraît qu'y remue mer et monde pour trouver une maîtresse diplômée. Comme j'ai pas passé les tests de l'instruction publique, mes chances sont plutôt minces.

— La vieille Thérèse-à-Gelotte dans le rang Watford a juste une sixième année !

Maggie n'a pas perdu espoir. Thérèse-à-Gelotte Poulin et Anaïs Caron, la maîtresse du village, sont âgées et ont déjà signifié qu'elles en étaient à leur dernière année. Comment les remplacer ? Où trouver autant d'institutrices, qualifiées ou non ?

— Si ça dépendait seulement de la commission scolaire, j'pense qu'y m'engageraient, mais le curé ne voudra jamais.

— T'as pas envie d'aller chercher ton diplôme si ça ne marche pas ? J'sais que ta mère voudrait t'engager, pis que les Wintle te prendraient demain si tu voulais. Mais si tu peux faire une maîtresse d'école, ce serait ben mieux.

Maggie est d'accord avec son père. Même si sa sœur est toujours au service des Laweryson, elle n'a aucune envie de l'imiter. Certes, ce travail lui permettrait de se rapprocher de Walter, mais elle préfère le laisser venir à elle, garder le haut du pavé, ne pas se placer en position d'infériorité en acceptant de devenir la servante d'une famille de protestants. En plus, elle n'a aucune envie de se retrouver sous les ordres d'étrangers, qu'ils soient catholiques ou protestants. Aucun désir de passer tout son temps à décrotter des enfants, à faire du ménage et à besogner du matin au soir pour quelques piastres aux quatre semaines. Depuis deux mois, l'enseignement la comble et, si elle perd son école, elle suivra des cours pour devenir institutrice, sinon elle cherchera du travail à Beauceville ou à Saint-Georges. Et pourquoi pas à Québec?

Ce soir-là, Maggie met du temps à s'endormir. Dans la cuisine, elle entend le va-et-vient de sa mère. À intervalles réguliers, son père craque une allumette pour rallumer sa pipe. L'odeur du tabac flotte dans la maison. Aucune parole n'est échangée entre Jimmy Miller et sa femme.

Toute la nuit, une pluie drue martèle le toit de la maison. En sortant le matin, Maggie bourre de paille le bout de sa botte percée pour retarder le pire. En route vers son école, un attelage va au pas dans le rang-à-Philémon. Edgar Laweryson l'invite à monter dans son boghei, mais Maggie a un geste de recul. L'homme lui sourit.

— *Is your father back?*

— Oui.

Elle saute dans la voiture, peu rassurée. Les paroles du curé la hantent encore : «Les protestants sont dangereux.» Et pas plus tard que la semaine dernière, un élève lui a raconté que la Loubier s'est jetée dans un fossé pour ne pas croiser Oscar Taylor. Elle a fait plusieurs signes de croix comme si elle voulait chasser le diable! «Il lui manque un bardeau, à la Loubier!» a répondu Maggie. Et que peut-elle craindre d'Edgar Laweryson, un gros cultivateur au sourire si engageant? Il lui fait penser à Walter et, d'un coup, son cœur s'attendrit.

— *Thank you*, dit-elle à Edgar Laweryson avec son plus beau sourire.

Quelques enfants sont déjà arrivés à l'école. Exior-à-Archilas profite d'une embellie pour marcher un peu dans le sentier qui relie sa maison au rang-à-Philémon.

— Bonjour, madame Maggie, lui lance une élève de première année.

— T'as ben une belle robe aujourd'hui, Rosalie!

Fière, la petite fille se rengorge comme un paon. Dès que tous les élèves sont arrivés, Maggie distribue le travail aux plus jeunes et regroupe les enfants de dix ans autour d'elle. Semaine difficile : Maggie doit les entraîner à marcher au catéchisme. S'assurer que les sept enfants seront à la hauteur des attentes du curé quand ils se rendront au village, pendant les quatre semaines de mai, pour se préparer à faire leur communion solennelle. Pas très pieuse, Maggie trouve le catéchisme ennuyant. Certes, elle a fait sa communion solennelle et a obtenu son certificat d'instruction religieuse, mais l'abbé Lamontagne a dû fermer les yeux sur les lacunes de la jeune fille, incapable de donner des réponses à plusieurs questions du catéchisme.

Impossible d'y échapper. Dans les cahiers d'Aldina, elle a trouvé plein de notes expliquant que le catéchisme passe toujours en premier. Que l'enseignement religieux doit être la priorité absolue de la bonne maîtresse d'école. Que les autres matières, surtout le français, doivent être enseignées à l'aide d'exemples puisés dans la religion. Vivement vendredi ! Soulagée, le catéchisme remisé dans le tiroir, Maggie rentre à la maison. Dehors, le printemps coule dans les ornières. La route vaseuse est creusée de sillons. La pluie a cessé. Le soleil culbute dans l'érablière de Pit Loubier.

Quand elle arrive à la maison, sa mère est dans l'étable. Son père reviendra une heure plus tard de Cumberland Mills. Le lendemain, il quitte la maison tôt et ne revient que tard en soirée. Maggie s'inquiète de ne pas le voir dans l'étable aux côtés de sa mère, mais elle ne pose pas de questions. Dimanche matin, après le barda, Jimmy l'entraîne à l'écart.

— Mets ta robe du dimanche, on va aller à la messe à la mitaine.

Maggie n'est pas certaine d'avoir bien compris. Sûrement une blague de son père, il en fait si souvent.

— À la mitaine ?

Son père sourit et explique :

— Oui, oui, juste pour voir que c'est pas dangereux, pis pas si différent de la messe des catholiques.

Maggie hésite, songe à refuser. Pourquoi jouer avec le feu ? Et si la nouvelle parvenait aux oreilles du curé ? Du président de la commission scolaire ? Elle cherche sa mère de l'œil. Marie-Anne Miller, se déplaçant de plus en plus lentement, se dirige vers l'étable. Plus tôt, Jimmy lui a dit qu'il partait, qu'il ne passerait pas l'été avec elle. Marie-Anne a ressenti un immense soulagement. Enfin ! Si la réaction de sa femme ne l'étonne pas, Jimmy craint celle de Maggie.

— Va t'habiller.

Sans empressement, Maggie disparaît dans sa chambre. Elle enfile sa robe fraîchement lavée et chausse de jolis souliers, cadeau de son père pour se faire pardonner ses trop nombreuses absences. Elle détache ses longs cheveux bouclés, met un peu de rougeur à ses joues et relève les manches de sa robe. «Walter sera sûrement dans la mitaine», se surprend-elle à espérer. Dans le miroir, elle a un petit sourire de satisfaction et se rappelle avec horreur ses premières années d'école quand sa mère la forçait à enfiler un sac de farine dans lequel elle avait grossièrement découpé des trous pour le cou et les bras.

— T'es belle comme un cœur ! Viens.

Maggie emboîte le pas à son père. La journée est magnifique. Une brume légère, ouatée, enveloppe les champs. L'ombre du père et de la fille se profile sur la route.

— Tu vas voir, la messe des protestants est pas si différente de la nôtre.

— Y vont nous laisser entrer ?

Jimmy Miller sourit, les protestants lui ont toujours ouvert les portes. Il fait partie de la famille malgré sa religion différente.

— Ben oui !

Le cœur battant la chamade, Maggie accélère le pas. Ni le chien à Théodore-à-Rosaline qui vient sentir ses souliers, ni le meuglement des vaches, ni une marmotte fouineuse n'atténuent son angoisse. Bien sûr, tous les habitants du rang sont déjà en route vers le village pour assister à la messe. Peu de chances qu'on la surprenne, mais que dira le curé s'il s'aperçoit qu'elle n'est pas dans l'église? Devra-t-elle encore mentir et lui affirmer qu'elle est allée à la messe à Beauceville avec sa cousine? La bouche sèche, elle a de la difficulté à saliver. En apercevant la mitaine, Maggie a un geste de recul et ralentit le pas.

— Voyons, Maggie, t'es pus une enfant!

Devant la petite chapelle anglicane, les protestants ne s'étonnent pas de retrouver Jimmy Miller, mais la présence de sa fille les surprend. Tous les yeux se tournent vers elle. Maggie est intimidée. Jimmy Miller va et vient parmi le groupe comme on le fait entre parents et amis. Les protestants sont convaincus que Jimmy se serait intégré à leur communauté s'il n'avait pas épousé une catholique.

— *You have a nice dress!* lance une vieille dame.

Maggie sourit, mal à l'aise. Elle n'a pas envie d'être là. La situation lui déplaît. Elle se demande pourquoi il n'y a aucun enfant autour de la mitaine.

— Ils sont au «*Sunday School*» avec madame Ida Laweryson, lui explique son père. C'est un peu comme notre catéchisme.

Encore épuisée par une rude semaine d'enseignement du catéchisme, Maggie se console à la pensée que ce n'est pas l'apanage des catholiques. Mais chez les protestants, au lieu de mémoriser des dizaines de réponses, les enfants, sous la direction d'un parent, étudient la Bible et chantent des hymnes, la musique occupant une grande place dans le culte protestant.

Un homme élégant sort de la chapelle et invite les fidèles à le suivre.

— C'est le pasteur, l'équivalent du curé.

— Y a pas de soutane, rétorque Maggie, étonnée.

Son père se contente de sourire. Maggie détaille le ministre protestant. Il est grand, cheveux bruns, jovial et, comme l'abbé Lamontagne, fait preuve de beaucoup de familiarité à l'endroit des fidèles. Quel contraste avec Antonio Quirion!

— On est ben tombés, le pasteur est icitte aujourd'hui.

— Y vient pas tous les dimanches?

— Non, y reste trop loin. Et Cumberland Mills est trop petit pour avoir son propre pasteur.

Le pasteur Sydney Hibbard de Frampton, village à majorité protestante à trente milles de Saint-Benjamin, dessert les fidèles de Cumberland Mills deux fois par mois l'été et une fois l'hiver. Jimmy Miller se penche à l'oreille de sa fille.

— La madame au chapeau rouge, c'est la femme du pasteur.

— Y a une femme?

Fier de son effet, son père ne pipe mot. Maggie est de plus en plus dépaysée. En apercevant Fred Taylor, elle se sent un peu plus rassurée. Quand elle croise son regard, il esquisse un petit sourire. Nouveau responsable de la mitaine, Fred est absorbé, attentif à tous les besoins du pasteur qui l'a beaucoup aidé après la mort d'Aldina. En l'absence du pasteur, Fred Taylor préside la cérémonie religieuse du dimanche.

La foule se disperse dans la petite chapelle anglicane au plafond bleu ciel, aux murs jaune ocre, coupés de moulures rose orangé. Ida Laweryson pompe l'harmonium comme si elle tentait de le réchauffer avant la cérémonie. Sur le vieil instrument est gravé le nom de son fabricant, la *Bell Organ & Piano Co. Ltd.* de Guelph, en Ontario. Les fonds baptismaux, le poêle de fonte, un tisonnier, l'autel rustique caché sous une nappe blanche, le lutrin, la crédence et les objets du culte complètent l'ameublement de la chapelle St. Paul. Sur un petit tableau d'ardoise, quatre chiffres sont inscrits à la craie, indiquant les hymnes qui seront chantés au cours de la cérémonie.

Maggie s'installe avec son père dans le dernier banc de la mitaine. Des gouttes de sueur perlent dans son cou. Un hymne qu'elle ne connaît pas est entonné par les fidèles. L'harmonium crache une musique lourde et sans nuances qui obscurcit l'hymne, autrement fort beau. L'assemblée est recueillie, les enfants, la tête haute, pieux, chantent et prient avec leurs parents. Si les catholiques ont un missel, les protestants ont tous une Bible en main. Maggie les observe. Les filles de son âge ne sont ni plus jolies, ni mieux vêtues qu'elle. De temps à autre, elle surprend le regard de Walter Taylor qu'elle a revu au magasin de son père. Au milieu de la cérémonie, le sermon du pasteur lui échappe complètement. À son grand étonnement, tous les fidèles, y compris son père, rient à gorge déployée à deux reprises. Drôle de religion ! Après la cérémonie, les protestants plaisantent devant la chapelle, d'autres vont se recueillir au cimetière, devant l'épitaphe des leurs. Walter Taylor tourne autour d'elle, timide. Maggie a hâte de rentrer à la maison.

— T'as aimé la cérémonie ?

Maggie branle de la tête. Ni oui ni non. Derrière elle, des enfants chantent en se tenant la main. Quand ils atteignent le rang-à-Philémon, son père lui indique un raccourci à l'abri des regards indiscrets. Il se tourne vers elle.

— Je ne passerai pas le printemps pis l'été avec toé. J'ai trouvé un job à Québec. Je commence dans deux semaines. J'l'ai dit à ta mère tantôt. A m'a eu l'air soulagée. J'pense qu'elle a pus envie de m'voir.

Sa fille ne répond pas. Déçue, mais pas surprise.

— Tu dis rien ?

Maggie hésite un moment, cherche ses mots.

— Moé non plus, j'veux pus rester avec elle. J'pense qu'a n'a plus tout son génie pis a l'est tellement obsédée par les revenants ! A les voit partout, pis en parle sans arrêt. J'vais rester à l'école jusqu'en juin, pis j'viendrai la voir les fins de semaine. Mais cet été, je m'en vais chez ma cousine Élodie à Beauceville. Sa mère est malade, pis a l'a besoin de quelqu'un pour la surveiller pendant qu'a travaille. Pis si la commission scolaire m'engage pas en septembre prochain, m'a va rester à Beauceville.

Le ton de Maggie est ferme, sans appel. Jimmy le regrette. Il aurait eu meilleure conscience si sa fille était restée auprès de Marie-Anne, mais il sait qu'il ne pourra pas l'y forcer.

17

Nerveux, bagarreur, un troglodyte houspille Maggie qui a effleuré son nid. Le long du rang-à-Philémon, les vaches de Pit Loubier broutent l'herbe. Malgré les protestations de ses voisins, Pit laisse ses vaches en pâturage libre. «La route appartient à tout le monde.» Ce qui embête Maggie, ce sont les bouses qu'elle doit contourner. Cheveux roux au vent, elle marche d'un bon pas vers son école. Le cœur léger, heureuse ; la veille, des parents l'ont remerciée des progrès notables de leurs enfants. «Tu es meilleure qu'Aldina», lui a lancé la mère d'Amélie. Maggie a rougi. Même exagérée, la comparaison lui plaît.

Malgré ces bons résultats, rien ne garantit que Maggie sera embauchée en septembre prochain. Si le curé a perdu la première bataille, il n'a pas renoncé à gagner la guerre. À son insu, Maggie Miller est au centre de la campagne à la mairie de Saint-Benjamin. Les élections auront lieu dans trois jours et opposent le maire sortant, Bénoni Bolduc, à Lomer Caron, un candidat pistonné par le curé pour éliminer Bénoni. La campagne a été brutale, ponctuée de menaces, d'intimidation, de chantage. Des partisans des deux camps en sont même venus aux coups.

À la suggestion du curé, Lomer Caron répète partout que Bénoni a forcé la commission scolaire à engager Maggie Miller, une «moitié protestante» qui manque souvent la messe et qui a même enseigné des mots d'anglais aux enfants. «Ma fille a dit : " *Good morning*"», s'est indigné Romuald Labbé.

Confronté à ces attaques, Bénoni répond au mensonge par le mensonge. Son seul objectif : infliger une défaite non pas à Lomer Caron, mais au curé. Venger la mort d'Aldina. La veille, il a demandé à Cléophas Veilleux, son fidèle serviteur, de le conduire au village dans sa nouvelle automobile, une Ford pétaradante.

— T'as pas payé ça ben trop cher, le taquine Bénoni, juste pour passer la malle pis t'pavaner?

— Pour avoir le contrat d'la malle, j'avais pas l'choix. Pis tu sauras que j'pourrais me rendre à Québec avec ce char-là. Y a un docteur de Saint-Malachie qui l'a fait, sans problème.

Bénoni évite de décourager Cléophas, mais il sourit. «Avec les chemins qu'on a, il va arriver tard à Québec!» Le maire se fait d'abord conduire chez Calixte Cloutier, le cordonnier de la paroisse. Bénoni lui confie une paire de bottes à réparer et s'informe de sa santé pour le mettre en confiance.

— Mes rhumatimes me font mal, Bénoni, j't jure que j'file pas fort! J'ai toujours le moton pis la falle ben basse.

Le maire sortant s'apitoie sur le sort du pauvre Calixte. Patient, il l'écoute débiter la nomenclature de ses maladies. Fragile, hypocondriaque, Calixte a assez de maladies pour détruire un régiment au grand complet! Ses *rhumatimes*, comme il dit, sont souvent accompagnés de la goutte, de migraines et de toux incontrôlables qu'il déclenche lui-même.

— Pis toé, Bénoni, les élections, ça r'garde mal. T'aurais jamais dû faire engager la Millaire à l'école du rang. Y paraît que tous les enfants vont virer protestants pis qu'y vont parler anglais avant la fin de l'année! Moé, ça me dérange pas, j'vas quand même voter pour toé.

Le maire sourit. Ses adversaires l'accusent maintenant d'être responsable de l'embauche de Maggie, lui qui n'a même pas été consulté. Calixte a sûrement promis son vote à Lomer et, s'il y avait un troisième candidat, il promettrait aussi de l'appuyer. Bénoni ne s'en offusque pas. Les affaires sont les affaires!

— Ça s'améliore beaucoup, dit Bénoni.

Calixte ne comprend pas. Le maire se donne un air mystérieux et s'approche de lui comme s'il voulait lui confier un grand secret.

— J'ai parlé à l'assistant de l'évêque.

— Hein, pas vrai?

Bénoni lui fait croire qu'il s'est plaint à l'évêque de la sévérité du curé. «Les bons catholiques en ont peur.» Calixte boit les paroles du maire, grisé par tant de confiance. S'il ne change pas d'attitude, le curé Quirion pourrait même perdre sa cure et redevenir un simple petit vicaire.

— J'irais plus loin: à Québec, on se demande si c'est pas lui qui a fait mourir Aldina.

— Tu penses ça, Bénoni?

— Toé, mon Calixte, tu penses qu'a serait morte si le curé Lamontagne était encore ici?

Calixte est d'accord. Le curé Lamontagne n'aurait pas remué mer et monde pour isoler les protestants. Voilà qui alimentera encore davantage les propos du cordonnier. Il est reconnu dans le village pour son commérage. Non seulement il est incapable de garder un secret, mais il le répète, le déforme, lui donne des proportions démesurées. Il meurt déjà d'envie de répandre la nouvelle que le curé s'en ira, qu'il sera sévèrement puni par l'évêque qui lui enlèvera la soutane. Bénoni n'a pas terminé.

— Tu sais c'que Lomer Caron a en tête?

Calixte, à l'évidence, l'ignore. Lomer et le curé, dit Bénoni, ont décidé de rénover l'église, au coût de deux cents piastres qui devront être déboursées par tous les paroissiens. Belle affaire!

— On va encore être saignés comme des cochons! s'indigne Calixte. Mais, Bénoni, l'église est neuve. A l'a pas besoin de réparation.

— C'est ce que j'pense aussi.

Avant de partir, Bénoni donne un dernier coup de Jarnac. Pour être bien certain que le cordonnier fera le travail qu'il attend de lui.

— As-tu entendu parler du jeune cordonnier de Saint-Odilon qui voudrait venir s'installer par icitte? demande-t-il, feignant la curiosité.

Calixte blêmit. Un concurrent? D'une autre paroisse en plus. Comment est-ce possible?

— J'sais pas, Calixte, j'ai entendu dire ça. Paraît que l'curé en a parlé au magasin. C'est un jeune qu'y connaît. Y a voulu faire venir une maîtresse étrangère pour remplacer Aldina. Peut-être ben qu'y veut un cordonnier étranger aussi. T'es peut-être pas assez bon pour réparer ses chaussures! Y doit pas t'aimer la face, toé non plus!

Calixte est désemparé. Bénoni le laisse confire dans ses craintes. À lui de jouer, d'essaimer les informations dans tout le village. À moins de trois jours des élections, Lomer et le curé n'auront pas le temps de rétablir les faits. Et si Calixte les déforme comme il en est capable, personne ne voudra voter pour son adversaire.

Et ce bon Calixte se surpasse! Dès le lendemain, Cléophas Turcotte s'empresse d'informer Bénoni que le curé sera renvoyé des ordres et probablement arrêté par la police pour le meurtre d'Aldina. Bénoni sourit. L'exagération est énorme, mais son plaisir n'en est que plus grand! Et si elle permet de changer les allégeances de trois ou quatre électeurs, tant mieux!

La veille de l'élection, une vingtaine d'hommes sont rassemblés devant l'église pour écouter Lomer Caron. Théodule Turcotte, un ami de Lomer, grimpe sur un petit banc et harangue la foule.

— Mes amis, voici le futur maire de Saint-Benjamin, Lomer Caron!

Les partisans inconditionnels de Lomer l'applaudissent bruyamment. Mauvais orateur, Lomer ne réussit pas à les enflammer. Son propos est décousu. Il avance à tâtons dans un discours mal préparé. Veut-il réfuter les rumeurs qui se sont répandues dans les dernières heures qu'il y arrive mal. Il accuse Bénoni d'être à la solde des protestants, de ne plus pratiquer sa religion et d'avoir perdu le contrôle de la paroisse.

— Vous voyez ben ce qu'y a fait dans le rang-à-Philémon! Y a fait engager une Anglaise protestante pour faire l'école.

À quelques heures du vote, Bénoni s'inquiète du nouveau mode d'élection du maire. Pour la première fois, le maire sera élu par les propriétaires de biens-fonds, à main levée, plutôt que par les conseillers. «C'est la nouvelle loi de la province de Québec», lui a dit le député. Bénoni attend Cléophas Veilleux, son homme de confiance, pour charger dans son auto quelques gallons de bagosse, trois cents de farine et d'autres provisions qu'ils distribueront ce soir aux indécis. Sans compter les promesses. À l'un, il fera miroiter un emploi pour son fils aîné, à l'autre, du travail dans le nouveau moulin. Mais Bénoni craint surtout le curé. Il est convaincu qu'il profitera de son sermon pour tenter d'influencer les paroissiens juste avant le vote qui aura lieu sur le perron d'église après la messe.

— J'ai une bonne idée, dit-il à Cléophas. On va r'faire au curé le coup de la messe de minuit. Tu connais ben Euzèbe Poulin, le bras droit de Lomer?

— Oui, fait Cléophas qui ne comprend pas où Bénoni veut en venir.

— Tu sais que l'curé, à la demande de Lomer, va l'nommer marguillier?

Cléophas grimace. Il convoitait le poste. L'ancien curé Lamontagne lui avait dit que son tour était arrivé.

— Tu sais aussi qu'Euzèbe a un penchant pour la bagosse, même s'y répète dans tout le village qu'y a arrêté de boire pour devenir marguillier? Même Lomer passe son temps à vanter la nouvelle tempérance d'Euzèbe.

Cléophas ne comprend toujours pas.

— À la fin de la soirée, lui explique Bénoni, tu vas aller l'voir sous prétexte de lui acheter une corde de bois. Apporte deux flasques, un plein de bagosse, pis l'autre plein d'eau. Commence par boire ton eau, pis quand y pourra pus se contenir, donne-lui ce flasque de bagosse. Je l'ai eu du vieux Matty Hall. Paraît que ça peut assommer un bœuf! Demain, avant la messe, tu vas le chercher dans ton char, pis tu t'assures qu'y rentre dans l'église ben saoul.

Cléophas sourit.

— Y va pas chanter l'*Minuit chrétien*, mais y va déranger Lomer pis le curé en saint cibole!

Le lendemain, dimanche, le soleil se lève paresseusement sur la rivière Cumberland. Maggie Miller est debout aux premiers chants du coq. Les yeux bouffis, les cheveux en bataille, elle est nerveuse. La veille, des parents lui ont dit que son poste dépendait du résultat des élections. Une victoire de Lomer Caron voudrait dire qu'elle serait mise à la porte dès ce soir. Lomer et le curé imposeraient la décision à la commission scolaire. À défaut de trouver une remplaçante, l'école resterait fermée jusqu'en septembre.

Après le barda, Bénoni Bolduc revêt son beau costume noir, coupé d'une rayure blanche. Étouffé par son col en papier glacé, il se rend à l'église avec Léda et les enfants. Sur le perron de l'église, l'animation est à son comble. Des paroissiens le saluent, d'autres baissent les yeux, fixent le bout de leurs pieds pour ne pas croiser son regard. «Ça va être serré!» pense Bénoni.

La messe commence. Presque tous les bancs de l'église sont occupés. Les gestes saccadés du curé trahissent sa nervosité. Après l'évangile, il monte dans la chaire.

— Aujourd'hui, vous devez prendre une décision d'une extrême importance pour la paroisse. Pensez-y bien. Demandez-vous si certaines personnes qui sollicitent votre appui sont aptes à vous diriger, si elles en sont dignes, si elles ne se sont pas trop éloignées des valeurs religieuses qui doivent vous guider en tout temps...

Assise à côté de sa mère qui l'a traînée à l'église, Maggie Miller se cale sur son banc, convaincue que le curé va l'admonester, comme il l'avait fait à Aldina. Bénoni fulmine.

— Depuis deux jours, des esprits diaboliques tentent de vous faire croire que sa grandeur le cardinal Bégin veut me sortir de la par...

Le curé s'interrompt. Dans un grincement agaçant, la grande porte de l'église s'ouvre et un homme dépenaillé entre, maugréant, gesticulant, chancelant en s'efforçant de trouver sa place. Complètement ivre, Euzèbe Poulin tient des propos incompréhensibles. Il fait quelques pas, vacille et s'écrase dans l'allée principale de la nef. Sa femme, qui l'avait sommé de rester à la maison, accourt vers lui, mais Euzèbe la repousse. Le curé est bouche bée. Les paroissiens n'osent pas intervenir. Euzèbe tente de se relever, mais ses jambes ne le supportent pas. Lomer Caron a baissé la tête, dépité. Bénoni Bolduc, le port altier, fait de grands efforts pour ne pas rire. Blanc de colère, le curé se ressaisit.

— Sortez-le de l'église immédiatement, ordonne-t-il aux marguilliers.

Deux marguilliers relèvent Euzèbe et le conduisent hors de l'église. Il se laisse traîner comme un pantin, les bras ballants. Rouge de honte, sa femme le rejoint sur le perron. Le curé observe la scène, dépité. Encore une fois, Bénoni a déjoué son plan. L'attention des paroissiens est monopolisée par l'incident, rien ne sert de poursuivre un sermon qu'ils n'écouteront plus.

— Je vous demande de prier le Seigneur pour qu'il vous pardonne.

Après la messe, des paroissiens s'approchent du maire, mais rapidement Lomer Caron fend la foule.

— Bénoni, tu vas payer pour ça. J'mettrais ma main au feu que c'est ton gros sacrement de Cléophas qui a saoulé Euzèbe!

Le sourire torve, Bénoni hausse les épaules comme s'il ne comprenait pas ce que Lomer lui dit.

— J'pensais qu'Euzèbe en avait fini avec la bagosse. C'est pas toé qui répètes ça au magasin depuis un mois?

Lomer pousse le maire qui recule d'un pas. Bénoni bouillonne, brûle d'envie d'en découdre avec son adversaire, mais il réussit à garder son sang-froid. Avant que l'affrontement dégénère, une voix les rappelle à l'ordre, celle du président de la commission scolaire, responsable de l'élection.

— J'demande à tous les propriétaires de biens-fonds de s'avancer pour voter. J'en ai cent quarante et un sus ma liste. Y en a vingt et un à la Cabarlonne. Y ont voté hier soir. J'ai les résultats dans cette enveloppe.

La voix de Magella couvre à peine le brouhaha. Cléophas s'approche de Bénoni, tenant sous les bras le vieux Apollinaire-à-la-Veilleux, quatre-vingt-huit ans, qui vient «voter du bon bord». Quant aux deux frères Poulin, Cléophas n'a pas réussi à les convaincre malgré la bagosse, le cent de farine et un beau marteau tout neuf. «Depuis le début du Dominion qu'ils votent libéral!» Quand deux vieux du rang Langevin arrivent en compagnie du frère de Lomer Caron, titubant comme des roseaux fouettés par le vent, Bénoni comprend que la partie est loin d'être gagnée. Des partisans de Lomer les entourent aussitôt pour les soustraire à toute mauvaise influence!

— À l'ordre! crie le président d'élection. À l'ordre, s'y vous plaît. Y a deux cent six propriétaires de biens-fonds qui ont feu et lieu à Saint-Benjamin. Tous ceux qui ont payé leus taxes ont droit de vote. Je l'répète, ça en fait cent quarante et un. Quand j'vais vous le d'mander, levez vos mains ben haut, pis gardez-les en l'air aussi longtemps que j'les aurai pas toutes comptées.

— Tous ceux qui sont en faveur de Bénoni Bolduc, l'vez la main et tenez-la levée.

En haut du presbytère, quelqu'un a tiré le rideau de la fenêtre. Sûrement le curé qui épie la scène à la dérobée. Une volée de mains s'élève. En pointant son index, Magella les compte avec application. Bénoni a baissé les yeux. Au bout d'un long moment, Magella reprend la parole.

— Toux ceux qui sont en faveur de Lomer Caron, l'vez la main et gardez-la levée.

Bénoni balaie ses adversaires du regard. Ils lui semblent plus nombreux. Au bout de trois minutes, Magella, après avoir refait ses additions, se tourne vers l'assemblée.

— J'déclare Lomer Caron élu maire de Saint-Benjamin par soixante-dix voix contre cinquante. J'ferai rapport au député et...

Pendant que les partisans de Lomer jubilent, la voix de Cléophas tonne.

— As-tu compté les protestants ?

Penaud, Magella sort l'enveloppe de sa poche. Un silence funèbre plane sur l'assemblée. Magella compte les votes avec diligence, recommence et, gêné, s'adresse aux paroissiens.

— J'déclare Bénoni Bolduc élu par soixante et onze voix contre soixante-dix.

Le silence est lentement rompu par des grognements incrédules, des protestations, de la colère. Tous les protestants ont voté pour Bénoni. Tous, sans exception.

Les partisans de Bénoni l'acclament, ceux de Lomer fulminent. Quelques hommes s'échangent des insultes. Lomer déguerpit, furieux. Bénoni demande à Cléophas de s'assurer qu'il n'y aura pas d'échauffourées. Il songe à prendre la parole, mais le climat est trop tendu. Une autre fois ! Il se tourne vers le presbytère, espérant faire un pied de nez au curé, mais peine perdue : aucune trace d'Antonio Quirion.

En soirée, Bénoni invite quelques partisans à la maison. Quand Léda disparaît, Bénoni attire Cléophas à l'écart.

— Prêt pour le charivari ?

— Ouais, mais j'ai peur que Lomer pis sa gang nous attendent au détour. Me semble que c'est un peu dangereux cette année.

Le maire lui donne raison. Les perdants d'une élection ont toujours droit à une poche de paille qui brûle, inoffensive, devant la maison. Même ce pauvre Rosario Pouliot, candidat malheureux à un poste de marguillier, a eu droit à sa poche de paille. Parfois, les charivaris dégénèrent. Après la dernière élection, Elphège Boulet avait tiré des coups de carabine sur les fêtards. Chez Théodule Turcotte, une demi-douzaine d'hommes avaient fracassé des fenêtres et ouvert les portes du poulailler, poussant dans l'obscurité une douzaine de poules et un coq affolés.

— Un seul charivari, dit le maire, mais un bon !

Cléophas le regarde, un grand point d'interrogation dans les yeux.

— Tu vas prendre Prosper avec toi, pis tu vas l'envoyer faire brûler une poche de paille devant le presbytère.

— Un charivari au curé ? T'es sûr de ton coup, Bénoni ? Me semble que ça se fait pas.

— Faut y montrer qu'on n'a pas peur de lui. Y a besoin d'une bonne leçon. Tu laisseras ton char à la maison, pis vous irez à pied, en passant derrière l'église.

Incapable de dire non au maire, Cléophas acquiesce d'un petit coup de tête. À la tombée de la nuit, il exécute son plan à la perfection. La poche de paille, bourrée de copeaux de bois, brûle pendant dix minutes devant le presbytère. Le curé tire le rideau et, constatant qu'il est victime d'un charivari, tourne sur ses talons en maudissant ce pays de barbares.

18

La vieille jument du curé peine dans le chemin de halage que le printemps a rendu boueux. Le curé est ballotté sur le robétaille de la Fabrique, voiture haute à quatre roues de fer et au siège capitonné que les plus nantis n'utilisent que le dimanche pour aller à la messe.

Antonio Quirion effectue sa dernière visite à l'école du rang-à-Philémon, non annoncée, dans l'espoir de surprendre Maggie, de la prendre en défaut et de mieux lui confirmer qu'elle ne sera pas de retour en septembre. En le voyant arriver par la fenêtre, une jeune fille s'écrie, un éclat de panique dans la voix, surexcitée comme si c'était un revenant :

— Madame Maggie, le curé, le curé !

— Restez tranquilles, dit Maggie. Y vous arrivera rien.

Le curé entre dans la classe en coup de vent, sans saluer ni même regarder l'institutrice. Ses souliers pleins de boue laissent de grosses traces brunes sur son passage. Tous les enfants se sont rencognés dans leur chaise, attentifs, effrayés.

— Sors de la classe, j'ai à parler aux enfants, lance-t-il à Maggie.

Insultée, la jeune femme ne bouge pas. Tous les yeux sont braqués sur elle, les enfants redoutant que le curé lui réserve le même traitement qu'en décembre. Antonio Quirion se retourne vers elle, le regard furieux.

— Sors tout de suite. Tu ne comprends pas quand on te parle ?

Maggie sent un frisson lui parcourir le dos. Peu importe les conséquences, elle va défier ce curé qu'elle méprise.

— C'est ma classe, j'ai le droit de rester, riposte Maggie d'une voix ferme qui rend le curé furieux.

— Dehors, immédiatement! tonne-t-il en s'avançant vers elle, menaçant.

Maggie recule d'un pas en fixant le curé droit dans les yeux. «Qu'il essaie de me toucher!» Antonio Quirion montre la porte du doigt. Maggie recule un peu, s'appuie contre le cadre de la porte, les bras croisés, défiant le curé de la pousser hors de la classe.

«Quelle insolente!» Le curé se tourne vers les élèves. La classe est bien rangée, les pupitres alignés, les statues de la Vierge et du Sacré-Cœur n'ont pas été déplacées. À première vue, il est incapable de prendre Maggie en défaut. Il examine quelques bulletins, impeccables, passe son doigt sur le bureau de Maggie qui le suit des yeux. Pas une trace de poussière. De jolis dessins d'enfants accrochés aux murs. À l'évidence, la tenue de l'école est irréprochable, les enfants y sont heureux. Mais Antonio Quirion a besoin d'une excuse.

— Levez la main si vous avez été battus par la maîtresse.

Aucune main ne se lève. Quelques enfants tournent les yeux vers une Maggie indignée. Le curé fusille la classe du regard, espérant intimider un ou deux enfants, mais sans succès. Après trois mois à la tête de l'école, Maggie a non seulement imposé son autorité, mais les enfants l'aiment et la respectent. Les parents lui font régulièrement des observations sur les progrès de leurs marmots, l'encouragent à continuer d'enseigner, à revenir en septembre.

— Est-ce que Marguerite Miller vous a parlé en anglais? interroge le curé.

Maggie secoue la tête de dépit. Une autre fois, pas une seule main ne s'élève. Le silence est total. Le curé rage. «Elle a réussi à les ensorceler!»

— Et vos prières, vous les faites encore? Récite-moi le *Je vous salue, Marie*, Éloi Grondin.

Le curé a choisi le pire élève de la classe. Aldina avait renoncé à l'intégrer au groupe, à lui faire apprendre ses prières, l'alphabet et les chiffres. Le curé ignore que Maggie l'a récupéré en lui confiant différentes tâches, le rendant responsable de protéger les plus petits et travaillant très fort avec lui pour qu'il apprenne à lire, à écrire et à compter convenablement. Pas du tout intimidé et trop heureux d'impressionner le curé, Éloi se lève et récite un *Je vous salue, Marie* et son *Sainte Marie, mère de Dieu* sans fautes. Désarmé, le curé piétine un peu, cherchant d'autres failles dans la cuirasse de Marguerite Miller.

— Si votre maîtresse se conduit mal, si elle vous enseigne des mauvaises choses, vous êtes obligés, vous m'entendez bien, obligés de le dire au curé. Sinon, vous irez en enfer !

La menace est énorme, ridicule. Un enfant sanglote, faisant de gros efforts pour passer inaperçu. Maggie en a assez entendu. Elle s'approche du curé, furieuse, toutes griffes sorties. Le prêtre recule d'un pas.

— Vous n'avez rien à me r'procher, absolument rien. Je travaille dix heures par jour pour être certaine que tous les enfants apprennent ce qu'ils doivent apprendre. Vous inventez des choses. Vous êtes méchant. Vous avez fait mourir Aldina, mais avec moé, vous ne réussirez pas, jamais, vous m'entendez, jamais ! Sortez de ma classe si vous n'êtes pas capable de vous conduire comme le curé Lamontagne.

Étonnée elle-même par sa tirade, Maggie reprend son souffle. Le visage cramoisi, le curé brûle d'envie de la gifler, de la congédier sur-le-champ. Il s'approche d'elle, mais quand les trois garçons les plus âgés de la classe se lèvent derrière leur pupitre, il hésite, puis bat en retraite. Jamais auparavant il n'a été défié, contesté de la sorte par une gamine de seize ans et devant un groupe d'enfants ! Le comportement de Marguerite Miller est inacceptable. Tous les parents du rang-à-Philémon sauront ce soir que

Marguerite Miller l'a apostrophé en pleine classe. Il sera la risée des parents. De quoi aura-t-il l'air ? La conduite de Marguerite Miller est indigne. Elle méprise le curé et la religion. Il aura sa tête, plus tôt que tard.

— Ça n'en restera pas là, Marguerite Miller, tu m'as compris. Je vais voir le président de la commission scolaire dès ce soir et tu ne reviendras plus dans cette école.

Il claque la porte de la classe et s'en va. Les élèves ont les yeux fixés sur Maggie qui essaie de se donner une contenance. Elle regrette de s'être emportée ainsi devant les enfants. Les conséquences seront terribles. L'encouragement des parents l'avait convaincue qu'elle pourrait continuer d'enseigner. Elle misait sur l'indifférence du curé à défaut de son approbation. Elle a tout gâché. Même s'il est allé beaucoup trop loin, Maggie sait qu'elle a aussi dépassé les bornes.

— Allons en récréation tout de suite. On va s'amuser un peu. Éloi, apporte le ballon.

Antonio Quirion passe sa rage sur le vieux cheval de la Fabrique. Médusé, il ne comprend pas que des paroissiens d'un petit village perdu dans les collines de Dorchester contestent ainsi son autorité. Le maire, le bedeau, le président de la commission scolaire et, maintenant, une gamine de seize ans. De grands pans de son pouvoir s'effritent. Rebuffades après rebuffades ! Il y a deux semaines, lors de l'enterrement de Zénophile Bolduc, il a de nouveau été humilié par le maire. Au cimetière, le curé a demandé à Alzyre Grondin de réciter un *Je crois en Dieu* et quelques *Ave* pour l'âme du défunt. Pour lui donner la visibilité qui permettra à Alzyre de remplacer le président de la commission scolaire, Magella Veilleux, trop facilement influencé par le maire. Mais le pauvre Alzyre, confus, a buté sur les premiers mots du *Je crois en Dieu*, incapable d'aller au-delà du « Père tout-puissant ». Amusé, Bénoni fit un clin d'œil à Magella qui, sans que le curé le sollicite, a débité un *Je crois en Dieu* spectaculaire, à l'amusement de la foule de parents et amis du défunt qui en ont oublié leur peine.

La semaine dernière, nouvel embarras, le curé a d'abord refusé de baptiser l'enfant de la fille de Trefflé Vachon, quand le bedeau a soutenu, mi-sérieux, que le père était protestant.

— Ben non, monsieur le curé, ma fille a jamais fréquenté les protestants.

Trefflé ne comprenait pas d'où venait cette information.

— J'pense ben qu'on a voulu vous faire étriver, monsieur le curé!

Le curé peste contre Stanislas. « Cet imbécile de bedeau! »

— Qui est le père de cet enfant-là?

Mal à l'aise, Trefflé finit par admettre que son neveu revendique la paternité de l'enfant, une belle grosse fille en santé.

— Est-ce que vous accepteriez qu'y s'marient? demande Trefflé timidement.

— Jamais, ils ont trop de sang pareil. Si ta femme veut pas l'élever, tu vas l'envoyer à la crèche. Mais je peux aussi fermer les yeux, à une seule condition.

Trefflé le regarde, curieux, un peu inquiet.

— Tu vas te présenter comme président de la commission scolaire.

Trefflé éclate de rire. Ce curé a un drôle de sens de l'humour! Malgré l'insistance du prêtre, Trefflé rejette la proposition.

— Mais j'ai pas assez d'instruction pour ça!

Trefflé n'ose pas lui dire qu'il ne sait ni lire ni écrire. Étant l'aîné d'une imposante famille, son père l'a gardé à la maison pour l'aider dans les travaux de tous les jours.

— Ça n'a pas d'importance, je te dirai quoi faire. Sinon, le bébé s'en va à la crèche.

Trefflé se résigne. A-t-il le choix? Président de la commission scolaire! Il sera la risée de la paroisse. Oui, pour l'instant, pour ne pas perdre l'enfant de sa fille, mais quand viendra le temps des élections à l'automne, il se défilera.

En rentrant chez elle, après la classe du vendredi, Maggie croise Walter Taylor au bout du rang-à-Philémon. Le sourire du jeune homme est engageant. Celui de Maggie, timide, embarrassé.

— Allo, Maggie !

Elle murmure un salut éteint et presse le pas. Walter la suit en silence jusqu'à l'embranchement de la route et de la longue montée qu'emprunte Maggie pour se rendre à la maison de ses parents. Encore ébranlée par la visite du curé, Maggie aurait bien besoin d'un confident, qui pourrait la rassurer, la dorloter un peu. Tendresse et affection, voilà ce qui ragaillardirait la jeune femme. Mais le moment est mal choisi. Pas question de donner des munitions additionnelles au curé en se faisant surprendre en compagnie d'un protestant.

Le lendemain, alors qu'elle sort de la maison, Maggie Miller aperçoit Antonio Quirion qui s'en approche. La veille, elle a tout raconté à son père qui s'est d'abord inquiété avant de s'insurger contre le traitement réservé à sa fille. «Absolument inacceptable !»

— Qu'est-ce qu'il veut encore ? se demande Jimmy Miller.

Maggie croit avoir la réponse : lui annoncer que sa courte carrière d'institutrice est terminée. Jimmy Miller tend la main au prêtre, qui la refuse. Marie-Anne vient de les rejoindre sur la galerie. Pressé, le regard sévère, Antonio Quirion va droit au but.

— Le comportement de ta fille, hier, a dépassé les bornes. On voit bien que vous ne l'avez pas élevée comme du monde. Une petite effrontée qui rit du curé. Et ton autre fille, tu vas la sortir de chez les protestants ? Ça fait plusieurs fois que j'en parle à ta femme. Vous n'écoutez donc jamais le curé ?

Marie-Anne Miller s'esquive. Maggie dévisage le curé sans jamais ciller. Contrarié, Jimmy Miller roule une cigarette, l'allume et souffle une grosse bouffée de fumée au visage du curé.

— On va l'engager où, Lina, si c'est pas chez les protestants, comme vous dites?

— Tu l'engageras où tu voudras, c'est pas mon problème, mais pas chez les protestants!

Jimmy Miller fait un pas vers Maggie et se retourne vers le curé.

— Et si on vous écoute pas?

Rouge de colère, le curé pointe un doigt menaçant vers Jimmy Miller.

— Je vais te faire excommunier.

Jimmy Miller éclate de rire. La menace d'excommunication est brandie chaque fois qu'un curé est à court d'arguments. La menace ultime! L'excommunication. Ceux qui la craignent ne connaissent pas le long processus qu'une telle mesure nécessite et les raisons sérieuses qui doivent la motiver. Dans la province de Québec, les excommunications se comptent sur les doigts d'une seule main.

— Tu devrais parler à ton évêque, Antonio Quirion. Tu saurais que l'excommunication, c'est pas décidé par un p'tit curé d'village. Pis si par miracle tu réussis, on deviendra protestants!

Antonio Quirion est blanc de colère. Il en a assez. Assez de ces paroissiens insoumis.

— À partir de maintenant, tu ne mets plus les pieds dans l'école, tu m'as bien compris?

— On n'est pas sourds, lui répond Jimmy Miller.

Le curé tourne les talons et repart aussi vite qu'il est arrivé, s'enfargeant sur le marchepied de son robétaille, sauve-qui-peut salué par un grand éclat de rire de Jimmy Miller. Maggie sourit, mais timidement.

— J'sus ben certaine que les portes de l'école seront barrées, lundi matin, pis qu'elle restera fermée jusqu'en septembre.

Elle n'en veut pas à son père, car elle sait qu'avec ou sans son esclandre, sa carrière d'institutrice a pris fin hier quand elle a osé affronter le curé devant les élèves.

19

À la messe, le lendemain, le curé est d'une humeur exécrable. Personne ne s'en étonne. Engoncée dans son banc, aux côtés de sa mère souffreteuse, Maggie redoute le sermon du prêtre qui en profitera sûrement pour confirmer son renvoi. Rien. Le sermon d'Antonio Quirion, pressé d'en finir, n'a pas son mordant habituel. En après-midi, Maggie a l'œil collé à la fenêtre, attendant la visite du président de la commission scolaire. Encore rien. Elle ne comprend pas. Elle trouvera sans doute une lettre de congédiement sur son bureau le lendemain matin. Pas de lettre et aucune allusion des parents qui accompagnent leurs enfants à l'école. La semaine s'écoule, sans histoires. Le curé a-t-il retraité? La commission scolaire lui a-t-elle tenu tête? Antonio Quirion est-il assez machiavélique pour laisser croire qu'il passera l'éponge pour mieux rebondir quand personne ne s'y attendra? Maggie ne demande pas d'explications. Elle rentre à la maison, mi-rassurée, ses yeux balayant distraitement Cumberland Mills qui déborde d'activité.

Les moulins à scie et à farine ronronnent, mus par la rivière Cumberland qui, en contrebas, a encore assez d'énergie pour aiguillonner le générateur électrique du manoir Harbottel et de ses dépendances. Avec son bureau de poste qui reçoit le courrier trois fois par semaine, le téléphone installé au manoir et la petite gare de la Quebec Central Railway, Cumberland Mills s'autosuffit.

Walter Taylor n'entend pas le bourdonnement des moulins. Il surveille la route. Vendredi! Maggie reviendra bientôt de l'école et passera la fin de semaine avec sa mère.

Quand il aperçoit la jeune fille, Walter se précipite à sa rencontre. Gênée, Maggie regarde autour d'elle pour s'assurer que personne ne les observe. Walter lui tend un petit sac.

— Cadeau!

Un cadeau? Maggie en est émue. Pourquoi? Elle entrouvre le sac et y trouve un tissu aux couleurs scintillantes qui l'avait attirée lors de sa visite au magasin.

— Merci.

— *You like it?* Tu aimes?

— Oui, oui, merci, répète Maggie en pressant le pas.

Walter l'accompagne jusqu'à l'entrée de la maison.

— *Goodbye, Maggie. Hope to see you again.* Toi, revenir à la chapelle *Sunday*?

Non, elle ne retournera pas à la mitaine. Trop compromettant. Mais elle ne répond pas à sa question, ne se retourne pas, pour éviter que Walter voie ce sourire accroché à ses lèvres. En rentrant dans la maison, elle trouve sa mère écrasée dans sa chaise, le souffle lourd.

— Ça va? lui demande-t-elle en déposant sur la table le cadeau de Walter.

Sa mère ne répond pas, se lève péniblement et se dirige vers le poêle. Maggie s'assoit à la table avec sa pile de devoirs à corriger.

— T'es allée à la mitaine des protestants avec ton père, dimanche? demande sa mère.

Maggie détourne la tête. Comment sa mère l'a-t-elle appris? Elle l'a sûrement deviné et elle veut vérifier son intuition...

— J'sus juste allée voir avec papa, dit Maggie pour tenter de minimiser la faute.

Elle n'a pas le goût de s'expliquer, de justifier son geste. Marie-Anne veut en savoir davantage quand Magella Veilleux, le président de la commission scolaire, cogne à la porte. L'air embarrassé, il boudine les rebords de son chapeau.

— Le curé m'a fait venir au presbytère hier soir. Y est ben fâché à cause de ce qui est arrivé à l'école vendredi pis avec ton père samedi passé. Tu pourras pus continuer à faire l'école.

Maggie craignait ce moment. Elle osait espérer que le curé fermerait les yeux sur ses frasques. C'était bien mal le connaître.

— Mais y reste seulement un mois, interjette Maggie.

— J'sais ben mais je peux rien pour toé. On a défié le curé la première fois pour te faire engager, mais deux fois, c'est trop. On y arrivera pas. On ridiculise pas un prêtre comme tu l'as fait. C'est impardonnable.

Magella n'a pas plus d'explications à donner. Il remet son chapeau et ferme la porte derrière lui. Maggie hoche la tête de dépit. Son beau rêve s'envole. Témoin impassible, sa mère reste plantée au milieu de la cuisine, comme indifférente à la nouvelle, à la peine de sa fille.

Magella Veilleux retourne au village, confronté encore une fois au même problème : trouver une institutrice pour l'école du rang-à-Philémon. En entrant au presbytère, il sait très bien qu'il n'aura d'autres choix que de faire avaliser la décision par le curé. D'entrée de jeu, Antonio Quirion n'est pas d'humeur à négocier. Pas question de chercher une remplaçante !

— Et qu'est-ce qu'on fait avec l'école ?

— Tu la fermes jusqu'à septembre. C'est une bande de cruches et un mois de plus ou de moins, ça ne changera pas grand-chose !

Magella n'est pas d'accord mais évite de le dire. À défaut de trouver une autre solution temporaire, il apposera un écriteau sur la porte de l'école : « École fermée jusqu'en septembre. »

Mais ni Magella ni le curé n'ont anticipé la réaction des parents. Furieux de ne pas avoir été consultés, vivement opposés à ce que leurs enfants perdent un mois d'école, ils organisent la résistance. Menés par Tancrède Rodrigue, les parents vont chercher Maggie, la reconduisent à l'école et promettent de lui verser les dix dollars que la commission scolaire lui doit pour le dernier mois. Surprise, Maggie suit les parents et reprend son enseignement, là où elle l'a laissé le vendredi précédent.

— Si le curé vient te faire des embêtements, envoie Louis-Gilles me chercher. On va s'en occuper, lui dit Tancrède.

La journée passe sans que Maggie soit importunée. La nouvelle ne s'est pas rendue au village. Ce n'est que le lendemain que curé et président de la commission scolaire l'apprennent.

Magella Veilleux choisit de ne rien faire, laissant au curé l'odieux de refermer l'école. Il n'a plus envie de se battre et songe très sérieusement à remettre sa démission. Il en parlera à Bénoni.

Posté à la fenêtre, Louis-Gilles Rodrigue garde un œil sur la route et sur ses cahiers quand soudain il aperçoit le prêtre.

— Le curé, le curé !

— Va vite chercher ton père, lui ordonne Maggie.

Quand le curé entre dans la classe, Maggie l'ignore et continue sa dictée. Un jeune élève se met à pleurer. Le curé hurle.

— Vous sortez tous de la classe immédiatement, vous m'entendez ? Immédiatement !

Maggie retourne lentement à son pupitre, met un cahier dans le tiroir :

— Venez, nous irons en récréation tout de suite.

— Y a pas de récréation, tonne le curé, vous rentrez chez vous et si j'en retrouve un dans la classe, il n'est pas mieux que mort !

Apeurés, les enfants s'agglutinent autour de Maggie qui s'est promis de rester calme, de ne pas s'emporter. En ouvrant la porte, elle tombe sur Tancrède et une demi-douzaine de parents, les bras croisés, formant une haie étanche devant l'école. Quand le curé en sort, à la suite de Maggie et des enfants, il se retrouve face à face avec le groupe de parents furieux.

— De quelle autorité pouvez-vous fermer notre école? lui lance Tancrède Rodrigue, courroucé.

Surpris, le curé recule d'un pas.

— Marguerite Miller est une vaurienne qui n'a pas les qualifications pour enseigner. Je ne vais pas la laisser corrompre vos enfants. Ouvrez-vous les yeux!

— On a les yeux grands ouverts, on a confiance en elle, monsieur le curé, pis nos enfants vont aller à l'école jusqu'à la Saint-Jean-Baptiste, comme tous les autres, que ça vous plaise ou pas.

Le curé s'approche de Tancrède, le doigt menaçant.

— Cette école est fermée et va rester fermée.

D'autres parents arrivent et resserrent les rangs derrière Tancrède, rouge de colère.

— On paie des taxes comme tout le monde, on a droit aux mêmes services que les fendants du village. Et si vous êtes pas content, r'tournez-y tout de suite. C'est-y assez clair?

Antonio Quirion est sidéré, furibond. Pourquoi cette obstination des parents à défendre une gamine? Encore une fois, son autorité est bafouée par une bande de campagnards illettrés. Prêtre de la ville, Antonio Quirion ne comprend pas l'importance de l'école de rang, de la maîtresse de cette école. Le rang est habité par une quinzaine de cultivateurs, qui n'ont que peu ou pas d'éducation. Ils comptent sur l'institutrice pour enseigner l'essentiel à leurs enfants, avec l'espoir que certains d'entre eux auront une vie meilleure. Plus encore, la maîtresse d'école inculquera à leurs rejetons ce qu'ils ne peuvent pas leur enseigner à la maison: les valeurs sociales et religieuses. L'avenir de leurs enfants dépend de cette école, de son institutrice. L'école de rang, c'est un lieu de rassemblement, leur église, à la limite.

— Vous ne perdez rien pour attendre. Cette école-là va fermer ou je ne m'appelle pas Antonio Quirion.

— L'école a jamais fermé depus qu'a l'est bâtie et a fermera pas plus maintenant, mettez-vous ben ça dans la caboche! dit Tancrède sur un ton sans appel.

Le curé se dirige vers son attelage, mais deux femmes sont assises sur le siège du robétaille, l'une d'elles tenant fermement les guides du cheval. Tancrède s'approche de lui et lui plante l'index dans l'épaule. La douleur fait grimacer le curé.

— Vous allez r'tourner au village à pied, pis vous r'viendrez chercher votre joual quand vous aurez décidé de garder l'école ouverte.

Le curé n'en croit pas ses oreilles. Céder au chantage, jamais! Mieux vaut franchir six milles dans un chemin de fortune! Il relève le bas de sa soutane et s'engage sur la route, hochant la tête de dépit, sous le regard amusé des parents et des enfants.

— Vite, la récréation est finie! lance Maggie à ses élèves.

20

Un gros soleil lie-de-vin se détache au bout du rang-à-Philémon. Maggie ne lève même pas les yeux quand Ansel Laweryson, le meilleur ami de Walter, la salue. Sa mère vient de mourir. Catin l'a trouvée devant la porte de l'étable et s'est empressé d'avertir Maggie. Le cœur, probablement. Comme Aldina. Avant de quitter l'école, elle s'arrête chez sa tante Mathilde pour lui annoncer la nouvelle. Les deux femmes filent vers la maison de Marie-Anne. Maggie court, de toutes ses forces, à s'en crever le cœur, pour chasser les remords qui l'accablent. Mathilde la suit de loin. Lina arrivera en même temps.

Catin-à-Quitou Boily, un homme engagé, vieux garçon pas très futé qui habite avec ses parents âgés, toujours prêt à rendre service, s'occupe du barda. Autour de la grange, les vaches, les moutons et la jument broutent l'herbe fraîche du printemps. À l'intérieur de la maison, la table de la cuisine est jonchée d'un morceau de pain ranci, de concoctions d'herbe et d'une douzaine de rouleaux de guenilles. Catin a déposé le corps de Marie-Anne Miller sur le lit. Un liquide gluant a coulé de son nez et a séché en giclée sur sa robe. Le tintement de la clochette annonce l'arrivée du curé qui porte le saint viatique à la morte. Maggie songe à s'esquiver et à laisser à Lina et à sa tante le soin de l'accueillir, mais elle se ravise. Le curé ne lui fait plus peur. Encore étonnant de le voir, après l'altercation de la semaine dernière !

— Arrête de faire sonner la clochette pour rien, elle est déjà morte, ordonne le curé au bedeau qui s'entête à faire tinter la clochette pour le seul plaisir de le contrarier.

Stanislas Veilleux en veut au curé qui l'a forcé à franchir à pied la distance entre l'église et l'école du rang-à-Philémon pour récupérer le cheval de la Fabrique. Sur le passage du curé, des gens se signent, d'autres s'agenouillent. Des enfants le suivent. Quand il arrive à la maison de la morte, ses yeux se posent sur la corde à linge. Interdit, le curé se tourne vers Stanislas.

— Veux-tu bien me dire pourquoi il y a un chapelet accroché à la corde à linge?

Étonné encore une fois de l'ignorance du curé, Stanislas lui explique que le chapelet accroché à la corde à linge est une forme d'exorcisme pour chasser la mort. Le curé hoche la tête de dépit, dépassé par les croyances de ses ouailles, entre dans la maison, récite quelques prières, administre l'extrême-onction à retardement à la morte, lui pardonne ses péchés et la bénit. Maggie le dévisage, soutient son regard. Il brûle d'envie de lui reprocher d'avoir laissé mourir sa mère. Pas maintenant, il le fera plus tard. Sans dire un mot de plus, il sort de la maison et ordonne à Stanislas de le ramener au village le plus rapidement possible. «C'est déjà trop d'attention pour une païenne comme elle!»

Après l'avoir dévêtue, Mathilde, Lina et Maggie lavent la dépouille de Marie-Anne. Son corps est froid. Ses seins pendent comme deux outres vides. La peau plissée, olivâtre, est violacée par endroits. Lina Miller est inconsolable. Stoïque, Maggie est embarrassée par les larmes de sa sœur. Lina a toujours été tellement sensible!

— Cinquante et un ans, c'est ben jeune pour mourir, fait remarquer Mathilde, la sœur de Marie-Anne Miller.

Marie-Anne et Mathilde ne se fréquentaient pas, sauf à l'occasion, sur le perron de l'église, Mathilde reprochant à sa sœur d'avoir déshonoré la famille en épousant un étranger. Elle tire d'une armoire une robe grise dont elle habille la morte. Après avoir dénoué les cheveux de sa sœur, elle les brosse et les laisse retomber de chaque côté de l'oreiller. Mathilde glisse le chapelet entre les doigts de

Marie-Anne et lui croise les mains au-dessus de la poitrine. Maggie demande à Catin, debout dans l'encadrement de la porte, de lui trouver des planches qu'elle pose en travers sur deux chaises. Elle recouvre le tréteau improvisé d'un drap blanc. Mathilde transforme une soucoupe en bougeoir et allume un cierge qu'elle place à la tête de la morte.

— Demain, j'apporterai des rondelles de carton. On y mettra sus les yeux s'y restent pas fermés.

Les trois femmes se recueillent un moment en silence. Maggie voudrait pleurer la mort de sa mère, comme sa sœur, mais n'y arrive pas. Pourquoi Lina a-t-elle autant de peine pour une mère qui ne l'a pas aimée comme elle aurait dû? Une mère qui s'est dépêchée de la retirer de l'école après sa sixième année pour l'engager chez les protestants. Maggie ne comprend pas.

— C'est drôle, dit Mathilde, morte comme ça, a l'est quasiment belle.

Les derniers moments de Marie-Anne Miller ont été pathétiques. Catin l'a entendue chanter à tue-tête, lancer des pierres aux chiens, insulter sa jument. Il l'a vue courir à toute vitesse vers la maison, hurlant : «Non, non, non!» Probablement pourchassée par les revenants!

— A l'est sûrement plus heureuse qu'a l'était ces derniers temps, laisse tomber Maggie, sans émotion.

— Faut dire que ta mère a jamais eu la tête ben solide, fait Mathilde, un brin de mépris dans la voix.

La conversation entre les trois femmes ne s'étire pas. Après avoir éliminé de nombreuses babioles, elles nettoient le plancher, tirent les rideaux poussiéreux et lavent les fenêtres au vinaigre.

— On va veiller au corps chacun notre tour, dit Mathilde.

Elles restent silencieuses autour du lit de la morte, absorbées par les mêmes pensées, soulagées qu'elle soit libérée de sa vie misérable, mais en même temps un malaise les habite. La mort, même souhaitée, ne rassure jamais tout à fait. Mathilde observe Maggie du coin de l'œil. Agenouillée devant la dépouille de sa mère, le regard vide, Maggie fait un signe de croix sans le compléter. Elle ne sait pas prier et n'en a pas envie. La poitrine opprimée, des images, des questions se bousculent dans sa tête. Qu'elle essaie de chasser. Sans succès. Pourquoi s'être liguée avec son père contre sa mère? N'aurait-elle pas dû la soutenir quand elle luttait contre un mari ivrogne, irresponsable et toujours parti?

Lina a sorti son chapelet. Catin s'est agenouillé derrière elle. Mathilde entraîne Maggie à l'écart.

— T'as le goût de parler? demande Mathilde qui devine l'ambivalence de sa nièce, partagée entre les remords et le soulagement.

— Y a rien à dire, laisse tomber sèchement Maggie.

Deux petits coups sont frappés à la porte. Catin et les trois femmes se retournent. Walter Taylor s'approche et tend à Maggie, embarrassée, un sac de provisions. Un beau geste. Des provisions pour les longues veillées du corps. Walter voudrait offrir ses condoléances, consoler Maggie, mais à la vue de Lina, Mathilde et Catin, il ne trouve pas les mots. Il se gratte le lobe de l'oreille, murmure un «*goodbye*» et repart.

— Tu l'connais? demande Mathilde à Maggie.

L'autre hausse les épaules. Vague connaissance qu'elle a croisée dans le rang-à-Philémon. Mathilde est sceptique. Lina vient à la rescousse de sa sœur.

— C'est le gars à Sam Taylor, celui qui a le magasin de la Cabarlonne. Papa y va souvent.

— Ton père! laisse tomber Mathilde d'une voix chargée de dégoût. J'espère qu'y s'sentira responsable, parce qu'y aura la mort de ta mère sus la conscience pour le restant de sa vie. Si, ben entendu, y a une conscience.

Le ton est mordant. Maggie en est agacée, mais ne défend pas son père. Pas plus que Lina. Pourquoi s'entêter à défendre l'indéfendable?

Deux jours plus tard, ils sont neuf autour de la fosse. Le vent flageole les grandes quenouilles qui allongent la tête au-dessus de la clôture. Un vent frais, débridé, qui cavale entre les épitaphes et fouette la haie de sapins, sorte de brise-vent à l'entrée du cimetière. Le bedeau et Catin-à-Quitou laissent glisser le cercueil de bois, fabriqué par Catin, au fond de la fosse. Le prêtre, bougon, récite les dernières prières. Rien de plus. Marie-Anne Miller quitte Saint-Benjamin dans la plus grande discrétion comme c'est le cas des morts «moins importants». Au village, l'indifférence la plus totale a salué le passage du cercueil dans une voiture à claire-voie, tirée par le cheval de Catin, le curé ayant refusé qu'on utilise le corbillard de la Fabrique. Pour le *Libera*, l'église était presque vide. Une poignée de personnes en incluant le bedeau et les servants de messe.

Aucune trace de Jimmy Miller que Maggie a tenté de joindre, sans succès. A-t-il au moins reçu le message qu'elle a laissé à sa logeuse?

— Ça va, s'impatiente le curé, on peut l'enterrer.

Il asperge le cercueil d'eau bénite, marmonne quelques prières, se signe et s'en va. Le bedeau et Catin couvrent la fosse et plantent une épitaphe en bois. Marie-Anne Miller, 1863-1915.

21

Sur la corde à linge, dans la brumasse du matin, deux hirondelles jacassent sans mesure. Becquée de plumes à la volée. Foisonnement de sons.

En cette dernière semaine d'école, Maggie a le cœur triste. Elle aime enseigner, elle aime les enfants qui le lui rendent bien. Demain, son père reviendra pour vendre la ferme. Maggie veut garder la maison. Les parents lui ont promis qu'elle reprendrait son travail en septembre, et même si le curé et la commission scolaire s'y opposent, elle continue d'y croire. Elle avait prévu passer l'été à Beauceville, mais sa cousine a trouvé quelqu'un d'autre pour veiller sur sa mère. L'idée de passer l'été seule dans la maison la réjouit, comme si la mort de sa mère rendait l'endroit plus accueillant. Bourrelée de remords par cette pensée, Maggie en a honte. Pourtant, elle n'arrive pas à éprouver d'autres sentiments que des regrets et de la culpabilité.

Et ce Walter qui lui tourne autour, l'agace, envahit ses pensées à toute heure du jour. Ce Walter qu'elle repousse comme le chat en quête d'attention, trop accaparant. Qui lui fait peur, qui lui ramène sans cesse les images d'Aldina, morte gelée; de Fred Taylor aux funérailles, une larme roulant sur sa joue. Non, elle ne peut pas s'amouracher d'un protestant.

La semaine dernière, elle a fait un détour pour ne pas croiser Walter en rentrant à la maison. Dissimulée derrière un gros érable, elle l'a observé longuement. Nerveux, les yeux fouillant sans cesse le bout du rang-à-Philémon, Walter piétinait, battait le sol, faisait voler des nuages de poussière pour calmer son impatience. Il s'est penché, a saisi un caillou et l'a lancé de toutes ses forces en direction d'une corneille. Puis, frustré, il a tourné les talons et est rentré chez lui. Un petit sourire amusé a roulé sur les lèvres de Maggie. Une bouffée de chaleur sur sa peau. Ce merveilleux sentiment d'être attendue, désirée, aimée. Car elle n'en doute pas, Walter est très amoureux d'elle. Il ne l'a pas dit, mais son empressement, ses petites attentions ne la trompent pas. Et ses yeux bleus, rieurs qui la détaillent sans arrêt. Qui souvent la rendent mal à l'aise. Et elle? Comme Aldina au début de ses rencontres avec Fred Taylor, elle ne veut pas s'interroger sur ses sentiments. Ils sont là, au creux de son cœur, doux, câlins, rassurants. Mais elle refuse de les faire siens, de trop les cajoler. Affleurements doux-amers dont elle craint les à-pics. La présence de Walter lui plaît, flatte son *ego*, mais elle ne peut pas aller plus loin. Trop de recoins d'ombre. Si elle a un cavalier, elle ne pourra pas enseigner, et si la commission scolaire ne retient pas ses services, elle quittera Saint-Benjamin. Dans tous les cas, Walter restera au quai.

— Bonjour, madame Maggie, chantent en chœur les trois premiers élèves.

Maggie leur sourit, s'informe de leur fin de semaine et les invite à regagner leur pupitre. Elle a prévu une dernière étape tout en douceur. Pas de travaux. Pas de catéchisme, de lettres, de chiffres, de conjugaisons. Juste le plaisir d'être ensemble.

Mercredi, Maggie les emmène cueillir des fraises et, au retour, ils en donnent un grand bol au vieil Exior et rapportent le reste à la maison. Le dernier jour, Maggie cueille des fleurs et en décore la classe. Sur chaque pupitre, elle dépose un morceau de sucre à la crème. Les enfants sont ravis et les plus petits la quittent les larmes aux yeux.

— À septembre, madame Maggie. Bon été!

Elle rentre dans sa classe, en fait le tour une dernière fois, replace les cahiers d'Aldina dans le bureau, met la barre à la porte comme le lui a demandé le président de la commission scolaire et quitte l'école en se glissant par la fenêtre du couloir qu'elle referme derrière elle.

Fin d'après-midi feutrée. Une bonne odeur de labour fraîchement hersé exhale du champ de Gordon Wilkins. Folles cabrioles d'un couple de sturnelles au-dessus de leur nid. Maggie marche lentement, absorbant chaque bouffée de ce début d'été, goulûment. Son père l'attend, assis sur la galerie, son éternelle cigarette à la bouche. Cette fois, Maggie ne se précipite pas à sa rencontre. Elle prend tout son temps comme pour retarder une discussion qui lui pèse. Un lien s'est brisé.

— Allo, Maggie. Contente que l'école soueille finie ?

La jeune femme a une moue hésitante. Au contraire, elle est déçue que l'école soit déjà finie. Une année scolaire étriquée : élève au début, institutrice à la fin. Elle s'assoit en face de son père. La conversation tourne à vide. Pas un mot au sujet de Marie-Anne. Le père et la fille éprouvent les mêmes regrets, la même culpabilité, le même soulagement. Responsabilité partagée.

— Tu vas aller au cimetière ?

Jimmy Miller baisse la tête. Y a-t-il seulement pensé ? Maggie en doute. Elle ne peut le lui reprocher, n'ayant elle-même pas du tout envie d'aller se recueillir sur la tombe de sa mère.

— J'ai demandé au commerçant de venir demain pour acheter les animaux. Mais la grange pis le fonds de terre, j'ai ben peur qu'on soit pas capables de les vendre.

Maggie l'interrompt.

— J'veux garder la maison, un bout de temps en tout cas. Si j'fais pas l'école en septembre, j'partirai pis on la vendra, mais en attendant, j'veux la garder.

Jimmy Miller n'aime pas l'idée de laisser une jeune femme de dix-sept ans seule dans la maison. Pas de problème cet été, Jimmy Miller le passera à Saint-Benjamin, mais à l'automne, quand il retournera à Québec, il voit mal comment sa fille pourrait habiter seule dans une grande maison, même si elle n'y vient que les fins de semaine.

— Si je suis capable de faire l'école, je suis aussi capable de m'occuper d'une maison, soutient Maggie, cinglante. À l'hiver, on la condamnera et je resterai à l'école si la commission scolaire m'engage.

— Ça risque de placoter, dit Jimmy. Tu pourrais demander à ta tante Mathilde de t'garder.

— Qu'y placotent! Ça m'est égal. En attendant, j'veux garder la maison.

Jimmy l'approuve d'un signe de tête. Maggie ne changera pas d'idée. Son autorité paternelle est réduite, sinon inexistante. Sa fille est devenue femme, façonnée par le dur cheminement des derniers mois. La mort d'Aldina et de sa mère, l'enseignement, Walter : les événements l'ont fait grandir, ont gommé les caprices de la jeune fille boudeuse d'hier. Par la force des choses, elle a atteint la maturité nécessaire pour franchir tous ces caps sans trop se blesser, au prix de quelques erreurs, certaines plus importantes. Aurait-elle dû faire des efforts pour se faire un allié du curé ? Le résultat aurait été le même. Dès le départ, Antonio Quirion l'a prise en grippe et tous les compromis de Maggie n'auraient pas suffi à l'amadouer.

— Oké pour la maison, se résigne Jimmy Miller.

La maison servira de pied-à-terre advenant un coup dur. La vente des animaux suffira à éponger les quelques dettes que Marie-Anne a contractées.

— Pourquoi tu retournes pas à Québec maintenant ? demande Maggie à son père.

— J'ai été malade. J'ai besoin de me r'poser. J'pense que je sus en train de virer consomption !

Maggie jette sur son père un regard inquiet. Elle le trouve pâle, sans entrain. Elle a d'abord cru qu'il était fatigué ou avait trop bu. La réalité est différente. Le diagnostic du médecin est sans équivoque : les poumons de Jimmy Miller sont brûlés par le tabac. S'il ne cesse pas de fumer immédiatement, il ne vivra pas très longtemps.

— Pis tu vas l'écouter pis arrêter de fumer comme une cheminée?

Jimmy sourit et approuve mollement de la tête.

Le lendemain, le commerçant et Jimmy Miller s'entendent rapidement sur le prix des deux cochons, des quatre vaches et des six moutons. Jimmy Miller ne veut rien entendre d'animaux qui l'accapareront sept jours par semaine. Pour l'instant, il garde les poules et la vieille jument, mais il les vendra à la fin de l'été. Maggie n'assiste pas à la scène. Elle fouille partout dans la maison, soulève des planches, vide les paillassons, déroule des pelotes de guenille à la recherche de l'argent de sa mère. Elle est convaincue qu'un petit trésor est caché quelque part. Rien. Quand le commerçant quitte les lieux avec son chargement, une fois son père endormi sur sa chaise, elle file vers la grange. Et c'est là, dans un sac enfoui dans l'avoine, qu'elle découvre 42 piastres. Une fortune! Doit-elle le dire à son père? Les partager avec Lina? Après tout, une bonne partie de cette somme provient du salaire de Lina. Elle lui en donnera la moitié, mais n'en dira rien à son père qui a trop souvent préféré «boire sa paie» plutôt que de la partager avec sa famille.

22

Maggie est inquiète, Walter lui a donné rendez-vous, tôt, dans le fourré, derrière la grange. Introuvable. Dans le barbouillis d'un petit matin laiteux, Maggie piétine, scrute l'horizon. «Pourquoi veut-il me voir si tôt?» L'été fleure bon le mil et le trèfle. Des lisérés de marguerites s'enroulent autour de la maison.

La veille, Walter lui a semblé distant. Le prétexte? Une grosse querelle avec son père. Un léger vent fait valser les cheveux de la jeune femme. L'été lui donne de jolies couleurs. Avec sa longue chevelure rousse, son teint hâlé, piqué de rousseurs, elle est devenue une très belle femme. Les hommes la reluquent, surtout Domina Grondin, ce timoré qui la faisait trébucher sur le chemin de l'école. Mais Maggie n'a d'yeux que pour Walter Taylor.

Depuis la fin de l'école, ils se sont revus souvent, toujours à la dérobée et toujours à l'initiative de Walter. Leur relation est le secret le plus étanche de Saint-Benjamin. Quand ils sont en présence d'autres personnes, Walter et Maggie agissent comme deux étrangers. Mais sous le couvert de la nuit, ils se rencontrent la plupart du temps près de la maison de Maggie, une fois que son père malade s'est endormi. Pour échapper à sa famille, pour la rejoindre, Walter fait preuve de beaucoup d'imagination, une imagination qui ne se dément pas depuis un certain dimanche de juin.

En cueillant des fraises, ce jour-là, Maggie s'était retrouvée face à face avec Walter qui avait feint l'étonnement. Pas dupe, elle savait qu'il la surveillait depuis au moins une heure, qu'il la suivait de loin et s'était assuré de croiser son chemin. Quand elle lui avait souri, l'autre avait rougi et s'était rapproché encore un peu.

— Y a de belles talles ici, avait dit Maggie.

Walter ne comprit pas le mot *talle*. Maggie fit un grand geste circulaire de la main, ses doigts rougis par les fraises. Le soleil allumait mille feux dans ses longs cheveux roux qui tombaient en cascades sur ses épaules bien découpées.

— *Yes, yes, many* fraises ici !

— Tu veux dire *strawberries* ?

Walter avait éclaté de rire. La conversation tournait à vide. Les cigales craquetaient. Un couple de pinsons des champs avait protesté vivement contre l'occupation de leur territoire par les cueilleurs de fraises. Quand le bocal de Walter fut plein, il cueillit une grosse poignée de fraises et les déversa dans celui de Maggie.

— *Thank you !*

Walter voulut l'aider à remplir son contenant. Il chercha ses mots, tenta d'engager la discussion, d'établir la relation. Mais Maggie était restée sur ses gardes. Séduite, elle n'a pas osé aller au-delà de l'attirance. Pourquoi plonger dans une relation sans lendemain ? Pourquoi compromettre son retour à l'école en septembre ? Si on les voyait ensemble, l'imagination trop fertile des témoins inventerait aussitôt une histoire d'amour défendu, établirait rapidement un parallèle entre leur relation et celle de Fred Taylor et d'Aldina Bolduc. Non, trop dangereux !

Quand son bocal fut plein, Maggie se tourna vers Walter.

— Merci et *goodbye* !

L'autre sourit et la suivit des yeux. Maggie prit tout son temps, marcha lentement sans se retourner. Consciente qu'il n'avait pas bougé. Qu'elle l'avait envoûté. Que Walter était amoureux d'elle. Qu'il souffrirait. Maggie aurait voulu qu'il en soit autrement, qu'il soit catholique et qu'elle puisse donner libre cours à ce merveilleux sentiment qui l'habitait mais qu'elle refusait de laisser éclore. Un sentiment aux contours mal définis, à claire-voie. Walter n'avait pas bougé, véritable statue, pierrot heureux, refoulant son désir, son envie de la rattraper, de la retenir, de la toucher. Maggie ne s'était pas retournée. Une fois qu'elle fut disparue derrière le fourré qui surplombe la maison, Walter s'était résigné à partir. «*See you soon, lovely Maggie Miller!*» Toutes les excuses seront bonnes pour quitter la maison et la retrouver : pêche, chasse, cueillette de fraises.

Parfois, à la tombée de la nuit, quand Jimmy Miller est endormi, Walter la rejoint derrière la maison. Rendez-vous anodins, occupés à s'effleurer, à se découvrir. De longs moments, assis l'un en face de l'autre, à se taquiner et à jouer au vocabulaire. «Tu m'apprends un mot d'anglais en échange d'un mot français.» Un soir, Walter a pris la main de Maggie. Sa grande main a enveloppé la sienne et ses doigts ont pianoté sur le bout des siens. Premier réflexe, se dégager rapidement, mais sans succès. Quand il l'a attirée à lui, Maggie a posé le plat de sa main sur son épaule et s'est éloignée. Nouvelle tentative le lendemain ; il emprisonna sa main dans la sienne, passa son bras autour de son épaule, frôla sa joue, puis sa bouche. Premiers baisers maladroits, premiers désirs refoulés. Avec les jours, Maggie s'est laissé apprivoiser. Tout son corps exultait quand Walter passait sa main dans son dos, quand sa bouche lui effleurait le cou. Baisers plus passionnés. Folle envie de se donner l'un à l'autre sans jamais aller jusqu'au bout.

Mi-août, la relation prend un nouveau tournant.

— J'pensais que tu viendrais pas, lui dit-elle en le voyant arriver.

Il est tendu, nerveux. Jamais elle n'a vu Walter dans un pareil état. Il a mal, il s'est blessé, il souffre, un malheur s'est abattu sur sa famille? Le visage crispé, son éternel sourire disparu, ses gestes sont précipités. Maggie le supplie de lui dire la vérité. Walter cherche ses mots, bafouille.

— *I'm going to the war.*

Maggie se retourne vivement, espérant avoir mal compris. Depuis que la Grande-Bretagne a déclaré la guerre à l'Allemagne, entraînant ses colonies dans son sillage, le Canada est en guerre. À Montréal, au début de la guerre, plus de deux mille personnes ont manifesté en chantant *La Marseillaise* et le *God Save the King*. Maggie n'est pas certaine d'avoir bien compris. *War ?* La guerre ? Quelle guerre ? Le regard de Walter est désespéré.

— Tu t'en vas faire la guerre ?

Walter n'a pas le choix. La veille, sans ménagements, Sam Taylor a informé son fils qu'il s'enrôlera avec Harold Wilkins dans l'armée du Dominion. Quand il sera guéri de sa blessure à un pied, Ansel Laweryson, le meilleur ami de Walter, les rejoindra. Le train emmènera Walter et Harold à Québec dans les jours suivants. De là, les deux futurs soldats visiteront l'édifice de l'immigration avant de se retrouver à la citadelle, puis à Valcartier. Une fois entraînés, Walter et Harold se rendront à Sussex, au Nouveau-Brunswick, où ils s'embarqueront pour l'Angleterre sur de grands paquebots avec des centaines d'autres soldats canadiens. Harold Wilkins est emballé par le projet. Amoureux fou de Maggie, Walter a baissé la tête et n'a pas osé défier son père. Il sait que son départ a été devancé pour le soustraire à l'emprise de Maggie Miller. Gordon Wilkins les a aperçus un soir dans les bras l'un de l'autre. Rapidement, il a tout raconté à Sam Taylor qui n'a pas immédiatement confronté son fils. Mais la guerre lui a fourni une occasion inespérée de l'éloigner d'une femme qui ne lui inspire pas confiance, qu'il n'aime pas. Parce qu'elle est catholique, parce qu'elle est issue d'une famille désarticulée et parce qu'elle a mauvaise réputation. Walter se demande comment Maggie réagira. L'attendra-t-elle jusqu'à son retour ? Pour le rassurer, sa mère lui a glissé à l'oreille que la guerre ne durerait que quelques semaines encore.

— C'est tes parents qui t'forcent à partir ?

Walter respire profondément et serre Maggie dans ses bras. La jeune fille sent la cadence accélérée de son cœur, les soubresauts de sa peine. Le souffle court, Walter refoule cette boule qui lui bloque la gorge. Maggie est bouleversée. Son cœur martèle dans sa poitrine, lui fait mal.

— Oui, fait Walter. Y se doutent sûrement de *something*.

Ses parents l'interrogeaient souvent sur ses nombreuses sorties nocturnes. Walter inventait des courses à faire, des escapades avec son ami Ansel Laweryson. Convaincu que ses parents ignoraient tout de la relation et, plus encore, qu'ils ne l'accepteraient pas, il avait évité d'en parler. Lui aussi revoyait dans sa tête les images d'un Fred Taylor brisé, perdu dans ses pensées pendant les cérémonies religieuses.

— J'veux pas que tu partes, sauvons-nous quelque part, propose Maggie.

La proposition surprend Walter. L'idée de se retrouver seul avec Maggie lui donne le vertige. Un bonheur invraisemblable mais inaccessible. Il l'enserre dans ses bras. La longue chevelure de Maggie lui coule dans le cou. Elle se retourne dans ses bras. Timidement, Walter lui caresse le ventre, ses mains effleurent ses seins et il l'embrasse longuement. Maggie se dégage.

— On pourrait aller à Québec. J'sus certaine qu'on trouverait du travail pis que ma cousine pourrait nous héberger.

Walter hésite. S'il se sauve, ses parents finiront par le retrouver et la punition sera terrible. Maggie devra faire preuve de patience, attendre qu'il revienne de la guerre et, là, il lui proposera une relation au grand jour, défiant parents, curé, pasteur et tous les autres.

— *My mother* a dit *only* quelques semaines.

Mince consolation, songe Maggie. Une absence de courte durée rendra son départ un peu moins douloureux. Elle se jette de nouveau dans ses bras et l'embrasse avec passion. Walter l'entraîne au sol, leurs corps s'entrelacent. Walter glisse ses mains le long des hanches de la jeune femme. Maggie se serre encore plus fort contre lui. Elle sent le sexe de Walter, dur comme la pierre, contre son corps. Quand la main de Walter s'insinue entre ses cuisses, elle murmure un faible non, résiste un peu et finalement s'abandonne. Elle l'a si souvent désiré. Walter est plein d'attentions, mais elle ressent quand même une légère douleur. Vite oubliée. Le souffle court, mouillés de sueur, ils roulent dans l'herbe, enchaînés dans un long baiser et une étreinte qu'ils souhaiteraient éternelle.

Tout se passe trop rapidement. Maggie ne voudrait plus jamais se détacher de Walter. Gêné, tournant le dos à Maggie, il relève son pantalon, ses bretelles, s'approche d'elle et l'embrasse avant de partir. Son pas est hésitant. Il se retourne, le visage défait.

— *I love you.*

Maggie lutte de toutes ses forces contre le torrent de larmes qui la submerge.

— J't'aime. Tu promets de m'écrire ?

— Promis !

Walter se sauve en courant pour cacher la grande détresse qui l'habite. Maggie rentre à la maison, survoltée, pas rassasiée. Elle en a encore des frissons. Elle voudrait retrouver Walter, se couler dans ses bras, l'aimer encore et encore. Toutes ses inquiétudes sont tombées. Elle n'a aucun regret. La signification du geste est importante. Elle a donné à Walter une preuve irréfutable de son amour. Dès son retour de la guerre, dans quelques semaines, elle deviendra sa femme.

Elle réveille son père endormi sur la galerie. Le désarroi de sa fille échappe à Jimmy Miller. Tout l'été, il a soupçonné qu'elle rencontrait quelqu'un, mais Maggie n'a jamais répondu à ses questions et son père n'a pas insisté. À quelques reprises, il est revenu à la charge, tentant de la convaincre que Domina Grondin serait un bon parti, mais chaque fois elle s'esquivait, refusant d'aborder cette question avec son père.

Ce soir-là, Maggie dort mal, d'un sommeil entrecoupé de scènes d'amour inachevées, de coups de fusil, de corps déchiquetés comme elle en a vus dans le livre d'histoire d'Aldina. Un sommeil malmené par le bavardage des grenouilles qui croassent toute la nuit, un concert qui s'éteint aux premières lueurs du matin, interrompu par le trille du merle et le tintamarre du coq de Philémon Lacroix. Quand elle entend le hurlement du train, ses yeux s'emplissent de larmes. Elle saute du lit, va à la fenêtre et esquisse un geste d'au revoir de la main. «Quelques semaines seulement», a dit la mère de Walter. Et si la guerre durait plus longtemps?

23

Fin août, la commission scolaire n'a pas trouvé d'institutrice pour l'école du rang-à-Philémon. Les parents piaffent d'impatience. Tancrède Rodrigue s'est assuré que Maggie était disponible. Dans une semaine, Jimmy Miller s'en retournera à Québec où il a retrouvé du travail et emmènera Lina, que les Wintle n'engageront plus. Même s'il ne veut pas laisser Maggie seule à Saint-Benjamin, la jeune femme n'est pas pressée de partir. Quand son père lui annonce que la maison est à vendre, elle proteste de toutes ses forces.

— J'veux pas partir maintenant. Pas avant d'être certaine que la commission scolaire ne m'engagera pas.

Bien plus que l'école, c'est à Walter qu'elle pense. «Je dois rester et être ici quand Walter reviendra.» L'intervention de Tancrède tombe à point, réjouit Maggie, mais elle évite de pavoiser.

— Si vous m'engagez, c'est pour toute l'année, exige Maggie. J'peux pas vivre dans la crainte perpétuelle qu'on m'remplace. Sinon, j'm'en vais à Québec avec mon père pis Lina.

Chantage, oui, mais Maggie préférerait attendre Walter en étant institutrice plutôt que de vivre seule dans une grande maison à ne rien faire. Surtout l'hiver !

— Non, non, dit Tancrède, laisse-moé régler ça avec la commission scolaire.

Tancrède et les autres parents sont frustrés par la lenteur de la commission scolaire. Tancrède a même décidé de se porter candidat à l'un des quatre postes de commissaire qui sera vacant à l'automne. Il en a assez de l'hégémonie du curé.

En apprenant que les parents veulent de nouveau confier l'école à Maggie Miller, le curé entre dans une colère foudroyante, une autre ! Il entreprend une démarche de la dernière chance auprès d'une institutrice retraitée du village voisin, sans succès. Elle ne veut même pas en discuter. Il intervient auprès du Département de l'instruction publique, mais on lui dit que le Département n'engage pas les institutrices. Faute d'une meilleure solution, la commission scolaire engage Maggie Miller même si le curé menace de fermer l'école, de faire destituer le président de la commission scolaire et d'excommunier tous les parents du rang-à-Philémon. Maggie exige et obtient une augmentation de salaire de cinq piastres par mois en plus de la garantie de garder son poste toute l'année. Le curé refuse de visiter l'école, le jour de la rentrée, et menace encore de demander au Département de l'instruction publique de faire annuler l'année scolaire et de forcer tous les enfants à doubler leur année.

Jimmy Miller et sa fille Lina quittent le village la veille de la rentrée scolaire. La maison n'est plus à vendre. Même s'ils se sont ligués contre elle, Jimmy et Lina n'ont pas fait le poids. Maggie en aura la responsabilité, mais comme elle entend passer ses fins de semaine avec sa tante Mathilde, elle a demandé à Catin-à-Quitou de veiller sur la maison. En retour, elle lui donne les poules et la vieille jument.

Fin septembre, aidées par un gel hâtif, les feuilles des érables et des peupliers tournent, se parant d'ocre, d'orange et d'or. Après le départ des enfants, Maggie rend visite à sa tante Mathilde. Elle est inquiète. Elle n'a pas eu ses «maladies de femme». L'idée d'être enceinte lui effleure l'esprit. «Si tu sautes un mois, lui a dit Lina, ça veut dire que t'es en famille.» Maggie a des malaises nouveaux, des étourdissements, des lourdeurs. Elle refuse de croire qu'elle est enceinte tant le premier contact avec Walter a été bref, douloureux et sûrement sans conséquence. Elle attribue à la tension, à l'ennui et au chagrin les bouleversements de son corps. Sa cousine Élodie a vécu la même expérience après le départ de son amoureux. «Grossesse imaginaire», lui avait dit une infirmière.

— Ça va pas fort? lui demande Mathilde en la voyant.

Maggie a les traits tirés et les gestes appesantis de fatigue. Sa pile de cahiers sous le bras, elle se laisse tomber comme une masse dans la chaise berçante de sa tante.

— C'est tes maladies de femme qui t'font ça? J't'ai dit de t'faire acheter de la poudre Rossignol. C'est bon pour tes dérangements. Ben des femmes ont leurs maladies comme un mal de tête, mais d'autres souffrent le martyr pendant un jour ou deux.

— J'ai pas eu mes maladies de femme depuis deux mois.

Mathilde relève vivement la tête et, devinant le pire, s'avance sur le bout de sa chaise.

— Tu t'es pas dérangée avec un homme, j'espère? À ton âge, ce serait ben épouvantable!

Maggie lève vers sa tante un regard agacé. Mathilde refoule son indignation, son envie de la réprimander, de la mettre à la porte de sa maison. Le péché de la jeune femme l'importune davantage que les conséquences de l'acte. «Se déranger avec un homme à dix-sept ans, est-ce Dieu possible?»

— À qui tu t'es donnée? demande Mathilde sans ménagement.

Maggie lui raconte son amour pour Walter Taylor, leur relation et le départ de Walter pour la guerre. Mathilde est scandalisée: «Avec un protestant en plus, tout l'portrait craché de son père!»

— Tu t'es pas donnée au protestant juste pour te l'attacher?

— Ma tante!

Maggie n'aime pas le ton méprisant de sa tante. Femme de principes, Mathilde Rodrigue est déchirée entre sa religion, son devoir, l'obligation de le dire au curé et le désir de protéger sa nièce, orpheline de sa mère, abandonnée par un père ingrat. Une moue d'impatience roule sur les lèvres de Maggie. Tout s'est passé tellement vite qu'elle n'a pas eu le temps de réfléchir à la portée de son geste.

— À mon idée, t'es partie en famille, lui dit Mathilde.

Maggie le sait aussi. Enceinte de l'enfant de Walter ! L'idée ne lui déplaît pas. «Tant mieux si le bébé le force à revenir plus tôt !» Elle ne veut même pas envisager de l'élever seule.

— Est-ce que Walter le sait ?

Maggie retient un juron. Elle a écrit deux fois à Walter à l'adresse de Québec qu'il lui a laissée avant de partir, sans réponse. Elle a vérifié au bureau de poste de Cumberland Mills et à celui du village. Rien. Elle soupçonne les parents de Walter d'intercepter ses lettres ou d'avoir donné ordre à l'armée de détruire les siennes. Sceptique, Mathilde hoche la tête. Et si Walter avait profité d'elle ? S'il ne l'aimait pas assez et ne voulait pas d'un enfant immédiatement ? Elle n'ose pas soumettre l'hypothèse à sa nièce.

— Tu sais que si t'as un bébé pas mariée, le curé va l'envoyer à la crèche. Evelyne Vachon a réussi à garder son bébé parce que ses parents ont accepté d'élever le petit bâtard, mais toé, t'as personne pour s'en occuper. Et moé, j'sus trop vieille pour élever un enfant. Pis à dix-sept ans, y a pas un curé dans la province de Québec qui va te laisser garder un bébé pas mariée.

Un éclair malicieux point dans les yeux de Maggie.

— Mon bébé sera pas un bâtard. Walter va rev'nir, pis on va l'élever ensemble.

Mathilde voudrait bien la croire. Au-delà du bébé et de Walter, il y a l'école. Cette fois, Maggie sera chassée et pour de bon. Les parents ne lui pardonneront pas sa faute. Dans un mois ou deux, la grossesse sera de plus en plus évidente. Ils n'accepteront pas qu'une femme non mariée, enceinte d'un protestant, enseigne à leurs enfants. La tolérance a ses limites. Ils lui en voudront d'avoir abusé de leur confiance. Sans compter les protestants, Sam Taylor en tête, qui devineront rapidement que Walter est le père de l'enfant. Raison de plus pour ne pas le laisser revenir à Cumberland Mills. En entendant les observations de sa tante, Maggie se renfrogne. Pour la première fois, elle entrevoit la pire hypothèse : et si Walter ne revenait pas ?

— J'irai voir un charlatan, pis y me débarrassera du bébé ! Élodie m'a dit qu'y en a un à Saint-Georges qui fait disparaître les bébés. Ça fait mal pendant deux ou trois jours, pis après, c'est fini.

Mathilde a un geste d'horreur. Un charlatan ? Jamais ! Tuer un enfant dans le ventre de sa mère ! De gros frissons lui hérissent le corps. Elle a entendu parler des charlatans, sait comment ils procèdent, mais de là à les consulter, il y a un pas qu'elle ne franchira jamais. L'audace de Maggie lui fait peur.

— Maggie, dis pas des choses comme ça. Tu peux pas tuer ton enfant. Es-tu en train de perdre la carte ? Tu l'regretterais pour le restant de ta vie. Y a pas un prêtre qui pardonnerait un péché mortel comme ça. Pis tu risquerais de rester infirme, hypothéquée par ce que le charlatan te ferait.

Mathilde ne réussit pas à ébranler Maggie. Malgré le pronostic alarmiste, son idée est faite. Sans Walter, elle ne veut pas de l'enfant.

— Pis tu sais comment ça se passe avec le charlatan ? Y va tuer le bébé avec une plume d'oie, une longue aiguille ou une grande broche à tricoter. Ensuite, y va te faire boire toutes sortes d'herbages pour faire sortir le bébé mort. Tu peux en mourir, toé aussi.

Cette fois, les propos de Mathilde ébranlent Maggie. Le charlatan n'est peut-être pas la bonne solution. Y en a-t-il d'autres?

— T'as entendu parler de la fille de Nézime-à-Baptiste? A l'est allée voir un charlatan de Québec. A l'est revenue dans sa tombe, pis le charlatan est en prison.

Sa tante n'est pas à bout de ressources et d'exemples, tous plus terrifiants les uns que les autres.

— Pense à Vitaline Breton. Pour tuer le bébé que son père lui a fait, sa mère lui a fait boire de la suie noire, bouillie dans l'eau. A l'en est morte, pis sa mère a viré folle.

Maggie ne l'écoute plus. Elle a déjà entendu ces histoires, véridiques, mais nettement exagérées. Obstinée, entêtée, Mathilde la sait capable de tout. Sa mère morte, son père parti, elle se sent responsable de sa nièce. Elle qui n'a jamais eu d'enfants. «Dieu l'a voulu ainsi.» Voilà l'occasion de jouer les mères, l'ange protecteur d'un enfant qui devient le sien. Car, à l'évidence, Maggie cherche à lui faire avaliser la décision qu'elle prendra. Mathilde sera son guide sur la route sinueuse qu'elle empruntera dans les prochaines semaines.

— Maggie, promets-moé que t'iras pas voir le charlatan de Saint-Georges!

L'institutrice ignore la supplication de sa tante. Elle ne promet rien, ne rejette rien. Seule certitude: elle ne portera pas l'enfant de Walter si elle n'a aucune nouvelle de lui.

— J'vais écrire une autre lettre à Walter, mais s'y me répond pas, j'vais prendre une décision. Comme j'sus certaine que quelqu'un bloque nos lettres, est-ce que j'peux lui demander de l'envoyer à ton adresse? Y aura plus de chances qu'a l'arrive.

— Oui, oui, fait Mathilde. Mais promets-moé de pas faire des folies. Gaudias pis moé, on va t'aider, mais de grâce, complique-nous pas la vie encore plus.

Maggie ne répond pas. Elle pose sa main sur celle de sa tante, petite démonstration furtive d'affection, et s'en va. Mathilde cherche à la retenir, voudrait une garantie, la promesse que Maggie ne fera aucun geste précipité. Elle a encore un argument, même s'il n'est pas très convaincant.

— J'ai des toilettes que j'porte pus, deux belles robes de taffetas trop petites pour moé. J'te les donnerai quand ton ventre commencera à grossir.

Maggie est déjà partie. Elle n'a que faire des robes de taffetas de sa tante.

24

Les relations entre catholiques et protestants restent tendues. La mort d'Aldina les a braqués les uns contre les autres, a élevé une barrière de méfiance entre les deux groupes. L'éclatement de la guerre fait ressortir d'autres différences. Les protestants sont pressés de s'enrôler, les catholiques résistent. À Saint-Benjamin, aucun d'entre eux ne songe à s'engager dans l'armée de son plein gré.

Bénoni Bolduc et Gordon Wilkins évitent le sujet. Une montagne les sépare. Bénoni n'a pas envie de défendre la vieille Angleterre de son ami Gordon qui ne manque pas de lui rappeler l'effondrement de sa chère France.

— Pis la Miller? A va faire l'école pour toute l'année? demande Gordon Wilkins au maire.

Bénoni est surpris par la question. Depuis quand Gordon s'intéresse-t-il aux écoles des catholiques?

— Pourquoi tu demandes ça?

L'autre hausse les épaules, l'air faussement indifférent. Depuis qu'il a surpris Maggie dans les bras de Walter Taylor et s'est dépêché de prévenir Sam Taylor, les deux hommes ont convenu que la jeune femme n'a aucune morale, qu'elle se donnera au premier venu et qu'il fallait éloigner Walter de Cumberland Mills. Depuis le départ de son fils, Sam Taylor soupçonne Ansel Laweryson de vouloir s'acoquiner avec Maggie.

— *She does not have a great reputation!*

Bénoni est de plus en plus étonné. La commission scolaire n'avait pas le choix. Aucune institutrice n'était disponible.

— Pis les parents du rang l'aiment beaucoup. Y paraît qu'a l'est très bonne, aussi bonne que ma sœur.

— *I'm a bit surprised!*

Le maire perd patience. Que Gordon lui dise clairement où il veut en venir, sinon, bas les pattes!

— Comme tu dis des fois : *it's not of your damned business!*

Le ton de Bénoni est cinglant. Gordon Wilkins bat en retraite, retourne à ses travaux. Une dizaine d'hommes sont affectés à la construction du manoir Wilkins qui remplacera le vieux manoir Harbottel, décrépit et tombant en ruine. La veille, le train a apporté tout un chargement de briques beiges. Bénoni s'émerveille de la rapidité avec laquelle se déroulent les travaux.

— Y sera aussi gros que l'autre ? demande-t-il à Gordon Wilkins.

— *You bet*, lui répond Sam Taylor avant que Gordon n'ait le temps d'ouvrir la bouche.

Le vieux manoir Harbottel, érigé au milieu du siècle dernier, était une véritable résidence seigneuriale, un gros édifice en pierres des champs, enserré par deux longues haies de cèdres, la fierté des protestants de Cumberland Mills qui s'y retrouvaient chaque fois qu'il s'agissait de faire la fête. Deux gros foyers de cheminée réchauffaient de vastes salles, richement décorées avec «des meubles des vieux pays», avait dit Fred Taylor.

— Pas aussi gros, corrige Gordon Wilkins d'un air contrarié.

Bénoni l'interroge du regard. Qu'est-ce qui empêche les Wilkins de vivre dans un château aussi gros que celui de leurs ancêtres, les Harbottle ? Gordon Wilkins est pessimiste. L'exode des siens le désespère.

— Dans vingt ans, tous les Anglais seront partis.

Malgré toutes ses ressources, Cumberland Mills n'en finit plus de péricliter. Des cent cinquante familles que comptait le fief en 1860, il n'en reste plus qu'une trentaine. À ce rythme, Cumberland Mills disparaîtra avec la prochaine génération.

— *Lord Dorchester was right*, marmonne Gordon.

Bénoni demande des explications. Lord Dorchester, qui a donné son nom au comté, a prédit que les Anglais quitteraient les campagnes pour aller habiter les villes et que seuls les Canadiens vivraient heureux dans ce pays de misère.

— Y a plusieurs Canadiens français qui sont partis aux États-Unis, lui fait remarquer Bénoni.

Mince consolation, car dans les campagnes du Québec les protestants sont en déclin, les catholiques, en plein essor.

Le maire prend congé de son hôte. Le vent se lève. Griffures d'hirondelles annonciatrices de tempête.

En voyant Maggie déambuler sur la route, Sam Taylor a une étincelle de colère dans les yeux. N'eût été de Gordon Wilkins, Sam n'aurait probablement pas réalisé que son fils et Maggie se fréquentaient. Sur un coup de tête, Sam Taylor a expédié son fils à la guerre. Aujourd'hui, il le regrette. Sa femme étant gravement malade, il en aurait bien besoin au magasin. Aurait-il pu briser autrement la relation entre les deux amoureux?

— Si elle est comme son père, elle n'est sûrement pas très attachée à sa religion, dit Gordon en anglais. Si c'est ça qui t'inquiète, je suis pas mal certain qu'elle se convertirait pour épouser ton fils. Mais est-ce que tu la voudrais dans ta famille? Son père est un ivrogne et sa mère avait perdu la tête.

Sam hoche la tête. Qu'elle accepte de se convertir ne changerait rien. Il ne veut pas d'une bru comme Maggie Miller.

«*Never!*»

— Depuis que Walter est parti, je l'ai vue avec Ansel Laweryson. J'imagine qu'il va remplacer Walter! On devrait peut-être avertir son père?

Gordon Wilkins hausse les épaules. À quoi bon ? Ansel Laweryson est une tête dure qui n'écoute pas ses parents.

— T'es certain que Walter et Maggie ne s'écrivent pas ? J'l'ai vue au bureau de poste, l'autre jour.

Sam en est certain. Les trois lettres de Maggie et les deux de Walter ont été déchirées en miettes à Québec et à Valcartier. Le cousin de Sam, sergent dans l'armée, les a fait disparaître sans même les lire. C'est à lui que Sam a demandé d'écrire la seule lettre que recevra Maggie à l'adresse de sa tante.

— Pis sers-toi d'Ansel pour lui faire comprendre que ça sert à rien de l'attendre, que Walter ne l'aime pas et ne reparaîtra pas. A va vite trouver un autre cavalier et t'auras la paix quand Walter reviendra de la guerre.

Sam Taylor a un grand sourire. L'idée de Gordon est géniale. Il se servira d'Ansel Laweryson pour envoyer un faux message à Maggie. Et comme Ansel est incapable de garder un secret, il se dépêchera de tout lui répéter ! « Ça suffira à la décourager ! »

En soirée, Sam Taylor va rencontrer Ansel, sous prétexte de lui offrir du travail.

— J'ai eu des nouvelles de Walter. Il a ben hâte de partir vers les vieux pays. Il devrait prendre le bateau bientôt. C'est ben beau l'entraînement au Nouveau-Brunswick, mais c'est l'Angleterre qui l'intéresse. Je suis pas mal certain qu'il ne reviendra pas.

Ansel cache mal sa surprise. « Pourtant, Walter est allé à la guerre à reculons, contre son gré. »

— Ça me surprend ben gros, dit-il à Sam Taylor.

— Moi pis ma femme, on est aussi surpris que toi, mais c'est son choix.

Après la guerre, raconte Sam, Walter restera en Angleterre pour étudier. Une fois ses études terminées, il sera avocat ou médecin, épousera une fille de la haute société et exercera sa profession à Londres ou à Boston, s'il choisit de revenir en Amérique.

Ansel ne cache plus son étonnement.

— Y a changé et pas pour rire, le Walter !

Le lendemain, Ansel se promet de rendre visite à Maggie, histoire de lui annoncer la mauvaise nouvelle.

À la tombée du jour, un violent orage fond sur le canton. Une pluie froide rabat les grandes quenouilles le long du rang-à-Philémon. Surpris par la tempête, Ansel Laweryson court vers l'école de Maggie, cogne furieusement à la porte, pressé d'échapper à la pluie. Hésitante, s'assurant d'un rapide coup d'œil qu'il n'y a pas de regard indiscret, Maggie l'invite à entrer et se dépêche de fermer la porte. « Il a sûrement des nouvelles de Walter. »

Amis d'enfance, inséparables, l'un n'avait pas de secrets pour l'autre. Ansel a sûrement toutes les réponses aux questions qui tourmentent Maggie.

— *What a storm !* dit-il en s'asséchant les mains sur l'intérieur de sa veste.

Maggie l'invite à s'asseoir en face d'elle. Elle ferme le rideau, allume une lampe. Ansel tire une cigarette de son paquet. Après l'entretien, elle le fera sortir par la porte arrière ou par la fenêtre du couloir qui donne sur la forêt.

— T'as des nouvelles de Walter ? demande Maggie d'un ton qui se veut plus curieux qu'intéressé, mais pressé d'en arriver à l'essentiel.

Une pointe d'inquiétude dans les yeux, Ansel, tel que l'avait prévu Sam Taylor, annonce la nouvelle à Maggie. Une nouvelle fabriquée de toutes pièces, mais qu'Ansel a gobée sans poser de questions, n'ayant aucune raison de douter de la bonne foi de Sam Taylor.

Ansel répète ce que Sam Taylor lui a dit. Walter quittera bientôt le Nouveau-Brunswick pour se rendre en Angleterre. Il compte rester dans la mère patrie pour étudier. Après, il sera avocat ou médecin, il épousera une fille de la haute société et travaillera à Londres ou à Boston, s'il choisit de revenir en Amérique.

La nouvelle assomme Maggie. Véritable coup de Jarnac. Son cœur comme un fruit talé. Flageolant. Une grosse boule de travers dans la gorge. Elle étouffe, cherche à refouler ses larmes. « Il ne peut pas me faire ça, il n'a sûrement pas reçu mes lettres. » Désemparée, Maggie cherche ses mots. « Une fille de la haute société ! Quelle arrogance ! Quel mépris ! » Elle n'arrive pas à y croire, ne veut pas y croire. Ansel devine aussitôt sa peine. Il voudrait amenuiser son propos, la rassurer.

— Il t'a écrit ? demande-t-il à Maggie.

Dépitée, elle fait signe que non. Ses yeux papillotent, comme une chandelle à la fenêtre.

— Pourquoi y m'a jamais parlé de cela ? Pourquoi y m'a dit qu'y était en amour avec moé, si c'était pas vrai ? Pourquoi y m'a promis, les larmes aux yeux, qu'y reviendrait ? Quel hypocrite !

Les mensonges de Walter cinglent Maggie comme une giclée de vomissures. Ansel s'efforce de trouver des réponses aux questions de Maggie, des questions qui le poussent à s'en poser d'autres. Pourquoi, en effet, Walter agirait-il de la sorte ? Ça ne lui ressemble tellement pas. Naïvement, il a écouté la version de Sam Taylor sans se demander si elle était crédible. À son tour, il s'étonne de ne pas avoir reçu de lettres de Walter. Pourquoi Walter ne l'aurait-il pas informé d'un tel changement ? Pourquoi n'a-t-il jamais parlé auparavant de Londres ou Boston ? Même si Walter était avare de détails sur sa relation avec Maggie, Ansel le savait très amoureux. Avant de rencontrer Maggie, Walter passait des heures et des heures avec Ansel. Après, il avait toujours une bonne raison de se défiler. Ansel ne le reconnaissait plus. Il en était un peu jaloux. Lui aussi aurait bien aimé se retrouver au bras de la belle Maggie Miller. Walter, un menteur ? Un hypocrite ? Ansel ne le croit pas.

— Y a peut-être pas eu le temps d'écrire, dit Ansel pour défendre Walter. Les parents d'Harold ont pas encore reçu de lettre.

— J'lui ai écrit trois fois et y a même pas répondu. J'sus certaine que ses parents veulent pas qu'y sorte avec moé et qu'y l'ont éloigné pour mettre fin à notre relation.

Ansel se lève, les mains dans les poches, tourne en rond et se rassoit, réalisant que plusieurs données du casse-tête lui échappent. Comme Walter ne parlait presque pas de sa relation avec Maggie, il ne peut que spéculer. Les parents de Walter s'y opposaient-ils ? Avec le recul, Ansel n'en serait pas étonné. Maggie songe à lui dire qu'elle est enceinte de Walter, mais ne le fait pas. Si elle arrive à se défaire du bébé, il vaut mieux que personne ne soit au courant, sauf Mathilde et son mari. La nouvelle aurait pour effet de braquer Sam Taylor encore davantage.

— Toé, son meilleur ami, dit Maggie, t'as rien reçu ?

— Non, tout ce que je sais, je l'ai appris de son père. Walter m'a pas écrit.

À l'évidence, seuls les parents de Walter ont reçu des nouvelles. S'il a eu le temps d'écrire à ses parents, de leur faire part de ses projets d'après-guerre, il aurait sûrement eu le temps d'écrire quelques mots à Maggie. Elle se sent bernée, trompée. Elle a besoin de changer d'air. Donner un répit au fatras qui l'habite. Se lover dans sa peine.

Un hibou hulule, la nuit tombe. Elle pousse Ansel par la fenêtre. Il ne peut plus rien pour elle.

25

Un vent léger éparpille les premières feuilles tombées. Le souffle de l'automne, haletant, froid. Maggie a mal dormi. Debout en pleine nuit pour aller aux bécosses. Nouveaux malaises qui confirment sa grossesse. Et pas de lettre de Walter. Elle retourne voir sa tante. Endimanchée, radieuse dans sa robe de calicot, Mathilde l'accueille avec une pointe d'inquiétude dans les yeux. Maggie a mauvaise mine, les cheveux ébouriffés, flétrie comme la marguerite tombée sous la faucheuse du cultivateur.

— Y a écrit ? demande Maggie, en ouvrant la porte.

— Oui.

Mathilde lui remet aussitôt la lettre. Les mains tremblantes, le souffle court, Maggie vérifie l'adresse, regarde sans le voir le timbre à l'effigie du roi George V d'Angleterre, ouvre l'enveloppe et n'y trouve qu'une mince feuille de papier pas plus grande qu'une image de la Vierge. Rapidement, son visage se décompose. Les yeux mouillés, elle tend la lettre à Mathilde. Quelques lignes seulement, écrites au plomb en lettres carrées, impersonnelles, confirment le pire. Walter s'en va en Europe et y restera après la guerre pour étudier. Rien sur le bébé, pas un mot d'affection ou de tendresse, seules quelques lignes froides qui font trembler Mathilde. Est-il vraiment amoureux de Maggie ? A-t-il été forcé d'agir ainsi par ses parents ? Cette lettre lui a-t-elle été dictée ? Maggie reprend la lettre, la relit, la tourne entre ses doigts à la recherche de mots qui lui auraient échappé. Exaspérée, elle la déchire en miettes. Mathilde veut lui prendre la main, mais Maggie la retire aussitôt.

— Qu'est-ce que tu vas faire ? demande Mathilde déjà effrayée par la réponse.

Maggie est renfrognée, la colère fait place à la douleur. Ansel voyait clair. Plus aucune raison d'espérer. Elle veut se venger. Mais de qui ? De Walter ? Elle n'arrive pas à se convaincre que le Walter si amoureux est devenu indifférent, cruel. Se venger de ses parents ? Mais quelle vengeance ? Ils se moqueront d'elle. Mathilde cherche à retarder l'échéance.

— Donnes-y un peu de temps pour réfléchir. Y changera probablement d'idée.

Taraudée par sa peine, Maggie reste impassible. Non, Walter ne changera pas d'idée. Il ne reviendra pas. Mathilde en est convaincue aussi. Et même s'il revenait, elle doute que la relation survivrait bien longtemps. Depuis la mort d'Aldina, protestants et catholiques se méfient des relations mixtes, sans parler des mariages mixtes.

— Tu r'connais son écriture ?

La jeune femme n'a pas de réponse, elle n'a jamais vu l'écriture de Walter. Comment savoir si la lettre est authentique ? Quand Mathilde lui suggère de promettre une neuvaine à la Vierge pour que les choses s'arrangent, Maggie perd patience. Elle bondit de sa chaise et fonce à la fenêtre comme un fauve.

— J'vais aller voir le charlatan à Saint-Georges.

Vivement, Mathilde secoue la tête. La seule évocation du charlatan fait jaillir en elle des images terrifiantes. Jamais elle ne se fera complice d'un acte criminel. Elle soutiendra sa nièce, l'aidera dans sa grossesse, à l'accouchement, mais elle ne la suivra pas dans une voie contraire à sa religion. Bouleversée, Maggie tourne en rond comme le renard en cage. Elle ne veut pas de cet enfant qui lui rappellera sans cesse un Walter absent, parti à tout jamais. Lui donner naissance et l'expédier à la crèche ? La solution lui répugne.

— Si t'as raison, ajoute Mathilde, pis que Walter a été forcé de t'écrire une fausse lettre, ça veut dire qu'y r'viendra après la guerre. Comment tu penses qu'y va réagir quand y apprendra que t'as tué son enfant?

L'argument de Mathilde ébranle Maggie. Walter lui pardonnera-t-il d'avoir tué leur enfant?

— Y reviendra pas. Ses parents le laisseront jamais r'venir aussi longtemps qu'y aura pas marié une autre femme. Dans vingt ans, m'a déjà dit Walter, tous les protestants seront partis de Cumberland Mills. Alors, pourquoi y reviendrait? Juste pour moé?

— Tu pourrais l'donner à l'orphelinat de Saint-Joseph ou à une crèche de Québec. Les sœurs vont t'accepter. C'est la place pour les filles comme toé.

«Les filles comme toé!» Le propos de sa tante est blessant, mais Maggie ne lui en veut pas. L'orphelinat de Beauceville ne l'attire pas, ni la Miséricorde, refuge des jeunes filles dévoyées qui ont déshonoré leurs familles respectables.

— Pour aller dans une crèche, y faudrait que l'curé fasse une demande en mon nom. Jamais! T'imagines! Le curé qui m'haït autant que si j'étais Lucifer en personne! Pis si j'va à la crèche, y vont m'faire la morale. Jamais! J'pourrais jamais vivre avec l'idée que mon enfant est vivant pis que c'est pas moé qui s'en occupe.

Mathilde s'approche d'elle, la prend dans ses bras, gomme les images du charlatan. Maggie ne peut plus endiguer le torrent de larmes qui l'envahit.

— Pleure comme y faut, ça t'fera du bien.

Après les larmes, le silence. Immobile dans sa chaise, Maggie fixe le vide. Mathilde ne tente pas de relancer la conversation. Elle rejoint son mari à la table, occupé à découper des ustensiles en bois dans une bûche d'érable. Finalement, Maggie se lève, récupère manteau et chapeau et retourne à l'école.

— Maggie, tu m'promets de rien faire sans m'en parler ? Y a toujours une solution, même aux plus gros problèmes. M'a va t'aider, tu l'sais, mais ne m'mets pas dans une situation impossible.

L'institutrice la regarde, les yeux vides, sans expression. Elle embrasse Mathilde et referme la porte derrière elle. La nuit est tombée. Un petit vent frileux couine dans le fourré. Une lumière sautille encore à la fenêtre du vieil Exior. Maggie s'y arrête, le temps de vérifier que tout va bien. Le vieil homme, heureux de la voir, réalise qu'elle a pleuré.

— M'a va dire une dizaine de chapelets pour toé avant de m'endormir.

Maggie sourit. Elle ne croit plus à la prière, mais l'attention d'Exior la touche.

— Ça va pas, hein ?

— Non.

Exior n'insiste pas. Maggie prend congé du vieil homme. La lune se faufile lentement par les créneaux de la nuit.

26

En se retirant, la nuit découpe des ombres autour de la maison. Mathilde Rodrigue vient tout juste de s'endormir que déjà le coq sonne le réveil. Gaudias, son mari, se lève, allume le poêle pour le déjeuner et va soigner les poules. Une traînée rougeâtre colore l'horizon. « Une belle journée ! » pense Gaudias. À son retour, Mathilde est assise dans la chaise berçante, encore ébranlée par la nuit qu'elle vient de traverser.

— Où est-ce qu'est Maggie ? demande-t-il en rentrant dans la maison.

— A dort dans la pièce d'à côté, a l'est ben maganée !

Gaudias Rodrigue secoue la tête. Gros homme pataud, le geste lent, il ne dit jamais un mot plus haut que l'autre. Docile, il obéit aux ordres de sa femme et ne la contredit jamais.

— J'sus encore toute bouleversée par c'que j'ai fait la nuit passée. J'aurais jamais cru faire une affaire de même.

— T'as rien à te r'procher, t'as fait pour le mieux.

Mais Mathilde n'en est pas convaincue. A-t-elle bien fait d'enterrer le fœtus ? Aurait-elle dû prévenir le curé ? Pourtant, elle a baptisé le fœtus deux fois plutôt qu'une. Pour être bien certaine. Et à l'évidence, le bébé de Maggie était mort-né. Cette nuit la hantera longtemps. Devrait-elle s'en confesser le plus rapidement possible ? Et quel péché a-t-elle commis ? Complice d'un meurtre ? D'avoir privé un innocent des derniers sacrements ? Non. Elle a tenté par tous les moyens et a réussi à empêcher Maggie d'aller voir le charlatan. Elle ne pouvait quand même pas

223

la surveiller sans arrêt! Les idées de Mathilde s'emmêlent, se heurtent dans sa tête, lui font mal. Elle en veut à Maggie d'avoir tué l'enfant dans son ventre, même si elle n'en a pas la preuve. Le curé bondirait comme un fauve en entendant pareille confession.

— Si tu penses que t'as fait un péché et que tu l'as sus la conscience, j't'emmènerai à Beauceville dimanche et tu t'confesseras avant la messe. Leu curé est pas ben strict. Y va probablement te donner une grosse pénitence, mais y dira pas un mot à personne.

Mathilde aime bien la solution de son mari, convaincue qu'Antonio Quirion ne garderait pas le secret d'une telle confession. À la première occasion, il apostropherait Maggie et s'en servirait pour lui faire perdre son école. Un autre confesseur, étranger au maquignonnage de Saint-Benjamin, respectera le secret du confessionnal et lui permettra de soulager sa conscience.

Maggie dort toute la journée. Un sommeil souvent entrecoupé de gémissements qui font accourir sa tante. Mathilde s'assure que les saignements ont cessé et qu'elle n'a pas de fièvre. En dernier ressort seulement, elle fera mander le docteur si c'est essentiel. La nuit dernière, elle a songé à Éva Boucher, une sage-femme, mais Mathilde y a renoncé de peur que l'autre, trop bavarde, évente le secret. En soirée, elle essaie de réveiller Maggie, sans trop de succès. Une série de grondements et une quinte de toux étouffée lui font comprendre que la jeune femme n'est pas prête à sortir du lit. Mathilde n'insiste pas. Le lendemain de sa fausse-couche, le meuglement des vaches de Pit Loubier sur la route réveille Maggie. Elle ouvre des yeux étonnés de se retrouver dans la chambre d'amis de sa tante.

— T'en as dormi un bon coup, lui dit Mathilde. T'as envie de manger un peu?

— Non, pas tout de suite, répond Maggie d'une petite voix.

Elle tente de se redresser dans le lit, péniblement. Une douleur lui déchire le bas-ventre. Mathilde l'aide et glisse un oreiller derrière elle.

— Qu'est-ce qui s'est passé? demande Maggie, endolorie.

Elle sait très bien ce qui s'est passé. Les douleurs qu'elle ressent au bas-ventre lui laissent croire qu'elle a fait une fausse couche, mais elle a besoin de la confirmation de sa tante.

— Tu sais que t'aurais pu y laisser ta vie?

Mathilde lui rafraîchit la mémoire. Vendredi, après l'école, elle est arrivée en sueur, pâle, malade, souffrant de vertiges et de vomissements. Quand elle s'est évanouie, Gaudias et sa femme l'ont transportée dans la maison. Un filet de sang coulait le long de la jambe de la jeune femme. Rapidement, Mathilde a réalisé que Maggie était en train de faire une fausse couche. Elle a demandé à son mari de lui faire chauffer de l'eau et elle a aidé sa nièce à expulser le fœtus.

— Y était mort? demande Maggie.

— Oui, oui, mort-né. J'pourrais pas dire depuis combien de temps. J'l'ai baptisé deux fois. Y ira dans les limbes si le bon Dieu ne veut pas de lui au ciel.

— Qu'est-ce que t'en as fait?

Mathilde hésite, pas certaine d'avoir pris la bonne décision. Toute la nuit, elle s'est posé la question. Lancinante, déchirante. L'enterrer ou le jeter dans les bécosses? Au matin, avant le lever du soleil, elle a choisi la première option.

— J'ai fait pour le mieux.

Maggie ne réagit pas. A-t-elle des regrets? Elle ne veut pas répondre à sa propre question. Mathilde lui apporte un peu de thé et une tranche de pain que Maggie grignote à peine. En soirée, un bouillon de poulet lui redonnera un peu d'énergie.

— Tu penses que j'vais pouvoir faire l'école demain matin?

— Non, non, pas si vite que ça, répond Mathilde. Tu dois te r'poser. J'vais sortir tantôt et j'dirai aux parents que t'as attrapé un vilain rhume, pis qu'tu veux pas l'donner aux enfants. J'leur dirai aussi que t'as perdu la voix. Et si ça va pas mieux au milieu de la semaine, tu m'donneras les devoirs, pis j'irai m'occuper des enfants.

La bonté de sa tante lui réchauffe le cœur. Son oncle s'approche d'elle. Maladroit, il cherche à redonner un peu d'espoir à la jeune femme.

— Tu sais, Maggie, que Domina Grondin serait ben intéressé par toé.

Maggie lève des yeux furibonds vers son oncle. «Qu'est-ce qu'ils ont tous à vouloir me pousser dans les bras de Domina Grondin, ce codinde qui n'est pas capable d'aligner deux phrases sans chercher ses mots?»

— C'est son père qui me l'a dit. Ça te ferait un maudit bon cavalier.

— Ben voyons, mon oncle, Domina m'intéresse pas du tout. Pas une miette!

— Peut-être pas maintenant, renchérit Mathilde, mais plus tard, quand tu iras mieux. Y héritera d'une grosse terre. J'sus ben sûre qu'y t'traiterait comme une princesse. Pis Tancrède m'a dit qu'y s'est offert pour les travaux de l'école. Y t'apportera du bois cet hiver, pis y viendra gratter la cour de l'école. J'sus ben certaine qu'y fera tout ça juste pour tes beaux yeux!

Maggie en a assez entendu. Elle se retourne dans le lit, face à la fenêtre et esquisse un petit sourire. «Franchement, Domina Grondin!» Mais elle n'en veut pas à Gaudias et à Mathilde. Tous les parents cherchent à trouver le meilleur parti pour leurs filles ou garçons. Sans arranger les mariages, ils les encouragent, parfois fortement. Des filles moins délurées que Maggie cèdent facilement. D'autres se rabattent sur le premier venu comme sa mère l'avait fait, de peur de rester vieille fille. Maggie refuse d'envisager un tel mariage. «Si Walter revenait et me trouvait au bras de Domina Grondin!» Mathilde et Gaudias n'insistent pas.

Le lendemain, Maggie quitte enfin son lit, mais ses jambes flageolantes la supportent à peine. Elle prépare devoirs et leçons pour les enfants. Mathilde la remplace. Vers la fin de la semaine, elle commence à regagner ses forces, sort à la brunante respirer l'air de l'automne et retrouve un peu d'appétit. Soulagée mais pas complètement. De vagues remords l'assaillent qu'elle refoule aussitôt. Elle pense à l'enfant, gomme l'image du fœtus enterré et se dit que c'est mieux ainsi. Un enfant a besoin d'un père. L'image de Walter lui revient en tête. Une image qu'elle voudrait déchirer, brûler. Ce Walter qui l'a lâchée comme un fétu de brindilles soufflé par le vent. Parfois, elle se surprend à espérer que la guerre emporte Walter. Que d'autres souffrent aussi à cause de lui. Douce vengeance contre ses parents qui les ont séparés, contre celui qui a accepté de partir sans rechigner le moindrement. Mort, aucune autre femme n'occupera la place qui aurait dû être la sienne. Mais chaque fois, elle regrette ces pensées noires, s'empresse de les repousser. Elle recolle les morceaux de l'image, recrée Walter, l'imagine à la gare, son beau soldat, revenu de si loin, pour l'épouser et l'aimer jusqu'à la fin de ses jours.

27

Les questions brûlent les lèvres de Mathilde. Maggie a-t-elle provoqué la fausse couche? A-t-elle accompli des gestes pour faire avorter le fœtus? Et quels gestes? Comment s'y est-elle prise? L'institutrice devine les interrogations de sa tante. Elle ne veut pas y répondre pour ne pas avoir à lui mentir.

Une fois certaine d'être enceinte, Maggie Miller a envisagé différentes solutions. Pas question de suie noire ou d'autres concoctions qui font mourir mère et enfant. Pas question de tuer l'enfant elle-même avec une plume de coq ou une broche à tricoter. Elle n'aurait pas su s'y prendre. Et si elle avait fait une erreur qui l'aurait fait mourir au bout de son sang? Évidemment, sa tante ne l'aurait pas aidée. Le charlatan? Même si Mathilde a tout tenté pour la décourager, c'était la solution la plus rapide.

Ce jour-là, après de nombreuses tergiversations, Maggie s'est fait conduire à Beauceville par Catin-à-Quitou, trop heureux d'aider la jeune femme. Elle demandera à sa cousine Élodie de l'accompagner chez un charlatan. Chanteuse et serveuse dans les bars de Beauceville et de Saint-Georges, Élodie a de nombreux contacts et Maggie espère qu'elle les mettra à profit.

La route est longue. Catin essaie de se rendre intéressant, mais son propos est insignifiant. Maggie lui répond par des demi-sourires ennuyés. En arrivant en haut du rang-à-Jœ-Lélé, Maggie et Catin ont une vue imprenable sur la majestueuse rivière Chaudière. En bas, la route de terre court en parallèle avec la voie ferrée. Chez sa tante, la jeune femme saute du robétaille de Catin, lui remet un dollar et lui donne congé.

— Tu r'viendras m'chercher dimanche.

Maggie espère, un peu naïvement, revenir rapidement à la maison après sa visite au charlatan. Au pire, elle renverra Catin et lui demandera de prévenir Mathilde qu'elle est malade et incapable d'enseigner pendant quelques jours.

— Si c'est pas Maggie. Quelle belle visite ! s'exclame sa cousine.

Élodie est drapée dans une robe de chanteuse de deuxième ordre, imbibée d'un parfum agaçant. Elle est surprise de retrouver Maggie sur le pas de sa porte. L'air abattu de sa cousine lui fait comprendre immédiatement qu'elle a de sérieux ennuis.

— Ça va pas, ma belle ?

— Non.

Élodie l'interroge du regard. Dans la chambre voisine, un peu en retrait, Maggie entend la respiration lourde et sifflotante de sa tante.

— J'ai un gros problème, pis j'me d'mande si tu pourrais pas m'aider.

— Si j'peux, ben sûr. T'as besoin d'argent ?

— Non, non, j'sus en famille pis j'veux pas garder le bébé.

Élodie a un geste de recul. Elle met le doigt sur sa bouche pour inviter sa cousine à ne pas parler trop fort, sa mère a le sommeil léger.

— T'as fait le test ?

— Quel test ?

— Ben voyons, tout le monde le connaît. Tu te mets une soucoupe très chaude sus l'ventre. Si la soucoupe colle au ventre, t'es en famille.

Maggie n'a pas envie de faire ce test ridicule. De toutes façons, elle est persuadée d'être enceinte. Pas besoin de test.

— Tu vas m'aider ?

Élodie devine aussitôt ce que Maggie attend d'elle. Elle se mord la lèvre inférieure, réfléchit un instant et laisse tomber :

— Y a une sage-femme à Beauceville qui pourrait t'aider, mais je lui fais pas confiance. C'est une vieille folle qui va te fouiller dans le ventre pour arracher le bébé. Et ça va te coûter cinq piastres. T'as de l'argent?

— Oui, j'ai dix piastres avec moé.

Élodie réfléchit.

— Y a le charlatan de Saint-Georges. J'sais sus quelle rue y reste. Mon amie Claudette y est allée. J'vas la voir tantôt et j'pourrai y en parler.

Devant le ton hésitant de sa cousine, Maggie devine que les mains du charlatan ne sont probablement pas plus sûres que celles de la sage-femme.

— Ça s'est ben passé quand a l'est allée voir le charlatan?

Élodie hoche la tête, mi-oui, mi-non. La jeune femme a eu une grave infection que le médecin de Beauceville a finalement accepté de soigner même s'il soupçonnait l'avortement clandestin. Maggie n'est pas rassurée. Les paroles de Mathilde dansent dans sa tête. «Y va tuer le bébé avec une plume d'oie, une longue aiguille ou une grande broche à tricoter. Ensuite, y va te faire boire toutes sortes d'herbages pour faire sortir le bébé mort. Tu peux en mourir toé aussi.»

Maggie refuse d'accompagner Élodie et de passer la soirée au Café Bleu. Elle s'étend sur le lit, mais n'arrive pas à dormir. Quand sa cousine rentre au petit matin, elle n'a pas fermé l'œil. Élodie jette un coup d'œil dans la chambre et, réalisant qu'elle ne dort pas, s'approche d'elle.

— J't'emmène chez l'charlatan en fin d'avant-midi. J'ai son adresse. Ça va t'coûter six piastres. Tu pourras rester icitte queques jours en attendant de filer mieux.

Maggie se retourne dans son lit et murmure un merci qu'Élodie n'entend pas.

Élodie dort jusqu'au milieu de la matinée. Les deux cousines déjeunent sans entrain, l'une fatiguée, l'autre effrayée. Réticente, Maggie emboîte le pas à sa cousine.

La route vers Saint-Georges suit la rivière Chaudière. Élodie a demandé à un de ses amis, Elphège Lachance, cigare puant à la bouche, de les conduire. «Il ne dira rien, tu peux lui faire confiance.» La voiture sautille sur le chemin cailouteux. Maggie en a des haut-le-cœur. À Saint-Georges, Elphège emprunte une rue étroite et stationne derrière l'hôtel du Boulevard. Élodie sort de la voiture, mais Maggie ne bouge pas.

— Tu viens?

— J'sus pas capable. J'ai trop peur.

Élodie revient vers Maggie, lui prend la main et essuie une larme qui perle sur sa joue.

— J'veux pas te forcer. Si t'aimes mieux garder le bébé, ça te r'garde. Viens, on va marcher un peu, pis si tu changes pas d'idée, on retournera à la maison.

Va-et-vient bruyant sur la rue principale de Saint-Georges. Les deux cousines se rendent jusqu'au nouveau pont de fer, inauguré l'année précédente. Structure impressionnante qui remplace le vieux pont de bois que la capricieuse Chaudière arrachait régulièrement de son ancrage. Curieuse, Élodie veut tout savoir. Qui est le père de l'enfant? Où est-il? Pourquoi Maggie est-elle aussi certaine qu'il ne reviendra jamais? Au bout d'une heure, Maggie demande à sa cousine de la ramener à la maison. Elle ne verra pas le charlatan.

— Tu vas garder le bébé?

Maggie hoche la tête. Tourneboulée, elle ne veut ni garder le bébé ni voir le charlatan.

— Y doit sûrement y avoir d'autres moyens.

— J'ai connu une fille au bar qui a perdu son bébé après avoir déboulé dans l'escalier. Pis mon amie Claudette m'a dit qu'a l'a connu une femme qui s'est arraché le bébé elle-même avec des sangsues.

Maggie hoche la tête frénétiquement. Elle ne veut plus entendre ces histoires d'horreur qui la font trembler de peur.

Le lendemain, Catin est fidèle au rendez-vous. Longue route encore plus raboteuse dans le robétaille inconfortable de Catin. Rendue chez elle, Maggie décide de tout faire pour se débarrasser du bébé. Dès que Catin est reparti, elle court à en perdre haleine comme si elle voulait se sauver de ce corps étranger qui l'habite. Le lendemain, après la classe, elle se ceinture la taille à en étouffer. Elle descend et remonte l'escalier menant à sa chambre à toute vitesse. Souvent en descendant, elle saute de la quatrième marche et atterrit de tout son poids sur le plancher de bois. La fin de semaine suivante, elle retourne à la maison, se rend dans la grange et elle saute et saute encore dans la tasserie de foin, se laissant tomber lourdement, pour expulser ce mal qui la dévore de l'intérieur. Pendant deux semaines, elle ne mange presque rien. Plusieurs fois, elle doit s'asseoir pour cacher aux élèves ses étourdissements et nausées. Un jour, Maggie demande à Catin de lui prêter son jeune cheval sous prétexte d'aller à Beauceville de toute urgence. Toujours empressé, Catin propose de l'y accompagner, mais Maggie l'en décourage aussitôt. Revenue à la maison, la jeune femme décide de monter le cheval comme Romain Veilleux le fait si souvent. Le galop et l'inconfort provoqueront peut-être l'avortement. Habitué à Catin, le cheval s'emballe rapidement. Maggie tente de le ralentir, mais elle en perd le contrôle et tombe lourdement. Vive douleur au bas du dos. Tant bien que mal, elle parvient à maîtriser le cheval et le ramène à Catin. Le lendemain, elle réalise que sa jaquette est tachée de sang. A-t-elle réussi à provoquer la fausse couche et à se débarrasser du bébé? La question lui fait peur. Elle file aussitôt chez Mathilde.

28

La petite gare de la Quebec Central Railway à Cumberland Mills disparaît derrière des cordes de bois, destinées aux grands moulins à scie de Québec. Depuis que la voie ferrée a atteint Saint-Benjamin et Cumberland Mills en 1907, la région connaît un véritable essor. Le train permet d'arracher à la forêt des milliers d'arbres qui seront débités en billes pour être acheminés dans les moulins de Québec. Sans le train, ces ressources ne seraient pas exploitées.

Dans la gare propre mais encombrée, trois gros barils de mélasse s'entassent dans un coin en attendant que Sam Taylor, le marchand général de Cumberland Mills, vienne les chercher. De gros cents de farine blanchissent un pan de mur. Des quarts de clous, des boîtes de linge et trois gros harnais se disputent l'espace restreint de la gare.

De sa cachette, Maggie observe la scène. Elle attend Walter. Son cœur palpite quand Edgar McIntyre hisse le drapeau rouge. Le train arrive de Saint-Georges à reculons, parce que la voie ferrée ne va pas plus loin.

Avant-hier, Ansel Laweryson est venu cogner à la porte de l'école, gêné d'annoncer à Maggie une bonne nouvelle qui en était une mauvaise pour tous les autres.

— La mère de Walter est morte la nuit passée.

Maggie se réjouit aussitôt, convaincue qu'il viendra aux funérailles. Walter de retour ! Elle avait fermé le dossier, s'efforçait de ne plus y penser, de passer à l'étape suivante. Deux mois après sa fausse couche, elle a retrouvé ses forces même si une grande lassitude l'habite. À force de concentration, son travail n'en souffre pas et les résultats des élèves sont excellents. L'inspecteur Drolet l'en a félicitée et lui a dit qu'elle aurait une prime comme Aldina en avait obtenu une pour la qualité de son enseignement.

Au début de novembre, Maggie a invité les parents à applaudir les prouesses de leurs rejetons. Déclamations, chants, petits sketchs, le spectacle a été une réussite. Fiers de leur progéniture, des parents avaient la larme à l'œil. Plusieurs lui ont fait parvenir galettes, cruchon de sirop, tartes et marinades pour la remercier.

— Walter viendra sûrement aux funérailles? demande Maggie à Ansel, le visage radieux, sentant se rallumer en elle tous les tisons qu'elle cherchait si fébrilement à éteindre.

Ansel Laweryson hausse les épaules. Il a posé la question à Sam Taylor qui a paru hésitant. Son fils a été informé de la mort de sa mère. L'armée pourrait lui donner une permission, mais rien n'est garanti. Maggie s'étonne, s'indigne.

— Walter peut pas manquer les funérailles de sa mère!

Ansel Laweryson n'en est pas certain.

— S'y est encore au Nouveau-Brunswick, peut-être qu'y viendra, mais s'y est déjà parti pour l'Angleterre, sûrement pas.

Maggie ne peut pas croire que Walter ne rendra pas un dernier hommage à sa mère. Et s'il a une permission, Walter restera certainement quelques jours à Cumberland Mills. Elle a tant de choses à lui dire, à lui expliquer, à se faire pardonner. Mais avant tout, vérifier ces informations voulant qu'il reste en Angleterre après la guerre, qu'il y fasse de grandes études et qu'il épouse une bourgeoise de bonne famille. Et si c'était vrai? Si Walter l'ignorait, l'évitait, refusait de lui parler? Dans les circonstances, difficile de le relancer chez lui. Heureusement, Ansel a promis qu'il intercéderait en son nom auprès de Walter. D'une façon ou de l'autre, elle en aura le cœur net.

Tout à coup, un bruit strident la fait sursauter. Le grondement du train, au loin, déchire le silence. Un cheval renâcle. Les vrombissements se font plus menaçants. Le train se découpe dans le tournant, sa coiffe de fumée fermant la marche. La terre frissonne. Le cheval se cabre. La tête sortie, le conducteur salue le chef de gare. Le mastodonte ralentit, toussote et s'immobilise dans un grincement de ferraille. Maggie fixe intensément les rutilants wagons de première et deuxième classe. La Quebec Central Railway vient de les acquérir pour remplacer les vieux wagons de la Lévis and Kennebec Railway dont elle a acheté les actifs en 1881.

Embusquée dans les longues herbes du champ de Gordon Wilkins, grelottante, flagellée par le vent froid de novembre, Maggie relève la tête, retient son souffle. Elle a hâte de le voir dans son costume militaire. Son visage triste, les traits lourds d'avoir pleuré la mort de sa mère qu'il aimait tant. Cette mère qui avait été la seule à le rassurer avant son départ pour la guerre. La porte du wagon des passagers s'ouvre. Trois personnes qu'elle ne connaît pas en descendent. Suivent ensuite deux autres hommes, baluchons au dos, probablement des bûcherons. Aucune trace de Walter. Elle attend, transie, que le train reparte. Quand il disparaît derrière le mur d'épinettes, Maggie se résigne à rentrer chez elle. Peut-être est-il déjà arrivé ? Est-il descendu à Saint-Georges où vit son oncle ? Elle marche lentement, penaude et frustrée.

Le lendemain, jour des funérailles, Maggie s'approche de la mitaine à la dérobée. Le froid est moins intense que la veille. Une sittelle à poitrine rousse babille dans l'érable qui lui sert de paravent.

— Quiet ! crie Phalander Laweryson à son cheval frétillant.

Les parents et amis de Sam Taylor se regroupent autour du cercueil. Maggie est impressionnée par le respect que les protestants vouent à leurs morts. Si celui des catholiques est à l'abandon, le cimetière des protestants regorge de fleurs en été. Il n'est pas rare de les voir se recueillir devant la pierre tombale d'un des leurs. Les catholiques ne s'aventurent que très rarement dans le cimetière et ne se recueillent sur la tombe d'un défunt que s'ils sont plusieurs à le faire en même temps.

Le pasteur Sydney Hibbard, une grande chape sur les épaules, sort de la mitaine pour accueillir la foule. Maggie a beau chercher, scruter l'assemblée, aucune trace de Walter. Elle aperçoit Fred Taylor dans le sillon du pasteur. Ansel Laweryson porte le cercueil avec trois autres hommes. Sam Taylor est abattu, brisé par la douleur, mais Maggie n'éprouve aucune sympathie pour lui. Où est Walter ? Absent, bien sûr. L'armée lui a refusé sa permission. Ou est-il déjà rendu en Angleterre ? Elle ne se résigne pas à partir.

Au cimetière, après la cérémonie, l'assistance se recueille en silence, entrecoupé seulement par la roulade agaçante d'un écureuil et les aboiements d'un chien, au loin. Sam Taylor s'approche du cercueil, retire l'Union Jack qui le recouvre, le plie soigneusement et le remet à son plus jeune fils qui le serre contre lui, ses épaules secouées par un chagrin incontrôlable.

Maggie s'en retourne avec sa peine. Elle le confirmera auprès d'Ansel, mais elle anticipe le pire : « Cette fois, c'est vrai, il ne reviendra jamais. » Au village, l'angélus sonne. Les cloches de la mitaine lui font écho, timidement.

En entrant, Maggie a un frisson. L'école est froide. Heureusement, quelqu'un a laissé du bois devant la porte. Probablement Domina. Elle emporte une brassée de bûches et des copeaux dans sa chambre et allume le poêle pour chasser l'humidité. À son retour de Cumberland Mills, une idée a germé dans sa tête. Demain, après la messe, elle condamnera la maison. Elle demandera à Catin de la renchausser avec de la paille, de poser les doubles fenêtres, de barricader les portes et de couper l'eau. Elle n'y retournera pas avant le printemps, à moins qu'elle soit vendue d'ici là. Trop loin de tout. À l'école, elle pourra passer plus de temps avec Mathilde et se rapprocher encore davantage des parents des élèves. Sans compter le vieil Exior, son voisin, dont la santé est de plus en plus chancelante.

Elle met un peu de lard sur une tranche de pain et mange sans appétit. Où est Walter? Que fait-il en ce moment? Pense-t-il à elle? La mort de sa mère l'a sûrement ébranlé. Maggie n'arrive pas à croire que tout est fini, qu'elle ne le reverra plus. Tourmentée, elle sent mille diablotins s'agiter en elle, crépus, grenus. L'envie de pleurer, de hurler, de se sauver très loin et de ne plus jamais revenir dans ce pays de malheur. Ne pas restreindre les limites de son horizon au rang-à-Philémon, à Cumberland Mills et à la forêt. Sortir de cette prison de neige et de froid. Sauter dans le premier train.

Des giclées de crachin froid s'abattent sur l'école. Une lumière éclaire la fenêtre de Mathilde. Exior a déjà éteint la sienne. Maggie n'a pas envie de sortir, de parler, de faire dorloter son cœur distendu. D'entendre Mathilde lui dire que c'est mieux ainsi, que Walter ne l'aimait pas assez. Qu'il a profité d'elle. Qu'elle ne doit plus rien espérer, battre en retraite, arrêter le cheval fou avant que la clôture ne lui écorche les flancs.

Elle revoit leurs escapades dans les champs de fraises et de framboises autour du tas de roches de David McIntyre. La poursuite dans le sous-bois tout proche. Walter l'avait rejoint, s'était laissé tomber sur elle et avait tenté de l'embrasser. Maggie l'avait repoussé. Folle envie de plonger, mais la glace était trop mince. Avarie assurée. Première querelle. Gros mots. Maggie lui avait donné congé, cavalièrement. Elle s'était sauvée, était allée passer une semaine à Beauceville sans rien lui dire. Walter l'avait cherchée partout. Ses yeux affolés comme le faon cerné par les chiens. Au retour, Maggie l'avait relancé au magasin, n'avait rien acheté, l'avait dévisagé effrontément, lui qui ne pouvait rien dire, en présence de son père, occupé à réparer le comptoir du magasin. Retrouvailles le lendemain. Walter avait posé plein de questions. Réponses de Maggie en petits sourires. Vagues, diffuses. Walter avait souffert et promis de bien se tenir. Maggie lui avait enlevé sa casquette et l'avait lancée au loin, dans un grand éclat de rire.

La pluie, drue, froide, crache maintenant des trombes d'eau sur l'école. «Pourvu que ça ne tourne pas en neige», se dit Maggie. Elle attise le feu, ajoute une bûche et se laisse tomber sur son lit. Et si elle allait au Nouveau-Brunswick et tentait de lui parler? Mais comment s'y rendre? Et s'il était déjà parti? Ou s'il refusait de la voir? Non, l'idée est irréaliste. Sentier pentu, dangereux.

Maggie essaie de dormir mais n'y arrive pas. La pluie cingle la fenêtre. Mathilde a éteint sa lampe. Maggie éteint la sienne et ferme les yeux. Voyage inconfortable entre le crépuscule et l'aube. Elle pense à Walter. La journée de son départ. Les mots collés dans sa gorge. Mots étouffés. Mouillés de larmes. Elle se réveille. La pluie a cessé. À la fenêtre, une mer d'encre noire. Impossible que Walter ait fait semblant. Ses larmes étaient sincères. Elle en est convaincue. Elle veut se convaincre qu'il reviendra un jour.

Au matin, de gros nuages moutonnent à l'horizon. Un petit jour émerge des marais brumeux de l'aube. Après la messe avec Mathilde et Gaudias, Maggie se fait conduire par son oncle jusqu'à la maison. Comme toujours, Catin est empressé. Il s'occupera de tout. Jamais la maison n'aura été aussi bien surveillée!

— J't'apporterai des œufs pis des pardrix, promet-il.

Maggie sourit.

— Des perdrix? J'sais ben pas comment préparer ça!

— J'm'en occuperai, dit Gaudias. Et Mathilde les f'ra cuire.

Jusqu'à Noël, la vie de Maggie Miller se déroule entre sa classe, sa chambre, le pas de la porte d'Exior et la maison de sa tante. Décembre est doux. Peu de neige. Les cultivateurs n'ont pas encore sorti les sleighs. À Beauceville, l'irrépressible Chaudière menace d'emprunter la route et d'aller fouiner jusqu'aux pieds des maisons riveraines.

La classe de Maggie est moins animée. Même si l'hiver retient son souffle froid, une demi-douzaine d'enfants restent à la maison. Elle en a seize en tout, dont un seul en septième année. Pas de problèmes de discipline, mais trois enfants représentent des défis certains. Troubles d'apprentissage, incapacité de se concentrer, ils ne retiennent aucune leçon et chaque jour est un recommencement. Lors de sa visite avant Noël, l'inspecteur d'école l'a rassurée. Ces enfants n'apprendront jamais à lire et à écrire convenablement, mais leur développement sera facilité en les intégrant à un groupe d'enfants plutôt qu'en les laissant se morfondre à la maison avec des parents qui n'ont pas le temps de leur donner l'attention voulue.

— Ta classe est très bien tenue, lui a dit l'inspecteur, un homme âgé, maniéré, en complet bien taillé, qui a vu naître presque toutes les écoles de rang de Dorchester. Normalement, le Département de l'instruction publique n'en attend pas autant d'une maîtresse de ton âge, sans brevet. Mais si la commission scolaire trouve une maîtresse qualifiée l'an prochain, je t'encourage fortement à obtenir ton diplôme.

Fière, Maggie lui a promis d'envisager sérieusement de poursuivre ses études pour s'armer de ce fameux brevet.

— Avant trop longtemps, on va ouvrir une école normale à Beauceville, penses-y bien.

Maggie le laisse partir sans lui parler d'une autre élève qui l'inquiète et qu'elle n'a pas revue depuis un mois. Fin octobre, la petite Belzimine Rodrigue était craintive, distraite, sursautant au moindre bruit, toujours à l'affût d'un éventuel assaillant.

— T'es sûre que tout va ben, Belzimine ? lui avait d'abord demandé Maggie.

La fillette de troisième année avait fait oui de la tête en mordant ses lèvres, mais Maggie ne l'avait pas crue. Un jour, quand les enfants avaient quitté l'école, Maggie avait suivi Belzimine à distance. Au lieu d'emprunter le rang-à-Philémon et de tourner dans le petit rang des Merises, la fillette avait pris un sentier des vaches, elle était disparue dans un boisé pour finalement se retrouver à quelques pas de sa maison. «Pourquoi ce détour? De quoi a-t-elle peur?» se demandait Maggie. Demain, elle l'accompagnerait chez elle pour en avoir le cœur net.

Le pressentiment de Maggie était juste. Un gros chien gris faisait les cent pas dans le rang des Merises, un chien perdu ou abandonné par des étrangers, pensa Maggie. Mais Belzimine avait une toute autre interprétation. Athanase Rodrigue, son oncle mort il y a deux ans, s'était réincarné dans cette bête errante qui la terrorisait, en quête de messes et de prières qui le feraient sortir du purgatoire. Et les parents de la fillette ne faisaient rien pour la rassurer. Quand Maggie avait croisé le chien avec Belzimine, l'animal avait levé vers elle des yeux vides. Maggie en avait eu un frisson. Un instant, elle s'était crue en présence d'un revenant, mais avait chassé aussitôt cette idée farfelue. Quand elle s'était penchée pour ramasser un gros caillou, l'animal avait détalé.

— Dis à tes parents de l'chasser ou lances-y des roches.

Belzimine fit non de la tête.

— Papa a dit qu'y lui f'ra chanter une basse-messe quand y aura de l'argent.

Maggie se désolait que des adultes entretiennent de telles peurs irraisonnées, de telles chimères, incapables de départager l'imaginaire et la réalité. La semaine précédente, la Loubier avait soutenu que Chérie Grondin, mort depuis des années, l'avait poursuivie dans le rang-à-Philémon. «La Loubier, c'est une vieille folle!» avait dit Maggie aux élèves apeurés. Mais elle n'avait pas réussi à rassurer Belzimine qui n'était pas revenue à l'école.

Début juin, Domina Grondin lui apporte une autre corde de bois dont elle n'a pas vraiment besoin. Le mauvais élève a changé. Il a acquis une certaine maturité et se révèle un excellent cultivateur. Malade, son père lui laisse de plus en plus de latitude. Domina tente d'engager la conversation avec Maggie, mais son propos est décousu. Elle essaie de son côté de le mettre à l'aise, mais elle ne peut s'empêcher de revoir les images du compagnon de classe qui la faisait tomber dans la neige et lui tenait tête quand elle est devenue institutrice. « Pourquoi cherchent-ils tous à me pousser dans ses bras ? »

Depuis la rentrée de septembre, elle redoute une visite surprise du curé. Il n'est pas venu et Maggie ne s'en plaint pas. Tancrède a reçu l'assurance de l'inspecteur que l'année scolaire serait reconnue, que les bons élèves passeraient à la classe suivante et que les mauvais redoubleraient comme en temps normal.

— Bonnes vacances, les enfants !

Maggie n'a pas fait de projets pour l'été. Elle aimerait bien avoir confirmation de son retour en septembre, mais ni la commission scolaire ni les parents ne sont en mesure de la lui donner. Le curé a exigé que la commission scolaire envoie une lettre à Maggie lui signifiant que ses services ne seraient pas retenus pour la prochaine année scolaire, mais le président et les commissaires, soutenus par Tancrède et les parents, s'y sont opposés. « Pas avant d'avoir la garantie écrite qu'on aura une maîtresse », a tonné Tancrède. Mince consolation pour Maggie qui devra vivre dans l'incertitude jusqu'en septembre.

Demain, elle retournera à la maison que Catin a remise en bon état. Elle se promet d'aller passer quelques jours avec sa cousine à Beauceville et même de prendre le train pour la première fois et de visiter Lina et son père à Québec. Maggie a aussi promis à la mère de Rosalie Turcotte de l'aider quand elle accouchera d'un onzième enfant.

Fière de sa première année complète d'enseignement, convaincue d'avoir gagné le respect des parents, la jeune institutrice profite du premier jour de vacances pour nettoyer sa classe, laver les pupitres, récurer les planchers et arracher les grandes herbes qui grimpent le long des bécosses.

— Salut, Maggie.

La jeune femme se retourne vivement. Sa sœur Lina, accompagnée d'une autre femme, se pointe dans l'entrée de l'école. Les yeux exorbités, Maggie cache mal son étonnement devant l'accoutrement des deux visiteuses. «Elles ont l'air de deux grandes escogriffes, fagotées comme la chienne à Jacques.»

— Lina! J't'avais pas r'connue! J'pensais justement à aller te voir à Québec.

L'autre s'approche en sautillant.

— J'te présente mon amie Roséma. A travaille avec moé à l'hôtel du Palais. On est arrivées par le train avec papa. Y est à la maison, pis y nous attend. On retourne demain matin.

Lina est intarissable. Maggie n'en finit plus de les détailler. Fardées jusqu'aux oreilles, le visage peinturluré, les yeux cernés de noir, les cheveux d'un blond fadasse, écourtichées, les deux visiteuses agacent Maggie. Jamais elle n'oserait se vêtir de la sorte. Quand Roséma tire deux cigarettes de son sac et en offre une à Lina, elle s'éloigne d'elles, dépitée. «Elles fument comme des hommes!»

Maggie met quelques articles dans un sac, ferme son école et accompagne Lina et Roséma à la maison. Tout au long du trajet, Roséma peste contre le mauvais chemin, les moustiques et les odeurs de fumier. «On voit bien qu'elle vient de la ville, celle-là!» pense Maggie. Les deux mains dans les poches, le regard perdu, Jimmy Miller les attend. En apercevant Maggie, il s'approche d'elle et l'embrasse sur la joue. Retrouvailles sans émotion.

Après le souper, Jimmy Miller entraîne Maggie à l'écart. Un frère de Marie-Anne lui a proposé d'acheter la maison et la ferme.

— Tu t'souviens de Nazaire, le frère de ta mère. Y revient des États et y voudrait s'installer à l'automne, avant les premières neiges.

Maggie ne répond pas immédiatement. Elle est de moins en moins attachée à la maison. Qu'il la vende, elle ne s'y opposera pas. Et si la commission scolaire ne renouvelle pas son mandat en septembre, elle partira. Elle n'aura plus l'excuse de la maison pour s'accrocher à ce coin de pays.

— J'm'en irai à Québec avec toé pis Lina, si j'peux pus faire l'école.

Jimmy Miller ne dit rien. L'idée d'accueillir Maggie à Québec ne lui plaît pas. Vivant seul dans une petite chambre, il ne pourra pas l'héberger, pas plus que Lina et Roséma, coincées dans une chambre à peine plus grande. Et pas question que Maggie devienne serveuse dans un hôtel de deuxième ordre comme Lina.

— Avec l'argent d'la maison, tu pourrais aller chercher ton brevet de maîtresse d'école. Au moins, t'aurais une bonne job avant de te marier.

— J'y ai pensé. Mais si j'ai mon diplôme, ce sera pas pour enseigner dans un rang de Saint-Benjamin!

— La vie qu'on mène à Québec est pas beaucoup plus drôle que la tienne. On gagne pas beaucoup d'argent, la chambre coûte cher, pis on vit dans le bruit.

Après avoir vu Saint-Georges et son animation, Maggie peut difficilement croire que la vie dans une ville comme Québec soit plus ennuyante que la sienne dans le rang-à-Philémon. Seul l'enseignement la retient encore.

— Tu pourrais t'trouver un bon mari pis vivre pas mal plus heureuse icitte qu'en ville. Penses-y ben!

— Tu vas pas encore me parler de Domina Grondin?

Son père hausse les épaules. Peine perdue. Sa fille se crispe chaque fois qu'il mentionne le nom du jeune homme. Jimmy s'inquiète. Tôt ou tard, Domina rencontrera une autre femme et Maggie restera sur le carreau.

— Y t'a fait des impolitesses?

— Non, non, y est correct. Y m'intéresse pas, c'est tout. J'ai essayé de lui parler, mais c'est un niaiseux.

— C'est sûr que c'est pas une tête forte, mais avec une fille comme toé qui se fait pas mener par le bout du nez, vaut mieux un mari comme ton oncle Gaudias. Un mari qui te dira toujours oui, pis qui te suivra comme un chien battu!

Maggie grimace. «Tête forte!» Son père a raison. «Un chien battu», elle n'en veut pas. Walter se soumettait à elle la plupart du temps, mais il lui arrivait de lui tenir tête. «Et Walter avait du charme!»

Le jour s'éteint doucement. Soudain, un violon pleure, triste mélopée. Un deuxième le rejoint, badine, folichon, et enfin un troisième, étriqué. Tapant du pied, les trois violoneux se déchaînent dans un rigodon débridé.

— Les Anglais s'font un party, dit Jimmy Miller. On devrait y aller!

Maggie le fusille des yeux. Retrouver Sam Taylor? Non merci. Elle n'a pas envie de danser avec les protestants. Si son père a réussi à l'attirer dans la mitaine, il ne l'emmènera pas au party des protestants.

— Dommage, soupire-t-il.

Jimmy Miller a souvent assisté à ces fêtes foraines derrière le manoir Harbottel. Paradis des violoneux, Cumberland Mills fera la fête jusqu'à épuisement des danseurs, qui engloutiront de grandes quantités de *homebrew*, la bagosse des Anglais. Pendant que les plus jeunes danseront, les plus âgés joueront au euchre ou au 500 alors que les enfants s'empiffreront de *fudge* et de *cup cakes*.

— Qu'est-ce qu'y fêtent? demande Maggie.

— Un mariage? Un anniversaire, un bébé, j'sais pas. T'es ben certaine que tu veux pas y aller?

Maggie le foudroie du regard. À la mention du mot bébé, elle est envahie par le mauvais souvenir de sa fausse couche. Devrait-elle en parler à son père? Non. L'incident restera entre elle, Mathilde et Gaudias.

29

Automne 1917

Maggie Miller boit son thé à petites gorgées. Elle jette un coup d'œil à travers les rideaux, à demi tirés. Dans quelques minutes, les enfants reviendront, l'école rouvrira ses portes après les longues vacances d'été et la vie reprendra tous ses droits. Maggie en est émue, son cœur s'emballe. Comme la première fois. Sa passion pour l'enseignement efface toute trace de routine, d'ennui. Chaque élève représente un défi. Pour le relever, elle inventera de nouvelles façons d'enseigner le français, l'arithmétique, le catéchisme. Elle a hâte de découvrir les six nouveaux élèves de première année, qu'elle imagine craintifs, intimidés par les plus vieux, ne demandant qu'à être protégés, rassurés par l'institutrice. Sa première année complète a été un succès. Elle a reçu une prime de cinq dollars.

Tout l'été, elle a revu ses élèves. À la fin de l'année scolaire, elle a obtenu la permission des parents d'habiter son école, mais elle a passé presque tout son temps chez Mathilde, malade et trop heureuse de compter sur Maggie pour les travaux domestiques. À plusieurs reprises, elle a aidé la mère de Rosalie Turcotte, qui s'est relevée péniblement d'un accouchement difficile. Domina Grondin a fait mille détours pour se retrouver sur sa route. Maggie ne l'a pas repoussé, pourtant elle n'arrive pas à se rapprocher de lui.

Maggie trépigne d'impatience. L'été lui a paru si long. Elle se lève, va à la fenêtre et s'inquiète de ne voir aucun enfant autour de l'école, mais il est encore très tôt. Les deux petites Boily seront là dans quelques instants. Elle colore ses joues, attache ses cheveux en chignon comme Aldina. Elle est nerveuse, une vraie débutante !

Son esprit vagabonde. Des images se superposent. Celles de Walter Taylor. Un amour si court, inachevé, dont les blessures mettront du temps à se cicatriser. Des images de Domina Grondin toujours empressé, qui lui fait miroiter la lune !

Trois coups secs retentissent à la porte et la tirent de sa rêverie. Elle sourit. « Sûrement les petites Boily qui me jouent un tour, cadeaux en main. Leur mère ne comprendra donc jamais que tous les cadeaux du monde n'en feront pas des premières de classe ! » Elle ouvre la porte et se retrouve face à face avec le fils du président de la commission scolaire.

— Papa m'a dit de vous r'mettre cette lettre-là.

Une lettre du président de la commission scolaire, le jour de la rentrée ? Maggie ne comprend pas. Elle ouvre l'enveloppe et en tire une courte lettre d'un paragraphe, signée par le président.

« Mademoiselle Miller,

Pour des raisons de diplômes, nous avons décidé de ne pas retenir vos services en tant qu'institutrice. Après de longues réflexions, la commission scolaire de Saint-Benjamin en arrive à la conclusion que votre présence n'est plus requise et vous prie de récupérer tous vos effets personnels dès aujourd'hui. Votre remplaçante arrivera en fin de journée. Nous avons demandé aux parents de garder leurs enfants à la maison aujourd'hui.

Votre tout dévoué
Magella Veilleux
Président de la commission scolaire de Saint-Benjamin »

Avec stupeur, Maggie lit et relit la lettre, la froisse, la lance dans le fond de l'école, la récupère, la relit, avant d'éclater en sanglots. Comment peut-on lui faire cela ? L'inspecteur ne l'a-t-il pas qualifiée de meilleure maîtresse d'école de Saint-Benjamin à la fin de la dernière année ? Sûrement le curé encore une fois ! Il n'a jamais cessé de faire pression sur les parents qui auront finalement cédé. Et qui est cette remplaçante sûrement dénichée à la toute dernière minute ?

La lettre l'a frappée comme la foudre. Une lettre cruelle, sans nuances, qui met fin brutalement à son beau rêve. Même pas d'ultimatum, de préavis, seulement cet ordre définitif de quitter l'école avant la fin de la journée, comme si elle l'occupait illégalement. Son école ! Celle qu'elle a portée à bout de bras depuis la mort d'Aldina. Après la peine, la colère. Le goût de se venger. De qui ? Du curé, bien sûr, l'artisan de sa défaite. Ce curé intolérant, borné, qui a sûrement assujetti la commission scolaire à sa volonté.

Elle fait le tour de la classe. Son cœur lui fait mal. Ses mains tremblent. Maggie laisse ses doigts glisser sur les pupitres, contemple son gros bureau, efface les mots « Bienvenue, les enfants ! » qu'elle avait écrits au tableau. Cette petite classe, c'est toute sa vie. Qui l'a aidée à surmonter le départ de Walter et la fausse couche qui s'en est suivie, l'absence de son père et de sa sœur, l'isolement dans le fond d'un rang.

Dix minutes plus tard, elle cogne à la porte de Mathilde qui ne cache pas sa surprise.

— Maggie ! T'as fermé l'école ?

Les yeux rougis, Maggie se mouche et essaie de chasser la grosse boule qui lui obstrue la gorge.

— J'ai r'çu une lettre de la commission scolaire ce matin. Y m'ont mise à la porte.

Mathilde parcourt rapidement la lettre froissée que Maggie lui a tendue. Elle hoche la tête de dépit.

— Bande d'ignorants ! Après tout ce que t'as fait pour eux autres. Aucune reconnaissance. J'leur souhaite la pire maîtresse d'école qu'y auront jamais connue! Qu'est-ce que tu vas faire?

Maggie n'y a pas réfléchi. Elle ira vivre ailleurs, à Beauceville ou à Québec avec les siens. Gaudias s'approche d'elle.

— Et Domina qui passe deux fois par jour devant l'école, pis qui a fait tous tes travaux à la maison, y t'intéresse toujours pas?

Maggie ne ressent rien pour Domina Grondin. Elle lui est reconnaissante de son dévouement, mais n'arrive pas à s'imaginer dans ses bras, dans son lit.

— J'sais pas. Pas maintenant en tout cas.

Maggie se lève, va à la fenêtre et ne peut détacher ses yeux de «son» école. Normalement, en cette première journée, elle aurait été grouillante d'enfants. Il faudra attendre à demain et avec une autre institutrice qui lui volera «ses» enfants.

— Pourquoi tu vas pas voir Tancrède? Y connaît sûrement les vraies raisons.

— Pourquoi pas? J'ai rien à perdre, dit Maggie.

À un mille de l'école, la maison de Tancrède Rodrigue a mauvaise mine. Une marche de la galerie est arrachée et une fenêtre brisée a été bouchée avec un panneau de bois. Alexandrine Rodrigue ouvre la porte et, en voyant Maggie, ébauche un sourire gêné.

— Mon mari est derrière la grange, si tu veux l'voir.

Tancrède Rodrigue et ses fils sont en train de remplir une grande voiture de fumier qu'ils épandront dans un champ en friche.

En apercevant Maggie, Tancrède plante sa fourche dans le fumier et vient à sa rencontre.

— T'as eu la nouvelle?

— Oui, fait Maggie.

— Ma pauvre fille, on t'aimait bien, t'es une maudite bonne maîtresse d'école. Mais on a pas eu le choix que de te remplacer.

Dans les dernières semaines, Tancrède Rodrigue a eu trois rencontres avec le curé. Devant son refus d'obtempérer et de congédier Maggie Miller, le curé a brandi une lettre du Département de l'instruction publique. Défense désormais d'engager des institutrices non diplômées.

— Pis la maîtresse du rang Langevin qui a pas de diplôme non plus, y l'ont mise à la porte elle aussi?

Tancrède est embarrassé. Non, la maîtresse de l'autre école de rang ne perd pas son poste. En tout cas, le curé ne l'a pas mentionné.

— J'sais pas, mais elle est maîtresse depuis si longtemps.

— Vous l'avez lue, la lettre du curé? Vous êtes ben certain qu'a vient vraiment du Département?

Non, Tancrède n'a pas lu la lettre et, de toutes façons, il sait à peine lire. Il a fait confiance au curé. Ou a-t-il plutôt cédé à son chantage? Pourvu qu'une nouvelle maîtresse prenne la direction de l'école, Tancrède est satisfait. Il est surtout heureux de ne plus avoir à en découdre avec le curé et plus heureux encore, mais il ne le révèle pas à Maggie, d'avoir obtenu la garantie du curé qu'il deviendra commissaire d'école et peut-être même président de la commission scolaire.

Maggie est convaincue que cette lettre est sortie tout droit de l'imagination mesquine du curé. Elle se souvient d'avoir lu dans l'*Action sociale* que, dans la province de Québec, il y a pénurie de maîtresses d'école. Les commissions scolaires se voient dans l'obligation d'engager des maîtresses non diplômées et souvent âgées de seulement quinze ou seize ans comme Maggie. Que tout à coup, il y ait assez d'institutrices diplômées pour pourvoir toutes les écoles de la province, Maggie en doute. Le curé a fabriqué cette lettre de toutes pièces. Elle aimerait tant le confronter.

— Qui est la nouvelle maîtresse d'école? demande Maggie.

Tancrède hausse les épaules comme pour laisser entendre que ce n'est pas très important et qu'il n'a rien eu à dire sur le choix de la remplaçante.

— On la connaît pas, mais le curé jure qu'elle est très bonne. Une certaine Pauline Mathieu. A vient de Beauceville. Son mari est mort c't été, pis a l'a pas d'enfants.

«Une vieille maîtresse qui a probablement pas enseigné depuis vingt ou trente ans. Le curé est vraiment désespéré. Pourquoi m'en veut-il autant?»

— Tu vas m'excuser, mais j'ai un tas de fumier qui m'attend! dit Tancrède que la présence de la jeune femme commence à embarrasser.

Il s'éclipse sans plus d'égards. Maggie retourne chez Mathilde. «Défense d'engager des maîtresses non diplômées!» Elle n'en croit pas un mot. Que faire maintenant? Trop tard pour s'inscrire au couvent de Beauceville où elle pourrait acquérir ce fameux diplôme. Mathilde et Gaudias l'hébergeront, mais elle n'a pas envie de s'imposer à eux indéfiniment.

Le lendemain, elle prend le train et va retrouver son père à Québec. Seule dans un grand wagon, des images de la guerre l'envahissent. Des images aperçues dans un numéro de l'*Action sociale*, apporté à l'école par une élève. De soldats entassés dans des wagons. Elle imagine Walter parmi eux, ballotté, sale, mouillé. Pendant tout le trajet, elle n'a cessé de penser à lui, tentant à l'occasion, mais sans succès, de le remplacer par Domina. Elle a un pincement au cœur en l'imaginant de retour, à sa recherche.

Quand le train s'engage sur le gros pont de fer, à l'entrée de Québec, Maggie a un moment d'inquiétude. Autour de la gare, l'animation l'éblouit. Dans les rues, chevaux et automobiles se côtoient dans une cacophonie indescriptible. Les gens ont l'air pressé. Ils ne se parlent pas ou si peu et ne se regardent même pas pour la plupart. Va-et-vient continu. Des enfants courent dans les rues, pas du tout intimidés par des vendeurs tonitruants, tenant leur marchandise à bout de bras. Maggie n'a jamais rien imaginé de tel. Elle tire de sa poche le bout de papier sur lequel elle a griffonné l'adresse de son père. Une vieille femme lui indique la rue Saint-Jean, tout près. Elle cogne à la porte et doit attendre un peu avant que son père lui ouvre. Étonné de retrouver sa fille, Jimmy Miller passe une main lasse dans ses cheveux.

— J'dormais. J'travaille de soir cette semaine.

— Le soir, fait Maggie, surprise.

— Oui, la *shop* marche quasiment jour et nuit. On a ben des commandes.

— Pis Lina?

— A travaille le soir, elle aussi.

Un silence embarrassé s'installe entre le père et la fille. Jimmy l'invite finalement à entrer. La chambre est minuscule. Un lit, une chaise et un petit bahut. La fenêtre donne sur le mur de l'édifice voisin.

— J'sus pas grandement comme tu peux voir.

Maggie hoche la tête, cachant mal son dépit.

— T'as pris congé de l'école?

Maggie lui explique qu'elle a perdu son poste et qu'elle ne veut plus rester à Saint-Benjamin. Son père grogne un peu contre le curé, puis lui rappelle que les emplois sont rares et qu'il ne pourra pas l'héberger longtemps, faute d'espace. Quand Jimmy Miller quitte la chambre pour aller travailler, Maggie songe à aller se balader dans les rues, mais la mise en garde de son père la décourage.

— Fais ben attention si tu sors. Y a plein de monde pas ben recommandable dans ce quartier. Pis si t'as faim, y a un sac de biscuits dans le bahut.

Maggie passe la soirée à se morfondre, étendue sur le lit de son père. Quand il rentre après minuit, elle lui cède le lit et dort tant bien que mal sur le plancher. Au matin, elle a pris sa décision. Elle embarquera dans le premier

train vers Cumberland Mills et demandera à sa cousine
Élodie de l'aider à trouver du travail à Beauceville ou à
Saint-Georges. Ainsi, elle sera disponible si la nouvelle
maîtresse échoue ou... si Walter revient.

30

Printemps 1918

Crinière rousse au vent, Maggie Grondin file vers la maison de Mathilde sur la bicyclette que son père lui a rapportée de Québec. Elle pédale de toutes ses forces, les mains rivées au guidon. Sa dernière querelle avec Domina a rallumé en elle mille tisons de haine. Encore une fois, son mari a tenté, sans succès, de lui parler, de la convaincre de l'accompagner à la messe. Elle lui a ri au nez. Pas question d'être le faire-valoir de cet époux encombrant. Furieux, il s'est précipité sur elle pour la prendre de force. Agile, vive comme un chat, Maggie l'a repoussé brutalement. Domina est allé choir sur le plancher. Quand il l'a rattrapée, elle lui a asséné un solide coup de rondin d'érable sur la tête, un rondin en forme de marteau dont elle ne se sépare plus.

— Si tu recommences encore une fois, une seule fois, m'a va te casser la caboche.

La porte a claqué derrière elle. Domina se tordait de douleur.

Il s'est encore retrouvé seul dans son banc à l'église, une grosse pomme rouge au-dessus de l'œil droit.

Sur le perron, tous les yeux étaient braqués sur lui. En groupes épars, les paroissiens se moquaient de lui et le montraient du doigt. « Maggie lui a donné toute une claque », ironisait un cultivateur. Devenu la risée de la paroisse, Domina Grondin s'est faufilé rapidement à travers l'assemblée pour disparaître dans l'écurie commune.

— J'peux pus l'endurer, dit Maggie à sa tante.

— Vous vous êtes encore chicanés? T'as peur de
r'tourner à la maison?

Non, Maggie n'a pas peur. Après chaque empoignade,
son mari se referme sur lui-même et boude pendant quelques
jours. Il l'ignorera. Elle pourra aller et venir à sa guise sans
l'avoir sur les talons, sans le savoir tapi quelque part dans
la maison à épier ses moindres mouvements.

Six mois après son mariage avec Domina Grondin,
Maggie le regrette amèrement. Véritable cauchemar.
Comment en sortir? Fuir? Quitter Domina et aller vivre
ailleurs? Gommer cet épisode désastreux. Deux ans après
le départ de Walter Taylor pour la guerre, Maggie Grondin
n'en a pas encore fait son deuil.

Pourra-t-elle un jour aimer un autre homme? Pas une
journée sans qu'elle pense à Walter, qu'elle revive dans sa
tête les moments passés avec lui.

Après avoir été chassée de son école, elle s'est retrouvée
sans ressources. Son court périple à Québec l'avait découragée. Le jour de son mariage avec Domina, son père lui
avait dit que Lina, pâle et chétive, vivait dorénavant dans
une chambre d'hôtel minable, à la merci de clients sans
scrupule. Il avait probablement exagéré un peu pour tenter
de convaincre Maggie qu'elle faisait le bon choix et qu'elle
aurait une meilleure vie auprès de Domina.

De retour à Saint-Benjamin, dépitée, elle a lorgné du
côté de Beauceville et de Saint-Georges, elle a tenté de
s'inscrire à retardement au couvent de Beauceville pour y
obtenir son brevet d'enseignement, sans succès. Un soir,
Domina Grondin lui a proposé de l'épouser. Désespérée,
sans trop réfléchir, convaincue qu'elle le mènerait par le
bout du nez, elle a accepté, même si elle ne l'aimait pas.
Porte de sortie facile. La sécurité. Un moindre mal. Comme
son père, elle partirait un jour et ne reviendrait pas. Un
moment, elle a cru qu'elle l'aimerait, pas comme Walter,
mais assez pour vivre en harmonie. A-t-elle fait tous les
efforts pour y arriver? Elle a parfois des remords. Domina

a compris très vite qu'elle n'était pas amoureuse de lui.
Maggie refusait carrément de jouer le grand jeu du couple.
Dès les premiers jours du mariage, Domina a rêvé d'une
famille. Il voulait des enfants. Il souhaitait participer aux
activités de la paroisse, entrer dans l'église au bras de
Maggie, fréquenter les soirées paroissiales et l'emmener
aux «vues animées» à Saint-Georges. Sans être riche,
Domina a hérité d'un peu d'argent à la mort de son père :
cent piastres dans une boîte de métal enterrée dans la cave
et cinquante autres cachées dans le vieux collier de son
cheval. Argent qu'il dépenserait volontiers pour offrir robes
et bijoux à Maggie, qui n'en veut pas.

Gentille au début mais distante, elle a assumé son rôle
de bonne femme de maison, affairée à sa cuisine, au lavage,
à toutes les tâches domestiques. Domina la traitait comme
une reine, la laissant dormir longtemps le matin, l'exemptant
des travaux de la ferme et lui donnant tout le temps
d'apprivoiser sa nouvelle vie, de le découvrir, de l'aimer.
Mais Maggie ne se laissait jamais caresser. Quand il minau-
dait, quand elle sentait sa main dans son dos, son souffle
court quand il avait envie d'elle, Maggie se renfrognait,
s'éloignait, un sourire énigmatique roulant sur ses lèvres.
«Je suis pas prête pour ça.» Elle n'arrivait pas à s'imaginer
dans les bras de Domina, s'abandonnant, amoureuse.
Chaque fois qu'elle y pensait, c'étaient les images de Walter
qui surgissaient dans sa tête. Domina fut patient jusqu'au
jour où, ivre, il voulut la prendre de force. C'était sans
compter sur l'incroyable énergie de Maggie qui le renversa
et l'assomma à l'aide du tisonnier. Domina s'endormit dans
la douleur et l'alcool. Il tenta le même manège le lendemain.
Maggie s'enfuit chez sa tante et revint, trois jours plus tard,
forte d'une promesse qu'il la respecterait.

La nouvelle maîtresse d'école a fait long feu, poussée
à bout par les enfants, déprimée par l'isolement et le
manque de collaboration des parents. À Noël, elle a quitté
l'école. Désespérés, les parents se sont tournés vers Maggie,

mais la commission scolaire, aiguillonnée par le curé, a refusé. Les exigences de l'Église sont claires : une maîtresse d'école ne peut pas être mariée. L'école est restée fermée tout le mois de janvier. Une fille du village, plus jeune que Maggie, a finalement accepté de terminer l'année. Maggie s'est résignée à ne plus enseigner, prisonnière d'un mariage raté avec Domina Grondin.

Aujourd'hui, le couple est brisé. Le dialogue rompu. Pleins de haine, de ressentiment l'un pour l'autre. Désœuvrée, Maggie ne sait pas comment meubler ses longues journées. Elle sort, se balade à bicyclette, discute avec d'autres hommes. Jaloux, Domina la soupçonne de se déranger avec Ansel Laweryson, à qui elle parle souvent, et Léonidas Loubier, le compagnon de beuverie d'Ansel.

— Tu veux dormir icitte ? propose Mathilde à sa nièce.

— Non, je r'tourne à la maison, pis s'y me touche, y est pas mieux qu'mort !

Mathilde et Gaudias sont inquiets. Plus encore, ils regrettent d'avoir poussé leur nièce dans les bras de Domina. Ce mariage ridicule ne durera pas. Improvisé, il portait au départ tous les germes d'un échec. Avant de se marier, Maggie avait besoin de recul, de faire une pause dans sa vie débridée. Maîtresse d'école à quinze ans, enceinte à dix-sept ans, mariée à dix-huit ans, Maggie a opté pour une sécurité que ses proches ne pouvaient pas lui offrir, sécurité factice, le temps d'un hiver.

— T'es pas la première à qui ça arrive, dit Mathilde. Ben des femmes s'marient pour partir de la maison, avoir des enfants pis une famille.

Mathilde se rappelle trop bien la détresse de deux cousines « mal mariées » qui acceptaient les pires privations, à la merci de maris sans scrupule, obsédés par le sexe et l'alcool. Elles devaient travailler de douze à quinze heures par jour, élever seules les enfants sans jamais rechigner, sans jamais penser à partir, sans jamais rêver d'une vie meilleure.

Mais pas Maggie Grondin! Elle ne revivra pas la vie de sa mère. Elle ne cédera pas aux avances de Domina. Ce mari timoré, niais ne réussira pas à l'asservir. Un jour, elle partira et ne reviendra jamais.

En quittant Mathilde, Maggie saute sur sa bicyclette et roule lentement dans la route ravinée par la dernière pluie. Soudain, elle entend la voix d'Ansel Laweryson.

— *Hi, Maggie, how are you?*

La jeune femme a un sourire forcé. Chaque fois qu'elle croise Ansel, elle revoit Walter. Elle meurt d'envie de lui en demander des nouvelles, tourne autour du sujet sans jamais poser la question. Ansel ne l'aide pas. Depuis qu'elle a épousé Domina Grondin, il tient pour acquis que Walter ne l'intéresse plus du tout.

— Tu vas t'sauver de la guerre, Ansel?

— *No*, pas de guerre pour moé!

— Tu d'vais pas aller r'joindre Harold pis Walter?

Le visage d'Ansel s'assombrit. Sans nouvelles des deux soldats depuis un mois, leurs parents sont très inquiets. Walter et Harold sont probablement en France, mais impossible de communiquer avec eux. Maggie en a un pincement au cœur.

— Mais la dernière fois qu'y ont écrit, y allaient ben? demande-t-elle d'une voix qui se veut désintéressée.

— *Yes*, mais ça fait longtemps.

Ansel poursuit sa route. Maggie rentre à la maison beaucoup plus inquiète de Walter que de l'accueil que Domina lui réservera.

La maison est vide. Domina doit être dans l'étable ou dans les champs. Maggie monte à sa chambre, se laisse tomber sur son lit, la tête pleine d'images de guerre, de Walter dans le champ de fraises, de ses bras autour d'elle, de sa bouche sur la sienne. De Walter blessé, abandonné dans une tranchée, couvert de boue et de sang. Elle ferme les yeux, attrape un oreiller qu'elle serre contre elle, ce Walter fictif avec qui elle passera la nuit.

31

Au déjeuner le lendemain, Domina promet de bien se conduire si Maggie accepte de se comporter comme «une vraie femme», en d'autres mots, de céder à ses avances et de faire son devoir. Dernier ultimatum! Dernière tentative de sauver un mariage chancelant. Mais sa proposition est maladroite. Elle ressemble carrément à du chantage, à une menace plus qu'à un repentir. Incrédule, Maggie lui sert une rebuffade d'une rare méchanceté.

— T'as ta jument pour ça, t'as pas besoin de moé!

Blanc de colère, Domina se lève, le poing fermé, mais Maggie est déjà partie. À l'extérieur, elle se retrouve face à face avec Catin-à-Quitou. Domina l'engage l'été pendant la période de grands travaux.

— C'est-y vrai que tu t'donnes aux maquereaux? demande Catin, naïvement.

Maggie se retourne vivement. Une blague, à n'en pas douter! Sans être complètement démuni, Catin-à-Quitou ne pourrait pas remplacer le premier ministre Lomer Gouin! Mais une blague de mauvais goût.

— Qui t'a dit ça? demande Maggie, furieuse.

L'autre recule d'un pas, intimidé, réalisant qu'il a fait une erreur.

— Domina, marmonne-t-il d'une petite voix, les yeux rivés sur le bout de ses bottes.

Maggie se détourne, elle sent la colère sourdre en elle. «Je peux pas croire qu'il en est rendu là!» Son mari la soupçonne de se déranger avec des maquereaux! Elle en est ulcérée.

— Et quels maquereaux, Catin?

L'autre ne le sait pas. Domina ne lui a pas révélé les noms. Il l'a juste entendu dire la veille qu'il allait se débarrasser des maquereaux qui reluquent sa femme. La première réaction de Maggie est de bondir dans la maison et de confronter ce mari jaloux, mais elle change d'idée. Elle va sa venger autrement. À petits feux. Elle fera souffrir ce pitre dégoûtant en attisant sa phobie des maquereaux et, du même souffle, en exacerbant sa peur maladive des revenants, qu'il voit partout depuis la mort de son père, l'été dernier.

En fin d'après-midi, en présence de Catin, Maggie élabore sa mise en scène. Sur un ton qui se veut inoffensif, elle demande à Domina comment se rendre à la vieille cabane à sucre de Ludger Boulet. Son mari relève vivement la tête, convaincu qu'elle ira y rencontrer les maquereaux. Il la fusille des yeux mais ne répond pas. Elle se tourne vers Catin qui s'empresse de lui expliquer le chemin le plus court. À la tombée de la nuit, Maggie quitte la maison mais ne va pas plus loin que le massif de sapins derrière la grange. Domina hésite à cause de l'obscurité mais, finalement, il file à travers champs jusqu'à la vieille cabane pour y surprendre sa femme avec les maquereaux. Quand il s'en approche, un comité d'accueil lui glace le sang dans les veines.

De connivence avec Maggie, deux garçons à qui elle a déjà enseigné sortent de la cabane, la tête coiffée de sacs de patates, vêtus de grands draps blancs, pantins désarticulés, gesticulant comme des âmes jetées aux enfers. La mise en scène est grossière, mais Domina est pris de panique, le sang glacé dans les veines. Ne réalisant pas qu'on se moque de lui, il tourne les talons et déguerpit sans se retourner, se sentant poursuivi, menacé. Il essaie de crier, de hurler pour faire peur à ses poursuivants, mais pas un son ne sort de sa bouche. Quand il rentre chez lui, livide, en sueur, Maggie, feignant l'étonnement, lui crie de sa chambre : «C'est toi, Domina?» Confus, il ne répond pas, s'assoit à la table et entreprend de polir un manche de hache pour se changer les idées.

Mais Maggie n'en a pas fini avec Domina. Le lendemain, la porte de sa chambre verrouillée, elle vérifie si la carabine de son père, cachée entre deux paillassons, est toujours là. Elle la prend dans ses mains, tremblante, l'épaule un instant, le doigt caressant la gâchette. « Au cas où ! » Rassurée, elle enroule l'arme dans une couverture et la dissimule au même endroit. Elle tire ensuite du bahut une pelote de guenille. Elle la déroule, y insère quelques cailloux, l'enroule de nouveau et en attache les bouts. Un sourire narquois aux lèvres, la jeune femme roule la pelote dans ses mains pour s'assurer qu'elle ne se désintégrera pas. « Ce soir, mon beau Domina, tu vas mal dormir ! »

Après le barda, avant qu'il revienne à la maison, Maggie s'esquive comme elle le fait chaque soir. Domina n'y prête pas attention et n'essaie même plus de la retenir. Il consacre la soirée à sa passion, les chevaux. Domina peut passer des heures, appuyé sur la clôture, en pâmoison devant des chevaux qui broutent, s'ébrouent ou se roulent sur le dos après une longue journée de travail. Il tient sa passion de son père que les maquignons et les cultivateurs consultaient avant d'acheter un nouveau cheval. Alzyre Grondin devinait rapidement si la bête était en bonne santé ou malade. « Pour les chevaux, disait-on avec ironie, il a le tour du pouce, plus qu'avec les femmes ! » D'un œil expert, il détectait immédiatement le « piton ». Il tâtait le flanc, flattait la croupe, retroussait la crinière, frottait le poitrail et relevait la patte pour vérifier la corne du sabot. Alzyre devinait l'âge du cheval à la qualité des dents, qu'il dégageait en lui retroussant les babines.

Maggie revient à la brunante. Elle monte tout droit à sa chambre, mais laisse sa porte entrouverte. L'oreille tendue, elle suit chacun des déplacements de Domina. Le voilà qui entre dans sa chambre, bougie en main, enlève ses vêtements et, à genoux en caleçons, récite sa prière et se met au lit. Une demi-heure plus tard, quand Maggie a l'assurance qu'il dort, elle sort de sa chambre sans faire de bruit. Elle s'approche de l'escalier et met le pied sur la première marche qui craque de toutes ses fibres. Domina se relève dans son lit.

— C'est toé, Maggie?

Silence. «Pas un simonac de revenant!» Il tente de retrouver le sommeil. La lune fait valser ses grands doigts argentés sur le plancher de la cuisine. Dehors, le vent roupille. Seules les grenouilles bavardent encore. Domina ne dort pas. Il songe à se lever et à pousser une commode contre la porte pour empêcher les revenants de l'ouvrir. Maggie met le pied sur la marche suivante, pesant de tout son poids. Le bois geint, plainte sèche, hurlante, qui fait bondir son mari.

— C'est qui ça, simonac?

Maggie se tient immobile comme le chat à l'affût de l'oiseau. Domina sortira-t-il de sa chambre? La surprendra-t-il? L'appellera-t-il à son secours comme il le faisait au début du mariage? Non, car il sait qu'elle se moquera de lui. Au début, il la suppliait de dormir avec lui pour le protéger des revenants. Elle a refusé. «Je ne pourrai jamais dormir avec toi et tes maudits revenants!» Effrayé, Domina restera caché dans sa chambre, la tête enfouie sous son oreiller.

Domina n'arrive pas à retrouver le sommeil. Après quelques minutes, quand sa jambe commence à s'engourdir, Maggie pose les deux pieds sur la marche suivante et attend. Le crissement du bois fait hurler Domina.

— Simonac de revenants, allez-vous-en!

Sa voix implore. Il est en sueur, terrorisé. Un instant, il songe à se lever et à asperger la maison d'eau bénite comme le lui a déjà recommandé sa tante. «Aussi longtemps que tes parents et ceux de ta femme seront au purgatoire, y vont t'achaler! Tu sais comme moé que ton grand-père était pas un saint! C'est sûr qu'y brûle au purgatoire et que, la nuit, le diable le laisse sortir. Chasse-le à l'eau bénite et fais-y chanter des messes, y a pas d'autres solutions!» Mais Domina a renoncé à l'eau bénite. La manœuvre n'a rien donné. Au contraire, elle a provoqué et déchaîné les revenants. Cette nuit-là, la porte des bécosses a claqué, les rideaux cherchaient à se sauver par la fenêtre ouverte, sans oublier ces curieux couinements dans les ravalements.

Depuis ses premiers pas, Domina a peur des morts. Petit, sa mère l'avait forcé à veiller le cadavre de sa sœur, morte de la scarlatine. Quand il était dissipé, elle le menaçait d'une visite nocturne d'un quelconque aïeul. «Tu sais qu'y est caché derrière la porte et qu'y te regarde dormir!» À la mort de son père, l'été dernier, Domina fut incapable de s'approcher du cercueil. Au dernier moment, le curé lui fit entendre raison. Domina fit un pas vers la dépouille de son père, tremblant, se signa et s'éloigna rapidement.

Assise dans l'escalier, Maggie tient dans ses mains la pelote de guenille qu'elle a bourrée de cailloux. Une vieille pelote de guenille enroulée par sa mère. Quand elle est certaine qu'il s'est rendormi, elle fait craquer une marche et lance la pelote qui roule dans l'escalier avec fracas et s'immobilise devant la porte de la chambre de son mari. Domina pousse un cri d'horreur. À n'en plus douter, le fantôme d'un revenant hante la maison. Il est là, devant sa porte, n'attendant que l'occasion de bondir sur lui. «Comment Maggie fait-elle pour dormir?»

— Si tu t'en vas, m'a va faire chanter une messe dimanche, supplie Domina.

Mais de quel revenant s'agit-il? Son père, son arrière grand-père, la mère de Maggie? Il pleure comme un enfant. Peur irraisonnée, irrationnelle qui dépasse, et de loin, celles de tous les autres paroissiens qui ont peur des revenants. Légère comme une mésange, Maggie retourne dans sa chambre, sa vengeance assouvie.

Au matin, Domina se lève et ouvre la porte lentement. Il a un haut-le-corps quand il aperçoit la pelote de guenille.

À n'en pas douter, Marie-Anne Miller a visité la maison au cours de la nuit.

Voulait-elle se venger du traitement qu'il réserve à sa fille? Est-elle coincée au purgatoire sans espoir d'en sortir rapidement?

Pourquoi s'en prend-elle à lui et pas à Maggie?

Quand sa femme se lève, il l'interroge.

— J'ai trouvé une p'lote de guenille bourrée de roches. T'as idée d'où ça vient?

Maggie prend un air étonné. Une pointe d'inquiétude brille faussement dans ses yeux.

— J'ai rien entendu.

— Tu devrais faire chanter des messes pour ta mère. Comme ça, a l'arrêterait de ravauder la nuit. Ça fait deux fois qu'a vient nous voir depuis deux semaines.

Maggie hausse les épaules. La semaine dernière, malgré la fenêtre fermée, Domina a juré qu'il entendait clairement le grincement des deux chaises berceuses sur la galerie. «Ta mère et la mienne», a-t-il dit à Maggie.

— Qu'est-ce qui les empêche de se bercer? lui a demandé Maggie, pour attiser sa peur.

Mais Domina n'en démord pas. Il refuse de croire aux grincements du vieux peuplier. Seuls les revenants se bercent sur la galerie en pleine nuit, seuls les revenants arrachent des bardeaux sur le toit de sa maison, seuls les revenants se servent des bécosses, derrière la remise, et font claquer la porte en partant. Parfois, le matin, Domina se retourne brusquement pour les surprendre, les saisir, mais chaque fois ses mains frappent le vide. Dimanche, il fera chanter une messe pour l'âme de Marie-Anne Miller. «C'est la seule façon», lui a dit le bedeau, forçant Domina à puiser toujours un peu plus dans ses économies.

32

Maggie Miller se détache de plus en plus de son mari. Ils cohabitent comme deux étrangers. Elle quitte la maison sans le prévenir. Elle vient de passer une semaine avec sa cousine Élodie Pouliot à Beauceville. Domina l'a cherchée partout. Il est convaincu que sa femme le trompe. La rumeur court au village, dans les rangs et même à Cumberland Mills. Depuis une semaine, la rumeur s'est amplifiée, suscitant l'indignation des bonnes âmes et l'amusement des hommes. «Cocu!» crient les enfants à Domina en se sauvant. Excédé, il a décidé de confier l'affaire à Bénoni Bolduc, le maire et juge de paix de Saint-Benjamin.

— Ces simonac de maquereaux!

La voix de Domina jaillit derrière la clôture, forte et rageuse, comme le croassement de la corneille qui vient de débusquer le grand duc. Domina Grondin bat la route à grands coups de bottes. Le gravier vole. Véritable ouragan qui s'abat sur le rang Watford en cette fin de matinée de printemps, gorgée de soleil, enivrée du parfum âcre des labours fumants. Affairé à relever ses clôtures, Médée Turcotte-à-Rosaline branle la tête, sourire moqueur aux lèvres. En apercevant la maison du maire, Domina presse le pas, zigzaguant entre les ventres-de-bœuf. Ses mains ballottantes s'accordent au rythme de ses courtes enjambées. Devant lui, le rang Watford se bombe, s'enfonce, pique du nez vers la rivière Cumberland avant de grimper à pic jusqu'au village de Saint-Benjamin.

Les pissenlits tressent un joli collier autour de la maison de Bénoni Bolduc, l'une des plus belles de la paroisse avec son solage et sa cheminée en pierres des champs, son toit incurvé et sa grande laiterie. Bien assise sur un coteau, elle a l'air de surveiller le village, donnant au maire une vue imprenable sur ses commettants. Sur la galerie, en attendant le dîner, le maire lit l'*Action sociale* à voix haute pour le bénéfice de Norée Boucher-à-Nézime, son vieux voisin analphabète. Bénoni a eu vent des histoires de maquereaux, mais il en a ri. La visite de Domina l'intrigue. Tendu, les lèvres pincées, les gestes saccadés, celui-ci est survolté. «Y s'est encore chicané avec ses voisins», pense Bénoni.

— Ben voyons, Domina, pourquoi tu t'mets dans ces états-là?

Domina refuse de se laisser amadouer. Il regarde le maire droit dans les yeux, menaçant, le doigt accusateur, prêt à engager le combat.

— Y a deux simonac de maquereaux qui r'luquent ma femme!

— Ben voyons, Domina, c'est des racontars. Arrête de craire des folies comme ça!

— C'est pas des folies. J'sus sûr que Maggie s'est dérangée avec ces simonac de maquereaux.

Les absences répétées et prolongées de Maggie l'ont convaincu qu'elle a des rendez-vous clandestins. Le maire, la voix grave mais calme, tirant doucement sur sa pipe, tente de l'apaiser.

— Milledieux, Domina…

Agité, l'autre l'interrompt aussitôt. Aveuglé par la colère, il n'a pas relevé la présence de Norée. Le vieil homme observe la scène, s'efforçant de garder son sérieux.

— T'es juge de paix. Tu vas faire un procès aux maquereaux. Y a juste toé qui peut me r'donner ma femme. Y faut que tu l'arrêtes de galipoter!

Guère convaincu du sérieux de l'affaire, agacé par la requête simpliste de Domina, Bénoni tente de désamorcer la fureur de son visiteur.

— Tu te fais des accraires. C'est pas d'ma faute si t'as marié la plus belle fille du village!

Domina relève brusquement les yeux, la lèvre inférieure tremblante, offusqué par la remarque inappropriée du maire.

— Mon simonac de Bénoni, c'est pas drôle pantoute!

Le maire dépose son journal sur le banc. De plus en plus amusé, Norée bourre sa pipe, savourant chaque minute de la scène, tout en évitant de s'en mêler. Bénoni hausse le ton.

— Domina, écoute-moé ben. J'pense que t'exagères. Pour faire un procès, j'ai besoin de preuves et de preuves solides, pas juste du placotage pis d'la jalousie.

— J'l'ai vue aller dans l'bois, l'interrompt Domina.

— Avec qui? demande Bénoni. Donne-moé des noms si tu veux que j'enquête.

Le visage de Domina s'assombrit. Sa voix s'empâte, brisée par l'humiliation.

— J'l'ai pas suivie dans l'bois, mais Ansel y est allé aussi.

— Ansel Laweryson?

Que l'un des présumés maquereaux soit un protestant risque de compliquer drôlement l'affaire.

— Oui, Ansel, c'est un beau marle, celui-là! J'sais pas pourquoi y est pas parti à la guerre comme les autres.

— Les as-tu vus ensemble?

Domina fait signe que non. Bénoni comprend. Une fois la nuit tombée, il sort rarement de peur que les fantômes de ses connaissances rôdent autour de la maison. Persuadé que Maggie exploite ses phobies et attise sa jalousie, Bénoni ne veut pas faire un procès aux maquereaux. Il serait la risée du comté. Le visage de Domina se rembrunit.

— Si tu fais rien, j'leu fait sauter la cervelle.

— Domina, si tu fais ça, je pourrai pas t'défendre. Tu vas te r'trouver en prison.

— L'avocat Beaudoin de Saint-Joseph va m'défendre. Lui, y aura pas peur de faire arrêter les maquereaux.

— Fais ce que tu veux, mais penses-y ben. Le frère de ton grand-père, Chérie Grondin, a mangé sa terre à plaider pour des niaiseries.

Alzyre Grondin, le père de Domina, mais surtout Chérie, son oncle, cherchaient constamment noise à leurs voisins : les branches d'un arbre tombées sur leur terrain, une vache broutant l'herbe à travers une clôture relâchée, tout était prétexte à invectives, querelles, menaces de procès et procès pour de vrai.

Domina ne renonce pas à faire appel à un avocat, mais pour économiser de l'argent, il s'en remettra d'abord au juge de paix.

— J'veux que tu leu parles, Bénoni !

— J't'le promets, Domina.

À moitié rassuré, Domina reprend la route. Deux corneilles se livrent un spectaculaire ballet aérien, prélude à l'amour, émaillé de croassements stridents et de grands coups de bec.

— Qu'est-ce que tu vas faire ? demande Norée à Bénoni.

— Faut pas se fier aux apparences. Maggie Miller a toujours aimé provoquer le monde. C'est une tête dure. Être juge de paix, ça me donne pas le droit de l'accuser sans preuve. Et pis, mon Norée, c'est des histoires de fesses, pis ces histoires-là, c'est l'affaire du curé !

Le vieil homme éclate d'un rire bruyant. Bénoni reprend la lecture de son journal.

— J'te dis que t'en as des écritures à lire, Bénoni.

— Oui, mais à part la guerre, y a pas grand-chose d'intéressant.

Le soleil plonge sur la campagne. Les hirondelles virevoltent, piquent du nez, glissent en rase-mottes avant de s'élever au-dessus des arbres.

— Milledieux, la danse de la pluie des hirondelles, dit Bénoni. Aussi longtemps qu'on sera dans le décours de la lune de Pâques, y va nous mouiller dessus.

33

Une bonne odeur de labours fraîchement hersés baigne le rang-à-Philémon. Des volées d'oiseaux noirs cherchent leur nid. Devant la maison de Domina Grondin, dissimulée derrière une haie de peupliers, un gros coq en métal tourne doucement sur son socle, aiguillonné par une légère brise. En entendant le trot du cheval, Domina apparaît aussitôt.

— R'garde, Bénoni, c'est là qu'a va avec le beau Ansel pis Léonidas Loubier.

Derrière un bosquet s'élève une cabane en bois rond, rudimentaire, propriété de Pit Loubier, le père de Léonidas. Le maire le regarde, étonné.

— Tu m'avais pas parlé d'Léonidas?

— Y est toujours avec le beau Ansel!

À la veillée, Ansel Laweryson et Léonidas Loubier se retrouvent dans la cabane, à l'abri des moustiques et des yeux indiscrets. Devenus de bons amis dans les chantiers, ils sont toujours ensemble malgré les remontrances du curé. Léonidas et Ansel ont une passion commune pour la bagosse qu'ils fabriquent, distribuent et, surtout, consomment en bonne quantité. Que se passe-t-il exactement dans la cabane? Personne ne le sait mais, depuis quelque temps, les badauds s'y arrêtent, la montrent du doigt comme les touristes qui voient le pont de Québec pour la première fois.

Bénoni se prépare à partir. Il veut poser quelques questions à Léonidas et à Ansel, ne serait-ce que pour leur faire comprendre qu'il prend le problème très au sérieux. En retournant à son robétaille, Bénoni se retrouve face à face avec Maggie.

— Salut, Maggie.

— Salut, fait-elle à la dérobade.

Ses yeux bouillonnent, courroucés. Domina pointe son doigt vers elle.

— Dis-y, à Bénoni, où est-ce que tu putasses tous les soirs !

Livide, Maggie a des étincelles dans les yeux.

— Espèce de malade ! hurle-t-elle en mordant dans chaque syllabe. Va donc flatter ta jument. C'est tout ce que tu sais faire.

Le grand amour de Domina, c'est sa jument, Rosée. Véritable trésor, adulée, il lui épargne les gros travaux et l'attelle à un robétaille rutilant seulement dans les grandes occasions. Chaque jour, Domina l'étrille avec patience et douceur. Il ne survivrait pas à la mort de sa bête.

— T'es rien qu'une simonac de courailleuse qui s'donne aux maquereaux, mais qui r'fuse de s'faire servir par son mari.

Sidéré, Bénoni n'ose pas intervenir. Juge de paix, c'est son devoir de régler les querelles familiales. À l'occasion, le curé intervient, mais la plupart du temps, il laisse le travail au juge de paix pour mieux le blâmer ensuite si ses tentatives échouent.

— C'est pas en la traitant de courailleuse que tu vas régler ton problème, Domina.

— A l'écoute jamais, la simonac d'Irlandaise !

Abasourdi, Bénoni se frotte le menton. Au-delà de la jalousie d'un homme frustré et des caprices d'une femme qui ne l'aime pas, tout un drame se joue. Une haine féroce brille dans les yeux de l'un et de l'autre. Non seulement le mariage de Maggie et Domina éclate devant lui, mais l'affaire des maquereaux menace d'éclabousser le village et de raviver la méfiance entre les deux communautés. Les protestants feront porter le blâme sur Léonidas, les catholiques, sur Ansel. Rien pour renforcer la fragile relation entre les deux groupes. Vaut mieux étouffer l'affaire le plus tôt possible.

— J'm'en occupe, Domina. Sois patient.

Une corde à linge bien remplie cache à moitié la façade
grivelée de la modeste maison de Pit Loubier. Veuf, père
de sept enfants, il cultive une terre rocailleuse et passe
l'hiver dans les chantiers avec Léonidas, son fils aîné,
laissant à sa sœur, vieille fille, le soin d'élever les enfants.
Court, le cheveu crépu, rougeaud, le nez écrasé, il a la
démarche disgracieuse d'un ours qui sort d'hibernation.

— Si c'est pas mon maire favori. Bonjour, Bénoni!
D'après ce que j'entends, tu vas encore gagner tes élections
avant même que le coq sueille joúqué!

Pour couper court aux flagorneries de Pit, le maire va
droit au but.

— Tu sais que Domina est venu me voir, avant-hier. Y
m'dit que ton gars reluque sa femme. J'sais qu'y exagère,
mais le monde se fie aux apparences, pis ça jase en
milledieux au village. Le curé va s'en mêler avant longtemps.

Insulté, Pit se rebiffe. Il invite son fils à les rejoindre.

— C'est juste des menteries, monsieur Bénoni. Vous
allez pas croire des sornettes de même! C'est de la pure
invention, implore Léonidas.

— Qu'est-ce que vous allez faire, toé pis Ansel, dans
la cabane?

Léonidas hésite, visiblement mal à l'aise.

— M'a vous dire la franche vérité, monsieur Bénoni.
On va jaser, fumer pis, des fois, on prend un verre de
bagosse. Mais j'vous jure sus la tête de ma défunte mère
que j'me sus jamais dérangé avec l'Irlandaise à Domina,
jamais!

— A l'est jamais allée vous rejoindre dans la cabane?

— Jamais! Des fois, a rôde autour, mais c'est pour
parler à Ansel, pour avoir des nouvelles de Walter Taylor.

— Pourquoi a veut des nouvelles de Walter Taylor?
demande le maire, étonné.

— Aucune idée, monsieur Bénoni.

Le maire est confus. Léonidas lui semble sincère. Sans aucun doute, Domina a délibérément grossi l'histoire pour mieux se venger de sa femme. Et Maggie fait tout ce qu'elle peut pour le rendre jaloux, le forcer à faire une bêtise, pour mieux se débarrasser de lui. «Si elle restait à la maison et avait des enfants comme toutes les femmes normales, on n'aurait pas ce maudit problème-là!»

— En tout cas, Léonidas, fais ben attention. Forcez-moé pas à faire un procès. Arrêtez de toujours le narguer pis de l'faire étriver.

L'autre ne répond pas. Le visage crispé, outré par l'avertissement du maire, Pit Loubier retient sa colère.

— Y passe son temps à surveiller les voisins pis à courir après les enfants qui ont le malheur de mettre un pied sus son terrain. C'est un dérangé, Bénoni, un vrai dérangé! Et tout le monde sait que son mariage avec Maggie était arrangé, qu'a l'a jamais aimé. Y récolte c'qui a sumé.

— J'sais tout ça, Pit, mais laissez-lé tranquille pour un bout de temps.

L'autre ne répond pas. Bénoni prend congé des Loubier. Ansel Laweryson n'est pas très loquace. Oui, il connaît bien Maggie. Elle est venue souvent au magasin de Sam Taylor où il travaille depuis un an. Lui demande-t-elle des nouvelles de Walter Taylor? Oui, à l'occasion, comme on demande des nouvelles des hommes de la paroisse qui sont allés à la guerre. S'est-il dérangé avec Maggie Miller? Ansel bondit, piqué au vif. Jamais. «Never.» Tout au plus reconnaît-il s'être moqué de Domina, mais rien d'autre. *Just for a laugh!*

Au retour, Bénoni s'arrête chez Mathilde et Gaudias Rodrigue, surpris de voir le maire sur le pas de leur porte, redoutant qu'un malheur soit arrivé.

— J'veux te parler de Maggie Grondin, dit-il à Mathilde.

Les yeux sortis des orbites, elle s'approche du maire. Maggie l'a habituée au pire.

— Y est arrivé queque chose?

— Non, mais Domina pense qu'a se dérange avec deux maquereaux.

Mathilde éclate de rire. Mais son rire s'estompe quand Bénoni lui raconte que Domina veut leur faire un procès. L'affaire est en train de prendre des proportions démesurées. Isolés dans leur maison du rang-à-Philémon, peu bavards et peu enclins à socialiser sur le perron de l'église, Mathilde et Gaudias Rodrigue se tiennent à l'écart du commérage. Ils entendent parler des maquereaux pour la toute première fois.

— Ça m'étonne pas, dit Mathilde. À l'école, y en avait peur. Pis aujourd'hui, elle le mène par le bout du nez comme un chien battu.

— Peut-être, mais là, Domina en a assez et si t'avais entendu ce que j'ai entendu tantôt, tu comprendrais que c'est grave en milledieux.

Mathilde hoche la tête, désespérée. Elle réalise une autre fois l'erreur qu'elle a faite en poussant Maggie dans les bras de Domina. Et pas seulement elle, son père aussi et tous ces gens qui voulaient en faire une femme respectable en la mariant à un fils de bonne famille.

— Pour ce qui est des maquereaux, tu t'trompes, Bénoni. Maggie est trop indépendante pour s'amuser avec d'autres hommes. J'sus sûre qu'avant longtemps, a va lâcher son mari, mais ce sera sûrement pas pour un maquereau.

— J'espère que tu dis vrai.

Gaudias Rodrigue, resté à l'écart de la conversation, pose finalement la question qui lui brûle les lèvres.

— On les connaît, les maquereaux?

— Léonidas Loubier pis Ansel Laweryson.

— Ansel! rétorque vivement Mathilde, inquiète.

— Ça a l'air que Maggie lui parle souvent pour avoir des nouvelles de Walter Taylor. Est-ce qu'y s'connaissaient?

Embarrassée, Mathilde ment au maire. Par miracle, les fréquentations et la fausse couche de Maggie ont échappé au potinage de la paroisse. Vaut mieux garder le secret. Le dossier de Maggie Grondin est déjà assez lourd.

— Pourquoi a se comporte pas comme toutes nos femmes? demande Bénoni exaspéré.

Petit sourire narquois aux lèvres, Mathilde sait trop bien que Maggie n'est pas une femme comme les autres, qu'elle ne changera pas. Au contraire, elle semble prendre un malin plaisir à étaler sa différence. Son comportement porte flanc aux soupçons, ouvre la porte à la médisance. Elle ne cache pas son profond mépris pour un mari qu'elle défie ouvertement. Depuis que le curé lui a fait perdre son école, elle vit en marge de la communauté et ne fréquente jamais l'église. Est-ce que ça fait d'elle une courailleuse? Non. Animal blessé, elle refuse de rendre des comptes, refuse de prendre le pli de la majorité. Elle s'amuse à provoquer les bonnes gens.

— Domina la mettra jamais à sa main. C'est une Irlandaise! Une tête de cochon! C'est pas un pâlotte comme Domina qui lui fera entendre raison!

— En tout cas, si t'as une chance, fais-y donc comprendre qu'a l'a pas intérêt à ce que j'fasse un procès aux maquereaux parce que sa réputation va en prendre un bon coup.

Mathilde hausse les épaules. Sa réputation? Maggie n'en a que faire. Depuis longtemps, elle ne se préoccupe plus de ce que les gens de Saint-Benjamin pensent d'elle. Et même si elle rentrait dans le rang, sa réputation s'améliorerait-elle? Mathilde en doute.

34

Dès les premières rumeurs, le curé s'est emparé de l'affaire des maquereaux, sans vérifier les faits, trop content de pouvoir embarrasser le maire «et juge de paix», ajoute-t-il avec mépris en étirant le «u» du juge. «Voilà ce qui arrive à trop fréquenter les protestants! Ces gens-là n'ont pas de morale, pas de vertu et se croient tout permis.»

Le verdict du curé est déjà tombé : Maggie Miller et Ansel Laweryson sont les seuls coupables. Léonidas Loubier est un pauvre innocent qui s'est laissé entraîner par les deux autres.

Au magasin, le curé a même accusé Maggie d'être plus protestante que les protestants. «J'aurais jamais dû permettre à Domina Grondin de marier une traînée comme elle! Ils vont avoir ma façon de penser, dimanche.»

L'affaire des maquereaux alimente la chronique paroissiale. Pour une fois, les citoyens ont hâte d'entendre ce que le curé en dira. Mais avant le sermon, tous les yeux sont rivés sur Amédée-à-Boily-à-Rosaire, le crieur qui s'époumone.

— Approchez, mesdames et messieurs, approchez…

Quelques paroissiens se regroupent autour d'Amédée, debout sur la plus haute marche du perron de l'église. Pipe en bouche, les cheveux épars, les bajoues pleines, le gros Amédée donnera son spectacle pendant une quinzaine de minutes. Il tire d'abord un coq enragé d'un sac de jute. Il tient l'animal par les pattes, la tête suspendue dans le vide, à bout de bras pour éviter d'être écorché vif. La férocité du coq apeure les paroissiens.

— Qu'est-ce qu'y a à être malin comme ça ? J'comprends pas, dit Amédée qui le remet dans le sac avec d'énormes difficultés, tant la bête se débat et menace de lui transpercer l'avant-bras. Pourtant, y était ben d'adon avant qu'on arrive !

— T'as pus la main, Amédée ! T'es rendu que tu t'fais tirer la falle par un coq !

— Ça doit être un coq protestant ! lance une voix.

Les paroissiens rigolent pendant que le pauvre Amédée cherche le propriétaire du volatile déchaîné. Pour lui jouer un tour, un plaisantin a appliqué du coltar sous la queue du coq, ce qui l'a rendu fou furieux ! Amédée a plus de facilité à vendre deux cochonnets, une botte d'échalotes, du sucre d'érable et deux paires de raquettes. La criée des bonnes âmes rapportera six piastres à la Fabrique.

— Vite, vite, la messe va commencer ! crie le bedeau. Entrez vite, le curé n'aime pas les callâbes de lambineux !

Les paroissiens se dépêchent d'entrer dans l'église. Debout, derrière l'autel, le curé cherche Domina et Maggie des yeux. Penaud, Domina est seul dans son banc. «Encore une fois, elle n'est pas à la messe !» Du haut de la chaire, il commence par expliquer les détails de la procession pour les biens de la terre.

— Je veux que la paroisse au grand complet participe à la procession. Nous partirons du village et cette année, nous irons dans le rang-à-Philémon. Il y a du nettoyage à faire dans ce coin-là. Je vous rappelle que la procession vaut dix indulgences plénières et cent jours d'indulgences partielles.

Armoza Labonté, la servante du curé, esquisse un sourire de satisfaction. La procession portera son total d'indulgences partielles à cent mille jours ! Le ciel assuré et une place tout à côté du bon Dieu !

— Nous allons profiter de la procession pour prier afin que les autorités mettent fin au scandale qui frappe notre paroisse. Un scandale venu encore une fois des protestants !

Pourtant, le coupable est identifié. Tout le monde le connaît. Qu'est-ce qu'on attend pour sévir ?

Bénoni fulmine. Quel coupable ? Comment peut-il condamner quelqu'un sans savoir ? Décidément, ce curé n'a aucun respect pour les droits les plus élémentaires des paroissiens, quelle que soit leur religion.

En revenant de la messe, Domina annonce à Maggie que la procession des biens de la terre passera devant la maison et lui demande de l'accompagner pour faire taire les rumeurs, une fois pour toutes.

— Si c'est pas vrai que tu t'déranges avec Ansel pis Léonidas, c'est le temps de l'montrer.

Éberluée, Maggie secoue la tête. L'accompagner dans une procession ! Derrière le curé et tous ces gens qu'elle méprise ! Jamais ! Ni au village, ni à l'église, ni devant la maison. Jamais. Elle tente de déguerpir, mais Domina bondit sur elle et lui agrippe le poignet.

— Viens icitte ou ça va aller mal en simonac !

Maggie s'éloigne, mais Domina la saisit aussitôt par derrière et la renverse. Elle est coincée. Il la tient fermement. La jeune femme se débat, tente de le frapper avec ses coudes, mais sans succès. Il resserre son emprise. Elle sent son souffle court dans son cou, son pénis dur contre sa hanche, ses doigts qui lui triturent la poitrine. Incapable de se libérer, Maggie s'abandonne, cesse la résistance, se détend, lui fait croire qu'elle cède à ses désirs. Domina se laisse prendre au jeu. Alors qu'il ne se méfie pas, trop heureux de la posséder enfin, Maggie lui administre un solide coup de genou dans le bas-ventre. Déjoué encore une fois, Domina hurle de douleur pendant que Maggie se relève et replace sa robe.

— Domina Grondin, si tu me fais ça une autre fois, t'es pas mieux que mort. M'as-tu compris ?

Domina se relève lentement et s'approche, mais, tisonnier en main, Maggie l'éloigne.

— Maudite guidoune !

Maggie se sauve dans sa chambre. Endolori, Domina quitte la maison et va retrouver sa jument. Quand la procession passe devant la maison, Domina et Maggie ont disparu. Le curé asperge la maison de toute la force de son goupillon, de quoi chasser tous les maquereaux de la terre ! À la fin de la procession, il bénit les instruments aratoires, improvise une prière pour éloigner les bibittes à patates, si « le vert-de-Paris ne suffit pas », et ordonne à tous les cultivateurs de n'utiliser que les grains bénis des rogations.

Dans son étable, Domina étrille Rosée. Un gros rat court sur le pavé et disparaît dans la tasserie. À l'évidence, le curé n'a pas tous les pouvoirs !

Le lendemain matin, sous prétexte de poursuivre sa visite paroissiale, le curé décide d'aller surprendre Maggie et Domina à la bonne heure. Pourquoi n'étaient-ils pas à la procession ? Pourquoi Maggie ne vient-elle jamais à la messe ? L'attelage peine dans le rang-à-Philémon. Un coq s'égosille. Antonio Quirion maugrée. Le bedeau refuse de faire courir son vieux cheval.

— Bouge, espèce d'emplâtre, on n'arrivera jamais !

Stanislas laisse retomber les guides sur le dos du cheval qui renâcle, trottine un peu pour lui faire plaisir et retrouve aussitôt son pas. Alertée par le chien de Pit Loubier, Maggie jette un coup d'œil par la fenêtre, s'habille rapidement et file, pieds nus, par la porte arrière, au moment où le curé entre dans la maison sans frapper.

— Il y a quelqu'un ?

Le curé s'approche de l'escalier et élève la voix, espérant réveiller Maggie qu'il soupçonne de paresser au lit.

— Marguerite ? Domina ?

Personne ! Le curé peste contre les absents, sort de la maison en trombe et se rend à l'étable. Accroupi sous une vache, Domina, surpris, salue le curé timidement.

— Vous êtes de bonne heure en simonac ! Voulez-vous qu'j'arrête mon barda ?

Le curé fait quelques pas dans l'étable à la recherche de Maggie. L'odeur du fumier l'indispose. Il allonge le cou dans la porte de la bergerie, lorgne du côté de la tasserie sans s'y rendre. Aucune trace de Maggie. Le curé s'en étonne auprès de Domina.

— Bout de pipe, où est-elle à cette heure-là?

— Dans la maison, dit Domina.

— J'en arrive et elle n'est pas là. Elle a passé la nuit avec toi?

— Ben oui.

Domina soupçonne Maggie de s'être emmurée dans sa chambre. Le curé fait les cent pas dans l'étable, courbé pour ne pas se frapper la tête contre les solives du plafond trop bas. L'étable, ses odeurs, les mouches, le fumier, tout l'importune.

— Comment ça se fait que je ne vous ai pas vus à la procession hier?

Domina baisse la tête, ne répond pas et continue la traite de sa vache. Le curé tempête.

— Peux-tu m'expliquer pourquoi t'es pas capable de t'occuper de ta femme? Vous devriez avoir un enfant au berceau et un autre en route. Qu'est-ce que vous attendez?

Domina subit la charge du curé sans broncher. Il n'a pas de réponse. Et après sa mésaventure de la veille, il est convaincu qu'il n'aura jamais d'enfants avec Maggie Miller. Une vache meugle. Assis sur son derrière, un gros chat blanc attend patiemment que le sermon du curé soit terminé et que Domina emplisse son bol de lait.

— Écoute-moi bien, Domina Grondin. Je vais forcer le maire à faire un procès et tu vas accuser Ansel Laweryson et personne d'autre. Tu me suis? Il y a juste les protestants qui font ce genre de saloperies. Tu touches pas à Léonidas. C'est un catholique comme toi. Tu m'as compris?

Sans conviction, Domina approuve d'un geste de la tête et, pour se débarrasser du curé, promet que sa femme viendra à la messe et se confessera. Nullement convaincu que Maggie accédera à sa demande, Antonio Quirion repart en pestant contre les poules qui se sont rassemblées devant la porte. Stanislas s'est rendormi dans le robétaille.

— Réveille-toi, pâte molle, et ramène-moi au village au plus vite !

En route, le curé et le bedeau croisent l'attelage d'Oscar Taylor, le gros Anglais au sourire éternel.

— *Good morning, mister couré !*

— M'a lui en faire des misteur couré ! Quel effronté ! Et t'as vu, il prend toute la route. Un peu plus et il nous jetait dans le fossé.

Stanislas a renfoncé son chapeau au-dessus de ses yeux et a tourné la tête pour dissimuler le clin d'œil qu'il a lancé à Oscar.

35

Une dizaine d'hommes sont rassemblés au magasin général. Quelques retraités, le curé et des cultivateurs dont les travaux sont retardés par la pluie. Mathias Saint-Pierre, le marchand général et le curé sont engagés dans une vive discussion sur les mérites du premier ministre du Canada, le conservateur Robert Borden.

— Je te dis, Mathias, qu'il est fini. Ça lui apprendra à envoyer nos bons Canadiens français à la guerre. Sa conscription, il va la ravaler, prends-en ma parole.

Au début du conflit, Borden dota le Canada d'une loi sur les mesures de guerre et il promit d'expédier cinq cent mille soldats en Europe. Trois ans plus tard, Borden, connu pour son aversion des francophones, fit adopter la loi sur le service militaire qui ouvrit la porte à la conscription, décriée par les Canadiens français.

— Y va être ben dur à battre, dit Mathias en retenant un juron. Tous les protestants du Canada vont voter pour lui.

Le curé, les yeux braqués sur la fenêtre, est d'accord avec le marchand. La pluie picore sur le toit. Sous le punch, le grand abri attenant au magasin, les chevaux renâclent et de temps à autre, martèlent le sol de leurs sabots. Avant que le curé ne relance la discussion, Théodule Turcotte entre dans le magasin en catastrophe, les traits crispés. Il tente de reprendre son souffle et laisse tomber d'un trait :

— Apparence que Domina a perdu la boule pis qu'y a tiré à la carabine sus les maquereaux hier à soir !

La nouvelle fait tout un effet. Les hommes se regardent, puis se tournent vers le curé, le seul habilité à poser un premier jugement sur un événement aussi grave.

— Il les a estropiés ? demande le curé.

Théodule hausse les épaules. Il n'a pas de détails. Les hommes font cercle autour de lui.

— Est-ce que Marguerite Grondin était avec eux ? demande le curé.

— On me l'a pas dit, mais j'viens de voir Bénoni à la boutique de forge. Y va sûrement arrêter au magasin. Vous lui demanderez.

En fait, Théodule a bien peu d'informations. En le pressant un peu, ils découvrent que des coups de feu ont été tirés la veille dans le rang-à-Philémon. Rien de plus. D'où venaient les coups de feu ? À qui étaient-ils destinés ? Théodule et les autres ne peuvent que spéculer.

— Y va falloir que Bénoni Bolduc arrête de farfiner et qu'y prenne ses responsabilités, sinon ça va nous sauter dans la face ! tranche Théodule.

La discussion est bien relancée quand Bénoni entre dans le magasin. Un silence gêné salue son arrivée. Après de brèves salutations, Mathias et le curé dévisagent Bénoni, espérant une réponse avant même d'avoir posé la question.

— C'est vrai pour Domina ? demande finalement le marchand.

— Qu'est-ce que t'as entendu, Mathias ?

Bénoni joue les désintéressés, celui qui n'a pas de temps à perdre avec le potinage du magasin général.

— Paraît qu'y a tiré sus les maquereaux, avance le marchand général.

Le maire fronce les sourcils.

— Milledieux, Domina a pas tiré sus personne. Y a tiré un coup en l'air pour leu faire peur, c'est toute.

Fatigué par deux nuits blanches peuplées de revenants, exaspéré par le comportement de sa femme, Domina a perdu la carte. Persuadé que Maggie s'amusait dans la cabane avec les maquereaux, il est sorti un peu avant la tombée de la nuit et a tiré un coup de carabine. Le bruit a ameuté les voisins. Après le coup de semonce, Ansel et

Léonidas se sont précipités hors de la cabane mais, si Maggie y était, elle n'en est pas sortie.

— Qu'est-ce que tu vas faire? demande le curé.

— Rien. Personne a porté plainte.

Les hommes ne comprennent pas. Bénoni essaie-t-il de les narguer? Veut-il étouffer l'affaire? A-t-il convaincu Ansel et Léonidas de ne pas porter plainte?

— Mais bout de pipe, Bénoni, il risque de recommencer. T'attends quoi? Qu'il tue quelqu'un? Viens me voir au presbytère qu'on règle ça au plus vite.

Le maire grimace. Il sent que la conversation tournera rapidement au vinaigre. Dans le sillage du curé, le magasin se vide. Le maire achète de la broche et des crampillons, puis s'en va. La pluie a cessé. Sur le parvis de l'école, l'institutrice sonne la fin de la récréation. À l'arrivée de Bénoni, le curé lit son bréviaire, en marchant rapidement d'un bout à l'autre de la grande galerie, la barrette enfoncée jusqu'aux oreilles. Il pose son bréviaire sur une chaise.

— Si tu bouges pas, Bénoni, j'appelle la police.

— La police se mêlera pas de ça. Domina a écrit à l'avocat Beaudoin, pis y veut pas prendre sa cause. Y a pas de preuve.

— C'est à toi de les trouver, les preuves, c'est pour ça qu'on te paye pour être juge de paix.

— Et toé, Tonio Quirion, qu'est-ce que t'as fait pour régler le problème? Rien. T'as pas levé le p'tit doigt. Arrête de toujours dire n'importe quoi sans jamais rien vérifier. T'es obsédé par les protestants que t'en vois pus clair. La soutane te donne pas le droit de condamner les gens sans preuve.

Le curé rugit. Il a horreur qu'on l'appelle Tonio. Horreur de pareille familiarité. Il déteste qu'on lui remette ses contradictions sous le nez.

— M'a va régler le problème. J'ai pas besoin que tu me dises quoi faire. Et arrête donc de toujours monter la paroisse contre moé. Tu perds ton temps. T'es même pas capable de trouver un candidat pour m'faire face à l'automne.

Le curé s'approche, menaçant. Lui aussi aurait souvent envie d'en découdre avec Bénoni, comme au séminaire dans les parties de hockey, quand il s'imposait à coups de poings à ses adversaires.

— Je te donne une semaine pour régler cette histoire-là. Sinon, j'appelle la police et j'écris au gouvernement pour qu'il te relève de tes fonctions, espèce d'incapable!

— Pis tu vas me remplacer par un de tes suivants-culs? demande Bénoni sur un ton moqueur.

— Tu ne perds rien pour attendre. Tu ne l'emporteras pas en paradis, prends-en ma parole!

Le curé rentre dans le presbytère et claque la porte derrière lui. Bénoni songe à le relancer mais y renonce. Il s'en retourne, frustré. Et si le curé obtenait sa tête? S'il réussissait à le faire destituer? Bénoni a déjà lu dans l'*Action sociale* que des maires de paroisses de la province de Québec ont été forcés de démissionner par le gouvernement. Quel a été le rôle de l'Église dans ces démissions? Important, à n'en pas douter. Antonio Quirion est assoiffé de pouvoir, il veut tout contrôler et ne reculera devant rien pour arriver à ses fins.

Au-delà de la semonce du curé, cette histoire de mœurs commence à agacer Bénoni de plus en plus. Et elle lui pose un défi comme il n'en a jamais relevé. Quand il s'agit de vols ou de batailles, il intervient rapidement et ses décisions sont sans appel. Le coupable doit faire brûler un lampion ou chanter une messe basse pour les âmes des défunts. Mais là, c'est différent. Comment départager les ragots de la vérité? Comment éviter que le ouï-dire fasse autorité et que la jalousie maladive d'un homme transforme en péché de la chair le moindre regard concupiscent? Si bien des hommes en rient, les bonnes âmes de la paroisse, le curé en tête, en frissonnent d'indignation. Larvée jusqu'à aujourd'hui, nourrie de suppositions, d'inventions, de non-dits, l'affaire des maquereaux prend des proportions démesurées, capables de chambouler le village et de compromettre sa réélection. Tôt ou tard, le curé trouvera un candidat et ne lésinera pas sur les moyens pour le faire élire.

36

Une demi-heure avant la grand-messe, le perron de l'église est animé. Les hommes ne se gênent pas pour reluquer les femmes, dans leurs légères toilettes d'été. Cohue rieuse, ragaillardie par le beau temps, qui n'en finit plus de bavasser ! Seul le curé n'a pas le goût de s'amuser. L'affaire des maquereaux l'obsède. Entre le kyrie et l'épître, agacé par les pleurs d'un enfant, il lève les yeux vers la nef. Après l'évangile, il grimpe l'escalier en colimaçon jusqu'à la chaire et tire de sa poche une feuille de papier qu'il déplie devant lui.

— Je vous donne la permission de rentrer le foin que vous avez coupé hier, mais je vous défends, vous m'entendez bien, je vous défends de participer aux recherches pour retrouver les trois vaches du protestant.

Depuis deux jours, trois des sept vaches de Shawn Taylor sont disparues. Les recherches n'ont pas cessé. La forêt voisine a été sillonnée, sans succès. La Loubier est convaincue que les vaches ont été enlevées par un revenant, probablement Chérie Grondin ! Shawn est désespéré. Il y a deux semaines, des enfants ont vu des ours rôder à la lisière de la forêt. «Ben voyons donc, a dit le maire, les ours ne mangent pas les vaches !» Saint Jude a été appelé au secours par les catholiques. Le patron des objets perdus deviendra, pour les besoins de la cause, le patron des animaux perdus. Plusieurs catholiques participent aux recherches et ont l'intention de continuer à le faire, malgré l'interdit du curé. Mais ce ne sont pas les trois vaches de Shawn Taylor qui irritent le plus Antonio Quirion. Sa dernière altercation avec le maire l'a convaincu une fois de plus qu'il doit s'en débarrasser.

— Je rappelle aux autorités de la paroisse qu'elles ont la responsabilité de faire régner l'ordre et les bonnes mœurs. Ce qui se passe à Saint-Benjamin est inacceptable. Quand nos dirigeants prendront-ils leurs responsabilités?

Le curé tire un mouchoir de sa soutane, s'éponge la bouche et reprend sa tirade. Bénoni subit l'orage sans broncher, le regard au loin comme si le propos du curé ne l'intéressait pas.

— Le péché de la chair, c'est le plus grave de tous. Ceux qui en sont coupables brûleront en enfer pour l'éternité.

Le curé fait une longue pause pour dramatiser davantage ses prochaines paroles. Il pointe le doigt vers ses ouailles.

— Vous avez tous la responsabilité de faire pression sur vos dirigeants pour qu'ils mettent fin à ce scandale. Sinon, forcez-les à démissionner. C'est une honte, une disgrâce pour notre paroisse.

À l'évidence, le curé veut donner le mauvais rôle au maire et s'en laver les mains le plus longtemps possible. Certes, le juge de paix doit intervenir parce qu'un coup de feu a été tiré mais, pour le reste, et Antonio Quirion le sait très bien, le prêtre d'une paroisse a la responsabilité des âmes et, l'adultère, s'il a été commis, relève de son autorité.

Les paroissiens l'écoutent en silence, mal à l'aise. Les péchés de la chair sont les plus embarrassants, ceux qu'ils confessent le plus difficilement. Quand une mauvaise pensée devient-elle un péché? Doit-on se confesser de reluquer une jolie femme? De faire la chose plus d'une fois par jour? Mais le péché de Maggie Grondin est évident. Elle a commis l'adultère. Et un péché encore plus mortel parce qu'elle l'a commis avec un protestant!

— Que des catholiques soient responsables de l'affaire, ça m'étonnerait. Mais pour un protestant, ça ne m'étonne pas. Pourquoi vos dirigeants ferment-ils les yeux?

Bénoni branle de la tête. « Et Maggie Grondin, ce n'est pas une catholique ? » Domina se renfrogne sur son banc. Il regrette d'être venu à la messe. Mais a-t-il le choix ? Manquer la messe est péché mortel et son père lui a dit que les revenants s'en prennent surtout aux pécheurs.

Humilié par l'affront du curé au vu et au su de toute la paroisse, Bénoni mijote sa revanche. À ses côtés, Léda ravale son humiliation. Cette affaire l'horripile. Plusieurs fois, elle a demandé à son mari d'y mettre fin. Elle frémissait d'indignation quand il prenait l'affaire à la légère. Aujourd'hui, son mari n'a plus le choix, les maquereaux menacent de lui coûter son poste de maire et, qui sait, de juge de paix aussi. Sur le perron de l'église, plusieurs paroissiens viennent trouver Bénoni pour témoigner des nombreuses incartades de Maggie Grondin dont ils ont été témoins mais, surtout, dont ils ont entendu parler.

— J'ai vu la Maggie à Domina, hier, affirme Appolinaire Lacroix. En grimpant sus son bicyle, a l'a r'troussé sa robe jusqu'au califourchon !

— Pas surprenant que les hommes y courent après, renchérit Thomas Gilbert, une vraie vache en chaleur !

— Pis y paraît que Domina commence à fatiguer de la tête !

— Faut l'comprendre, pogné avec une catin comme elle !

Bénoni se faufile à travers l'assemblée, faisant la sourde oreille à ces propos dégoûtants. L'affaire est rendue beaucoup trop loin, il ne peut plus l'endiguer. Le racontar est devenu scandale, le scandale, un drame. Assez d'atermoiements, le temps est venu de passer à l'action.

Dès le lendemain soir, il convoque une réunion du conseil. Aiguillonnés par le curé, deux conseillers exigent l'arrestation de Maggie Grondin et la tenue d'un procès par le juge de paix. La tension vient de monter d'un cran. Des menaces auraient été proférées à l'endroit des présumés coupables.

— À l'ordre !

Devinant qu'il y aura foule, le maire a convoqué la réunion dans la salle de l'école du village. Les pupitres ont été repoussés le long des murs. Des hommes occupent les quelques chaises disponibles, les autres sont debout. Les plus âgés ont planté leur escabelle devant la table du conseil. Une cinquantaine d'hommes assistent à la réunion.

— À l'ordre ! crie de nouveau le maire, remplaçant du même coup le secrétaire de la paroisse, mort de consomption trois mois auparavant.

— Y a des comptes à faire adopter, dit d'abord le maire, dont un de douze piastres pour les indigents publics. Tous d'accord ?

Personne ne s'y oppose. Le maire se tourne ensuite vers Polycarpe Veilleux, un conseiller de connivence avec lui, pour bien montrer que le dossier des maquereaux est sa priorité et non pas seulement celle du curé et de ses deux faire-valoir. Petit, les cheveux blanc argent, Polycarpe jure ne pas savoir son âge, sinon qu'il est à peine plus vieux que le premier ministre Lomer Gouin. Ses yeux ombragés par des sourcils broussailleux éclairent un visage brûlé par le soleil.

— C'est au sujet des maquereaux, commence le vieil homme, embarrassé, c'est ben terrible pour la paroisse. Y faut faire queque chose. On peut pus accepter qu'un homme tire à la carabine sus l'monde.

D'un coup, la tension vient de diminuer. Des ricanements étouffés fusent au fond de la salle. Des blagues égrillardes s'échangent sous le couvert de la main. Le maire fait la sourde oreille, fouille dans ses papiers et ignore la main levée d'un conseiller pistonné par le curé.

— Toé, Polycarpe, t'as déjà été p'tit juré à Saint-Joseph pour un gros procès. Tu penses pas que ce serait mieux de faire un vrai procès à Saint-Joseph plutôt qu'un procès par un juge de paix ?

Polycarpe ne le croit pas.

— J'pense que le monde aura moins peur de te parler à toé plutôt qu'à la police ou à un juge dans sa grande châsube noire, quand c'est plein d'avocats pis de toute sorte de monde qui écornifle.

— Oui, oui, font des voix dans la salle.

— Et toé, Gordon? demande Bénoni au conseiller des protestants.

Gordon Wilkins se contente de dire qu'il est favorable à un procès fait par le maire. Il s'assurera auprès de Bénoni qu'Ansel Laweryson ne deviendra pas le bouc émissaire des catholiques, même si Ansel a le don de faire rager les siens en s'acoquinant comme il le fait avec Léonidas Loubier et Maggie Grondin.

Refusant encore une fois de laisser parler ses deux adversaires, Bénoni demande le vote. Il est unanime. Solennel, Bénoni relève la tête et dévisage l'assemblée.

— La volonté du conseil est claire. M'a va faire une enquête. Domina Grondin sera convoqué ainsi que les deux hommes soupçonnés pis Maggie Grondin. Domina a des témoins, j'les entendrai aussi. Pour un gros procès comme ça, j'demanderai à Poléon-à-Vidal, le juge de paix adjoint, de siéger avec moé. Le procès aura lieu dans ma maison, samedi matin à compter de neuf heures.

En s'adjoignant Poléon-à-Vidal, le maire se prémunit contre le curé. Président de la Ligue du Sacré-Cœur, Poléon-à-Vidal a la réputation d'un homme droit qui ne se laisse pas facilement influencer. Si Bénoni réussit à en arriver à un verdict qui satisfait aussi Poléon, le curé n'aura pas d'autre choix que de l'accepter, quel qu'il soit.

— Pis si Maggie refuse de témoigner? lance une voix.

— A l'a pas d'affaire à témoigner, rétorque quelqu'un d'autre. C'est juste une guidoune!

L'assemblée composée uniquement d'hommes éclate d'un gros rire gras. Bénoni ignore la grossièreté et se lève.

— S'il le faut, je l'interrogerai dans le particulier avec
Poléon-à-Vidal.

Tout d'un coup, le maire redevient l'homme le plus
important de Saint-Benjamin. Sa décision est accueillie par
une volée de bavardages, de rires et de cris.

37

Le coq n'en finit plus de carillonner. Sur la corde à linge, des hirondelles jacassent sans mesure. Bénoni Bolduc marche lentement vers les pâturages, fier de sa terre, tout en escarpements, baignée par la rivière Cumberland. Il rassemble ses vaches, prend tout son temps, contemplant son troupeau et sa grange-étable, la plus grosse du canton. Et que dire de sa maison, majestueuse avec ses lucarnes qui se détachent du toit, cherchant à s'élever au-dessus des gros érables pour écornifler chez Norée Boucher. Le maire voudrait faire durer son plaisir, reporter au lendemain la tâche qui l'attend. Refusant carrément de témoigner au procès, Maggie Grondin s'est enfuie à Beauceville chez sa cousine. Bénoni et Poléon-à-Vidal iront la relancer.

Une à une, les vaches entrent dans l'étable. En faisant sa prière ce matin, Bénoni a remercié le Seigneur d'avoir protégé son troupeau. La veille, des enfants ont retrouvé les trois vaches de Shawn Taylor mortes dans la javelle de Baptiste Boily-à-Dilon. Les bêtes ont sans doute été attirées par le fourrage des chevaux, laissé dans la javelle après la saison des sucres. Poussée par le vent, la porte s'est refermée sur les vaches, incapables d'en ressortir.

Après le déjeuner, Bénoni et Poléon-à-Vidal mettent le cap sur Beauceville, empruntant la route de terre sinueuse, percée dans la forêt de conifères. Après s'être faufilée entre quelques petites fermes, la route s'engouffre de nouveau dans les sapinages et débouche dans la côte à Jos-Lélé Rodrigue jusqu'au pied de la rivière Chaudière. Assis côte à côte, les deux hommes parlent peu, trop occupés à chasser les maringouins qui fusent de partout.

— Penses-tu qu'a voudra nous parler ? demande Poléon.

— Y faudra probablement y arracher les mots de la bouche. Ça m'étonnerait qu'elle admette quoi que ce soit !

Le jeune cheval du maire attaque les côtes avec fougue. Bénoni le retient pour ne pas l'esquinter, ménageant ses forces pour le retour.

— Hier, j'ai parlé à Romuald Ouellet, le détective de Québec. C'est lui qui avait enquêté quand Généré Lapierre avait demandé à l'avocat Beaudoin de poursuivre les maquereaux de Saint-Odilon, t'en souviens-tu ?

— Oui, pis qu'est-ce qu'y a dit ?

— Qu'on perd notre temps et que dans ces affaires-là, on peut jamais rien prouver. Et que si, par miracle, on a des preuves solides, y faut ensuite un vrai procès à Saint-Joseph pour faire condamner les coupables. Le juge de paix a pas le pouvoir de faire condamner des gens. Et pis, Ouellet pense que coucher avec une autre femme que la tienne, c'est un péché mais pas un crime punissable par la loi.

Poléon est contrarié. Doit-on renoncer ? Non. Il a promis au curé que le procès aura lieu et qu'il empêchera Bénoni de se défiler. Mais il a refusé net de s'engager à condamner seulement Ansel Laweryson.

À Beauceville, la modeste maison d'Alexina Pouliot, la tante de Maggie, surplombe la rivière Chaudière. En retrait, elle permet à sa fille Élodie de trouver un peu de repos après ses longues soirées et nuits dans les hôtels de Beauceville et de Saint-Georges. Bénoni cogne à la porte. Une main tire le rideau et dégage le visage de Maggie. Elle cache mal sa surprise. Contrariée, elle laisse aussitôt retomber le rideau. Refusera-t-elle de leur ouvrir la porte ? Bénoni attend un peu et cogne de nouveau. Visiblement en colère, Maggie sort de la maison.

— Bonjour, Maggie.

Elle ne répond pas, les yeux tournés vers la rivière. De la porte restée ouverte s'envole un parfum qui déplaît au maire. Sûrement le parfum d'Élodie ! Elle a chanté au café Bleu de Beauceville jusqu'à trois heures du matin et elle dormira sûrement jusqu'à l'Angélus.

— On peut te parler ?

— J'y crois pas à ton maudit procès !

Bénoni avait prévu la réaction de la jeune femme. Il n'en est pas étonné. Mais il a besoin de sa version des faits, si expéditive soit-elle.

— C'est mon devoir de t'interroger, Maggie. Si t'as rien à te reprocher, dis-le.

Elle descend les marches, relève sa jupe jusqu'aux genoux et marche, pieds nus, dans l'herbe longue, encore imbibée de rosée. Où va-t-elle ? Bénoni et Poléon ne savent pas s'ils doivent la suivre ou pas, gênés par ces genoux dégagés, cette longue chevelure rousse qui tombe en boucles sur les épaules de la jeune femme et cette moue sensuelle qui roule sur ses lèvres charnues. Maggie fait quelques pas, s'arrête, ramasse un brin d'herbe et le mâchonne. Le soleil batifole dans ses cheveux roux et allume mille taches de rousseur dans son visage. Ses yeux verts pétillent comme des billes sans jamais s'immobiliser. Maggie Grondin la mal-aimée est belle, très belle. Bénoni en est troublé. Poléon a depuis longtemps baissé les yeux, intimidé.

— On a juste une ou deux questions à t'poser.

Distante, elle le dévisage, forçant le maire à baisser les yeux lui aussi.

— Les maquereaux, dit-elle froidement, c'est l'invention de Domina pis de malades comme le curé.

Le ton de Maggie est sans appel. Poléon-à-Vidal cache mal son agacement. « Aucun respect pour le curé ! Quelle étourdie ! »

— Domina a tout imaginé ça ? demande le maire.

Le visage de Maggie se durcit.

— Domina, c'est un malade, un arriéré. Y passe la moitié de sa vie avec sa jument, pis l'autre moitié à se cacher des revenants.

— Les maquereaux, c'est vrai ou pas vrai? demande
sèchement Poléon.

Elle tourne la tête vivement, son épaisse chevelure
se soulevant comme une brassée de feuilles soufflées par
le vent.

— Vous devriez être assez intelligents tous les deux
pour pas poser des questions idiotes comme celle-là.

Bénoni fait un pas vers elle.

— Tu t'es jamais dérangée avec Ansel pis Léonidas?

Elle le fusille des yeux, mais ne répond pas. Aussitôt,
Poléon renchérit.

— Y a des gens qui t'ont vue avec Ansel pis Léonidas,
dans...

Maggie ne lui laisse pas le temps de compléter sa phrase.

— Je n'ai jamais parlé à Léonidas. Ansel, c'est un ami,
rien de plus. Est-ce que c'est défendu de parler à ses amis?
Est-ce que tu te déranges avec toutes les femmes à qui
tu parles?

Poléon hoche la tête, dépassée par la hargne de Maggie.

Bénoni est sur le point de perdre patience, mais il évite
de le laisser voir à la jeune femme.

— En tout cas, si Domina met ça dans les mains d'un
avocat, tu risques d'avoir plus de problèmes qu'avec moé.
Pis si l'avocat décide de faire un procès, la police va venir
te questionner.

Même la mention de la police ne l'émeut pas. Maggie
a du feu dans les yeux. Le maire veut aller jusqu'au bout
de son interrogatoire.

— Tu vas venir témoigner samedi?

— Jamais, au grand jamais!

Elle entre rapidement dans la maison et claque la porte.
Témoigner? La cause n'est-elle pas entendue d'avance?
Tout ce qu'ils veulent, ce sont des coupables pour faire
plaisir au curé. Jamais! Les deux hommes restent plantés
devant la maison, bouche bée. Finalement, ils retournent
vers le robétaille. Le cheval broute l'herbe le long de la

route. En contrebas, la rivière, gonflée de pluie, s'élargit, majestueuse, à l'entrée de Beauceville. Les roues du robétaille grincent, faisant voler les cailloux. Le cheval va au pas. Des nuages effilochés traînent au-dessus de la ligne d'horizon. Poléon brise le silence.

— J'trouve que c'est une véritable sans-génie. Une femme qui fait même pus de religion pis qui sort écourtichée comme ça !

— C'est sûr que les apparences jouent contre elle, dit Bénoni. Mais y faut pas se fier juste aux apparences. A fait ça pour aguicher les hommes. Mais y a ben des parents du rang-à-Philémon qui pensent que c'était une meilleure maîtresse d'école que ma sœur.

— C'est une dévergondée. A me dit rien de bon, tranche Poléon.

— Tu vas pas la condamner sans procès. Va pas trop vite. Rappelle-toi la vieille Imelda-à-Eudore. A l'avait passé la soixantaine pis a se balançait encore les bidons devant les hommes. Tout le monde la soupçonnait mais sans jamais de preuve.

Bénoni fait une pause. Des vaches meuglent dans le champ.

— C'est le curé qui t'a demandé de la condamner quoi qu'il arrive ?

Insulté, Poléon-à-Vidal monte le ton.

— J'prends pas mes ordres du curé pis de personne d'autre, tu d'vrais savoir ça.

Bénoni n'insiste pas. Il voulait l'entendre dire pour être bien certain que Poléon n'avait pas déjà rendu son verdict. Lui aussi est tenté de la condamner sur-le-champ. Le comportement de Maggie l'agace et provoque chez lui une sorte de malaise qu'il n'arrive pas à définir. Elle le fascine. Elle le dérange. Son indépendance, sa façon de tenir tête aux hommes, l'énergie sauvage qu'elle dégage l'intriguent. Mais il n'est pas prêt à la condamner sans preuve.

— Peut-être que Léonidas pis Ansel avoueront, laisse tomber Poléon, dépité.

Bénoni en doute, de plus en plus convaincu que le procès ne réglera rien. À tout le moins soulagera-t-il les bonnes âmes… N'est-ce pas tout ce qu'il souhaite ? Bénoni doit surtout démontrer, hors de tout doute, qu'il prend l'affaire très au sérieux, qu'en tant que juge de paix, il explorera toutes les avenues et qu'une fois son travail accompli, le péché de Maggie et des maquereaux, si péché il y a, relèvera du curé.

— Pour le procès, j'ai envie de demander à Philémon Rodrigue et à Gordon Wilkins d'agir comme petits jurés.

— Le curé aimera pas ça, dit Poléon, mais ça me paraît juste. Y a un protestant qui est accusé.

Le village compte une demi-douzaine de petits jurés qui se rendent parfois au palais de justice de Saint-Joseph et y restent deux ou trois jours, le temps d'un procès. Tous les petits jurés de Saint-Benjamin sont irréprochables, fortement recommandés par le curé ou le pasteur protestant.

— Ça regarde pas le curé. Y voulait un procès, y l'aura.

Bénoni tire les guides du cheval pour l'arrêter et lui permettre de se reposer. Dans le champ voisin, un busard plane à la recherche d'une proie. Poléon repense aux paroles du curé. « Je veux que tu t'assures qu'elle sera condamnée. Pour sauver les apparences, fais condamner le protestant aussi. Mais ne touche pas à Léonidas. Tu me suis, Poléon ? Deux coupables : la dévergondée et le protestant ! » Poléon était sorti du presbytère sans rien promettre, suivi par le curé qui hurlait : « Deux coupables ! »

38

Une pluie fine frissonne dans les replis du terrain et s'écoule dans des rigoles improvisées. Dans le verger, les merles, véritables goinfres, n'en finissent plus d'extraire de gros vers de la terre ramollie par la pluie.

Bénoni marche lentement vers son étable, évitant les flaques d'eau, la tête pleine du procès des maquereaux qui commencera dans trois heures. À n'en pas douter, cette journée sera la plus difficile depuis qu'il est maire et juge de paix. Impossible d'y échapper, il a promis de résoudre l'affaire. Le procès est attendu avec impatience. Le commérage a redoublé, alimenté par mille hypothèses. Les attentes sont énormes, Bénoni n'a pas le droit d'échouer. Mais il refuse d'envisager une solution qui ne reposera pas sur des preuves étanches. Et que dire des conséquences ? Perdra-t-il ses élections à cause des maquereaux ? Ses adversaires exploiteront un échec sans vergogne.

Mais comment mesurer un échec ou une réussite dans une situation comme celle-là ? Pourtant, il préfère son rôle de juge de paix à celui de maire. Cette tâche le rapproche davantage des gens, lui permet de mieux comprendre le comportement de ses concitoyens. En l'absence de policier, de tribunal, il est le grand arbitre de la paroisse. Violence conjugale, clôtures envahissantes, commerce de bagosse, gueules cassées, menaces, il règle tous les conflits qui ne relèvent pas directement de la religion. Ceux-là sont l'affaire du curé. Aurait-il dû se défiler et laisser le curé se dépêtrer avec les maquereaux et Maggie Grondin ? Non, moins il cédera d'autorité au curé, mieux ce sera. Et à l'évidence, le curé a tout fait pour s'éloigner du dossier. Il préfère tirer les ficelles en coulisse et attiser encore plus la méfiance entre protestants et catholiques.

Domina Grondin, les deux accusés, deux témoins et les deux petits jurés ont été convoqués à neuf heures. Domina arrive une heure avant le temps. Songeur, le pas saccadé, il ignore les salutations de Norée Boucher-à-Nézime et de Trefflée Poulin-à-Tonio, arrivés avant lui, pour accaparer les premières loges sur la galerie. Domina se rend près de la clôture pour examiner les chevaux de Bénoni qui avalent une portion d'avoine, fouettant les mouches de la queue.

— Salut, Domina, fait le maire, en sortant de l'étable. T'es de bonne heure en milledieux !

— J'ai pas dormi pantoute.

— Veux-tu rentrer ?

Domina refuse. Il cache mal sa grande nervosité. Ce procès crucial est celui de la dernière chance. Naïvement, il pense qu'un verdict de culpabilité lui ramènera une Maggie repentante. Qu'il pourra alors l'assujettir à son autorité, à ses désirs. Dans le pire des scénarios, elle sera condamnée et quittera la paroisse, ce qui lui permettra d'échapper à l'humiliation quotidienne et de reprendre un semblant de vie normale.

Bénoni se lave les mains et le visage, puis s'assoit à table. Il déchire soigneusement un quignon de pain et le trempe dans une épaisse confiture aux fraises. Léda lui offre des œufs qu'il refuse et un thé noir sirupeux qu'il avale à petites gorgées. Elle n'essaie même pas d'engager la conversation.

Second arrivé, Ansel Laweryson maugrée. Pourquoi le traîner dans la boue de la sorte ? Il jure de prendre sa revanche sur Domina. Léonidas Loubier est encore plus furieux. Il a cru jusqu'à la dernière minute que le procès avorterait ou qu'il en serait exempté. Humilié, il en veut autant au maire qu'à Domina.

— Pourquoi est-ce que Bénoni cède aux caprices de c't'imbécile-là?

L'événement, probablement le plus spectaculaire dans l'histoire de Saint-Benjamin, attire des dizaines de curieux. Ils arrivent nombreux par la route du village. «La paroisse au grand complet va se retrouver ici», pense Léda en observant de la fenêtre la procession de curieux qui ne veulent pas rater le procès. Poléon-à-Vidal arrive le dernier.

— Bénoni est dans son office, y t'attend, lui dit Léda.

Même âge que Bénoni, Poléon-à-Vidal est grand, les cheveux taillés en brosse, le nez busqué, il est père de douze enfants dont le plus vieux deviendra bientôt prêtre. Président de la Ligue du Sacré-Cœur, ancien marguillier en chef, il reste à l'écart des intrigues du village.

Les deux hommes s'entendent sur la marche à suivre. Pour éviter la confusion et le désordre, ils seront les seuls habilités à poser des questions. Les deux petits jurés se contenteront d'écouter et seront consultés au moment de rendre le verdict. Bénoni fait entrer Domina par la porte arrière et l'installe dans la cuisine, d'un côté de la grande table qui servira de tribunal. D'une main hésitante, le plaignant enlève son chapeau et le dépose sur le bahut. Bénoni invite ensuite les deux témoins à s'asseoir près de Domina. Les accusés prendront place de l'autre côté de la table. Le regard courroucé d'Ansel Laweryson traduit tout son mépris à l'endroit de Domina. Les deux petits jurés s'assoient derrière Bénoni et les deux juges de paix, aux extrémités de la table. Bénoni rompt finalement le silence. Il lit l'acte d'accusation qu'il a lui-même écrit.

— J'ai reçu une plainte de Domina Grondin, ici présent, à l'effet que Léonidas Loubier et Ansel Laweryson se sont dérangés avec sa femme, contrairement aux bonnes mœurs qui doivent régner dans la paroisse. Lesdits événements se seraient déroulés le soir du 18 mai et le lendemain soir 19 mai 1917 dans une petite cabane située sur la propriété de Pit Loubier.

— C'est rien qu'des maudites menteries, lance Léonidas qui n'a pas cessé de dévisager Domina.

— Léonidas, laisse-moé finir. Tu parleras quand on te l'demandera.

Le juge de paix termine la lecture de l'acte d'accusation. Puis il demande à Domina de s'expliquer, mais avant même qu'il ouvre la bouche, Léonidas l'interrompt.

— T'es rien qu'un malade qui tire sus l'monde à coup de carabine. C'est toé qu'on devrait accuser, pas nous autres.

Domina bondit, blanc comme neige, le doigt pointé.

— J'ai jamais tiré sus toé, Léonidas Loubier. T'es rien qu'un simonac de maquereau !

— C'est pas d'ma faute si t'es cocu, Domina Grondin, j'ai rien à voir avec ta courailleuse !

— Assez ! crie le maire. On n'arrivera à rien comme ça !

Léonidas Loubier, tendu, roule et allume une cigarette.

— Domina, dit Bénoni, on t'écoute.

La lèvre tremblante, il raconte d'abord que sa femme est sortie à la brunante, ces soirs-là, et qu'elle n'est revenue que deux heures plus tard. Ansel Laweryson et Léonidas Loubier se sont retrouvés dans la cabane quelques minutes après le départ de Maggie. Il a observé le va-et-vient par l'entrebâillement de la porte de son étable.

— Domina, demande Bénoni, dis-moé honnêtement si t'as déjà vu ta femme avec les deux hommes ici présents.

Domina baisse la tête et laisse tomber mollement.

— Non.

— Dis-moé si t'as déjà vu ta femme entrer dans la cabane.

— Non, mais j'sus ben certain qu'a y est allée.

— Est-ce que des témoins les ont vus ?

Il hausse les épaules. Pas de réponse. Ses soupçons découlent du comportement de Maggie, de rumeurs, de demi-vérités entendues çà et là et, surtout, de sa profonde jalousie.

— J'sors pas après la brunante, admet Domina. J'peux pas les avoir vus, mais c'est certain…

Léonidas lui coupe la parole.

— T'es ben mieux de pas sortir parce que tous les morts du canton vont rire de toé!

La blague déride le groupe. Domina fusille Léonidas du regard. Dehors, près d'une cinquantaine de personnes sont rassemblées autour de la maison de Bénoni. Elles cherchent à suivre le déroulement du procès à partir d'éclats de voix entendus à travers les moustiquaires ou de déplacements observés à la fenêtre de la cuisine, dont le rideau a été tiré à moitié. À l'intérieur, Poléon-à-Vidal entreprend l'interrogatoire des deux accusés.

— Léonidas, admets-tu t'être retrouvé seul avec Maggie Grondin?

— Jamais, au grand jamais! Je l'jure sus la tête de ma défunte mère.

— Qu'est-ce que tu fais toutes tes soirées dans la cabane de ton père?

Léonidas, un peu mal à l'aise, se tourne vers Bénoni à qui il a déjà expliqué que lui et Ansel se retrouvaient pour jaser, fumer et boire un peu de bagosse à l'occasion. Le maire l'encourage à donner la même réponse.

— La femme de Domina vous a déjà suivis dans la cabane?

— Jamais, jamais, monsieur Poléon, jamais!

Le juge de paix adjoint fait une pause. Il est satisfait des réponses de Léonidas qu'il sera facile de disculper à moins de nouvelles révélations. Il se tourne vers Ansel Laweryson.

Visiblement agacé, Ansel roule dans un papier jaune une cigarette molle bourrée de tabac Rose Quesnel. Le pouce, l'index et le majeur de sa main droite sont jaunis par la fumée. Grand, mince, les cheveux noirs, ondulés et luisants, Ansel est un bel homme avec ses pommettes saillantes, son nez fin et une bouche qui s'ouvre sur des dents d'un blanc éclatant malgré le tabac.

— As-tu déjà parlé à Maggie Grondin ? demande Bénoni à Ansel.

— Oui.

— Souvent ?

— Quelques fois, au magasin.

Poléon insiste pour connaître le contenu des conversations. Ansel est avare de détails. Pas question de dévoiler les fréquentations de Maggie et de Walter Taylor. Quant le juge de paix adjoint revient à la charge pour en savoir davantage sur leurs discussions, Ansel ment.

— On parle de la température pis du prix des produits.

— Tu t'es déjà dérangé avec Maggie Grondin ?

— *Never*, jamais !

Le visage de Domina s'est décomposé. Il est convaincu qu'Ansel ment, mais ne peut pas le prouver.

— Simonac de maquereau !

Ansel étire le bras au-dessus de la table et empoigne Domina par le collet de sa chemise. L'autre se débat comme un coq auquel on vient de couper le cou. Une pluie de postillons se mêlent aux propos décousus de Domina. Ses poings battent le vide. Ansel resserre son emprise. Léonidas Loubier s'est levé et menace de se joindre à l'empoignade et de faire mauvais parti à Domina. Les deux juges de paix et les jurés se lèvent aussitôt pour séparer les belligérants. La voix de Gordon Wilkins tonne.

— *Ansel, that's enough !*

Gêné, l'autre lâche son emprise et retrouve sa chaise, imité par Léonidas. Domina respire difficilement et se frictionne le cou. Pour lui donner le temps de retrouver ses esprits, Bénoni se tourne vers les deux témoins :

— Dites-moé exactement ce que vous avez vu ces deux soirs-là.

Jimmy Wintle et Joffre Nadeau, embarrassés, intimidés, se regardent longuement, souhaitant que l'un d'eux intervienne en premier. Finalement, Joffre laisse tomber d'une voix ténue :

— J'me rappelle d'avoir vu Maggie aller dans l'bois.

— Seule ?

— Oui.

— Es-tu allé voir c'qui se passait ?

— Non.

Déçu par le manque de curiosité du témoin, Poléon-à-Vidal essaie de lui soutirer d'autres détails.

— T'as vu, t'as entendu d'autres choses ?

— Non, juste le coup de carabine.

Poléon-à-Vidal se tourne vers Jimmy Wintle. Timoré, celui-ci frotte nerveusement ses pouces contre le revers de ses bretelles.

— J'ai vu comme Joffre.

— Rien de plus.

— *No, nothing more.*

Domina écoute les deux hommes, la bouche ouverte, espérant une déclaration qui prouvera hors de tout doute qu'il a raison. Peine perdue, pas de grandes révélations, pas de preuve, les deux hommes n'ont rien vu qui pourrait incriminer Maggie ou les deux accusés.

— Tu vois ben, Bénoni, dit Léonidas, que ça avance à rien, qu'on perd notre temps. Le seul coupable, c'est ce saint cibole de fou qui tire à la carabine sus l'monde.

Léonidas Loubier est pressé d'en finir. La veille, le curé lui a ordonné d'incriminer Ansel et de lui imputer l'entière responsabilité de l'affaire. «Sinon, je te fais prendre pour ta bout de pipe de bagosse !» Mais Léonidas n'a rien promis, tant par amitié pour Ansel que par amour pour la bagosse !

— Pas si vite, dit Bénoni. C'est moé qui décide quand c'est fini.

— Où est Maggie Grondin ? demande Léonidas. Pourquoi a vient pas m'dire en pleine face que j'ai fait des cochonneries avec elle ?

— C'est pas la place d'une femme, répond Bénoni mollement. Poléon pis moé, on est allés l'interroger hier à Beauceville.

Domina sursaute. Et si elle avait admis ?

— Pis ? fait Léonidas.

— J'en tiendrai compte dans mon jugement.

Domina n'est pas dupe. Il sait très bien que Maggie n'a rien avoué. Bénoni invite Poléon-à-Vidal et les deux petits jurés à le suivre dans son bureau. Il donne congé aux autres, mais Domina ne bouge pas, renfrogné, les yeux fixant le vide.

Bénoni se laisse tomber sur sa chaise.

— On n'a pas grand preuve !

Les deux petits jurés sont d'accord. Rien pour condamner l'un ou l'autre des accusés. « Dossier fermé », conclut Gordon Wilkins, pressé d'en finir. Bénoni les renvoie pour se retrouver seul avec Poléon-à-Vidal.

— C'est clair que Léonidas est pas coupable, déclare Poléon. J'sus moins certain pour l'autre. Y a l'air de ben la connaître.

— Mais ça prouve rien.

— Ça me surprendrait pas qu'y soit coupable.

Bénoni est surpris. Rien dans les témoignages n'incrimine Ansel Laweryson.

— On peut pas le déclarer coupable sans aucune preuve, juste pour faire plaisir au curé.

Poléon-à-Vidal est agacé par la remarque de Bénoni. Certes, il n'y a pas de preuve, mais il n'aime pas Maggie Grondin. Et sans l'avouer, il a des préjugés à l'endroit des protestants. Ils le gênent. Il trouve Gordon Wilkins suffisant, hautain. Ansel Laweryson, qu'il voyait pour la première fois, lui a fait mauvaise impression. Il a de la difficulté à refouler ces sentiments.

— C'est ma décision, Bénoni, pas celle du curé, même s'y met beaucoup de pression.

— T'es un homme intègre, Poléon. Veux-tu vraiment condamner un innocent?

Poléon-à-Vidal hésite longuement. Il pense au curé, redoute sa réaction. Mais Bénoni a raison, ils n'ont aucune preuve solide, que du ouï-dire. Poléon se lève, serre la main de Bénoni et s'en va. Sur le chemin du retour, il s'arrêtera au presbytère annoncer la nouvelle au curé. Il s'attend au pire. Domina n'a pas bougé. Bénoni s'en approche.

— Domina, c'est évident qu'y a pas de preuve. Y va falloir que tu règles ça avec ta femme. Et si j'peux te donner un conseil d'ami, fais rien qui pourrait se r'tourner contre toé. T'as une bonne terre, de l'argent ; tu viens d'une famille honorable, fais rien qui pourrait ruiner tout ça. Tu m'comprends?

Dépité, Domina tourne la tête et s'en va. Dehors, les curieux sont rassemblés autour de Léonidas qui pavoise.

— Aucune preuve, rien pantoute!

Le silence tombe sur l'assemblée quand Domina sort de la maison, un silence vite rompu par les rires étouffés et les chuchotements. «Cocu!» lance une voix. Domina l'ignore, se fraie un chemin à travers les badauds et retourne chez lui à pied, lentement.

Quelques minutes plus tard, quand Domina a disparu derrière la colline, Bénoni sort et s'approche au bout de la galerie.

— Y a pas de coupable parce qu'y a pas de preuve. J'vous demande de laisser Domina Grondin tranquille, pis de pus parler de cette affaire-là. Y a pus rien à en dire.

Bénoni tourne les talons et disparaît dans la maison. Comment réagira le curé? Affaire classée? Il essaie de s'en convaincre. Un à un, les paroissiens repartent, déçus du dénouement.

39

— Bénoni, réveille-toé, vite, j'entends du bruit.

Léda le pousse de nouveau. Bénoni croit rêver. Il s'assoit dans son lit, mi-réveillé.

— Y a quelqu'un à la porte.

Les coups redoublent, insistants. Bénoni enfile rapidement son pantalon, allume la bougie et se dirige vers la porte, convaincu que Sigefroid Perras, l'ivrogne, vient encore le réveiller pour des peccadilles. «Moi qui a eu toute la misère du monde à m'endormir!» Surprise! À bout de souffle, Cléophas Turcotte piétine devant la porte. Seule une catastrophe peut sortir le gros homme de son lit en pleine nuit.

— L'étable de Pit Loubier est en feu, réussit-il à dire.

— Quoi? Attends-moé, j'finis de m'habiller.

Il saute dans l'auto de Cléophas. Les phares vacillants fouillent le rang-à-Philémon. À mi-chemin, un spectacle ahurissant leur coupe le souffle. Un immense ballon de flammes se découpe dans la nuit et enveloppe la grange.

— C'est rare, un feu en plein été, dit Cléophas, pis j'ai pas entendu le tonnerre.

En arrivant, les deux hommes sortent rapidement de la voiture. Au crépitement du feu se mêlent les voix des paroissiens tirés de leur sommeil, accourus vers le sinistre. Bénoni cherche Pit Loubier. Où est-il? Mais avant d'avoir la réponse, le hennissement désespéré des chevaux déchire la nuit, plainte lancinante qui atteint Bénoni en plein cœur. «J'espère que les autres animaux sont dehors.» Le gémissement des chevaux ne le surprend pas. Comme bien d'autres cultivateurs, Pit aime les garder dans l'étable, la nuit, même en été. À l'instar de Domina Grondin, Pit a une véritable passion pour les chevaux. Bénoni s'éloigne un peu du brasier. L'odeur du foin et de la paille roussie emplit ses poumons. Le feu gronde, enveloppe la grange, court le long des murs qui résistent, sort en gros bouillons par les fenêtres latérales et crache des milliers de faisceaux de flammes à travers le toit de bardeaux. La grange flambe comme une boîte de carton. Déjà une dizaine d'hommes, encouragés par Ansel Laweryson et Jimmy Wintle, tentent d'éteindre le brasier en se relayant des sceaux d'eau. Mais l'eau n'arrache au feu qu'un léger grésillement, une bouffée de fumée blanche. Phalander Laweryson a tôt fait de mettre fin à cette opération inutile pour redéployer les hommes autour de la maison et la protéger contre les étincelles qui virevoltent au-dessus du brasier. Les hommes sont inquiets, incapables d'intervenir, tellement l'incendie s'est propagé rapidement, tant le brasier s'élève avec rage, défiant les plus intrépides d'entre eux.

— Est-ce qu'y a seulement les chevaux dedans ? demande le maire à Ansel Laweryson.

L'autre fait signe que oui.

— Où est Pit ?

Pit Loubier est debout, près de la porte à l'arrière de l'étable. Bénoni l'y rejoint aussitôt. Deux hommes retiennent Pit, hystérique, pour l'empêcher d'aller à l'intérieur détacher ses chers chevaux.

— C'est les jouaux qui l'ont réveillé, dit Polycarpe Veilleux qui vient au-devant de Bénoni. Y hannissaient comme des diables !

À l'arrivée des premiers voisins, Pit sortait de l'étable en toussant et en crachant. Deux fois, il a tenté de rejoindre ses chevaux et de les libérer, sans jamais y parvenir. Chaque fois, la fumée et la chaleur intenses l'ont forcé à reculer.

— Comment ça se fait que l'bon Dieu l'punit comme ça ? demande Polycarpe, la voix cassée.

Le maire hoche la tête, impuissant, désarçonné par le malheur, cherchant la raison, l'explication.

— On va t'aider, Pit, promet le maire. Tout le village va t'aider.

Mais l'autre, les yeux hagards, ne l'entend pas, obsédé par ses chevaux, prisonniers des flammes. Le hennissement furieux de l'un des deux chevaux déchire la nuit une autre fois. Dans un effort ultime, il martèle le plancher de bois de ses sabots, se cabre, rue, se lance contre les murs de sa stalle pour tenter de rompre le câble qui le tient attaché à son enclos. L'autre cheval est probablement mort. La plainte se fait plus tranchante, grand cri de l'animal piégé qui maudit l'homme de l'avoir ainsi emprisonné. Soudain, comme une torpille, le cheval bondit hors du brasier, le corps fumant, une longue flamme orangée illuminant sa crinière et sa queue. Haletante, épouvantée, la pauvre bête fonce dans l'obscurité. Pit s'élance aussitôt à sa poursuite, guidé par le filet de fumée qui s'échappe de l'animal. Mais au bout d'une centaine de pieds, le cheval s'écroule. Pit s'en approche. L'animal fait pitié à voir. La crinière et la queue sont brûlées, les pointes d'oreilles calcinées et tout son corps est couvert de grandes taches fumantes. Le cheval respire péniblement, souffre.

— Ce serait mieux de le rajuer, suggère un cultivateur.

— Non! hurle Pit Loubier, les yeux rougis.

Les hommes reculent, laissant l'animal et son maître à leur douleur. Derrière eux, le feu gronde.

— Voulez-vous bien me dire ce qui s'est passé? demande le curé en arrivant avec le bedeau.

— En plein été comme ça, ça peut juste être une punition du bon Dieu, répète Polycarpe.

— Mêle pas le bon Dieu à ça, le semonce le curé. Où est Pit?

— Avec son cheval, dit Bénoni. Laisse-le tranquille, c'est pas le temps de l'achaler avec des bondieuseries.

Contrarié, le curé jette un long regard autour de lui.

— C'est plein de protestants. Vous en avez vraiment besoin ?

Le maire hoche la tête de dépit et s'éloigne, mais il n'a pas le temps d'aller très loin. Dans un grand fracas, parmi les explosions d'étincelles, la grange s'écroule. Les poutres tordues hurlent. Des badauds, trop près, ont à peine le temps de s'esquiver. Brisé, Pit Loubier se retourne, éclate de rage et de douleur. Il pleure si fort que les hommes, gênés, baissent les yeux, évitant de le regarder. Livide, Pit observe ce qui reste de sa grange. À l'évidence, son autre cheval repose maintenant sous un tas de braise. Quant à la bête qui a réussi à sortir, sa respiration est de plus en plus difficile. Ansel Laweryson se faufile entre les hommes, carabine en main. D'un geste affectueux, il touche l'épaule de Pit, qui regarde l'arme, hésite avant d'acquiescer d'un petit coup de tête. Ansel s'approche de l'animal et lui loge une balle dans la tête. Les hommes sursautent. Le cheval se contracte, frémit un instant puis s'immobilise, libéré de ses souffrances. Pit Loubier a tourné la tête pour ne rien voir. Il peine à retenir ses sanglots pour ne pas s'effondrer et pleurer comme un enfant.

Le feu achève de brûler la grange. Il court partout, dévore tout, découvrant de grosses braises cramoisies et des essaims d'escarbilles. Sans échanger un seul mot, les hommes mesurent l'ampleur du désastre. Un cultivateur qui perd sa grange et ses chevaux perd plus de la moitié de son bien et une bonne partie de son âme. Même après la reconstruction, rien n'est plus pareil. Les habitudes, les odeurs, les vieilles portes échancrées, les enclos grugés par les cochons, les dortoirs crottés des poules, tout ça ne se remplace pas.

En retrait, le curé et quelques hommes s'inquiètent de Pit.

— C'est ben dangereux qu'y va chavirer, dit Polycarpe Veilleux en regardant Pit.

— Le bon Dieu sait ce qu'il fait, lance le curé à l'intention de Bénoni, en pensant au fils de Pit qui a refusé de l'écouter et d'incriminer Maggie Grondin et Ansel Laweryson.

Tout à coup, une voix fend l'air.

— Monsieur Bénoni, monsieur Bénoni!

Tous les regards se tournent vers Catin-à-Quitou qui arrive en trombe, essoufflé, affolé comme l'oiseau entré par mégarde dans la maison.

— Qu'est-ce que t'as à t'époumoner comme ça? lui demande Polycarpe.

— Domina a tiré la Maggie. Ya tiré la Maggie, hurle Catin.

Bénoni et le curé s'approchent de lui.

— Calme-toé, intervient le maire qui vient de constater que ni Maggie ni Domina, pourtant voisins de Pit Loubier, ne se sont joints à la foule de curieux.

— Pour rajuer la comète, Maggie est cachée dans la mitaine, réussit à articuler Catin.

— Dans la mitaine des protestants! hurle le curé. Sortez-la au plus vite! Bout de pipe, dans la mitaine!

Bénoni ignore les jérémiades du curé. Il refuse de croire qu'un autre drame se joue à quelques pas de là. Pourquoi Domina a-t-il tiré sur Maggie? Pour seule réponse, il a droit aux visages tirés, incrédules de ceux qui l'entourent. Catin n'en sait pas plus.

— Viens, Bénoni, dit Ansel.

Au pas de course, le groupe abandonne l'incendie et se dirige vers la mitaine. Le curé refuse de les suivre et ordonne au bedeau d'aller surveiller le déroulement des événements et de revenir aussitôt l'en informer. Mille images se bousculent dans la tête du maire. Un vague pressentiment le chicote. Y a-t-il un lien entre l'incendie et les maquereaux? Quand il a quitté la maison après le procès, Domina était taciturne, incohérent.

La mitaine semble inhabitée. Ni lampe ni bougie, seule une grosse lune bien ronde jette ses reflets nacrés sur le toit en tôle de la chapelle protestante. Ansel Laweryson cogne à la porte. Pas de réponse.

— Maggie, c'est moé, Ansel!

Rien. Inquiets, les hommes retiennent leur souffle. L'oreille tendue, ils cherchent à décoder le moindre bruit qui confirmerait la présence de Maggie Grondin dans la chapelle. Ansel pousse doucement la porte. Les hommes se rapprochent sur le bout des pieds. S'il fallait que Domina soit à l'intérieur et tire sur Ansel? Il avance à tâtons, craque une allumette et allume une bougie. Assise sur un banc, Maggie, tremblante, pleure en silence. À peine relève-t-elle la tête quand Ansel et Bénoni s'approchent d'elle.

— Qu'est-ce qui s'est passé? demande le maire. Es-tu blessée?

Elle ne bouge pas, le visage enfoui dans ses mains. Au bout d'un moment, elle relève la tête. Ses cheveux défaits, hirsutes, lui collent au visage. Ansel s'approche un peu plus et lui tend la main. Elle l'ignore. Puis, se tournant vers Bénoni:

— C'est Domina qui a fait brûler la grange de Pit. J'en sus ben certaine.

Bénoni secoue la tête. Ses pires craintes se confirment. Petit à petit, Maggie retrouve ses esprits et raconte ce qu'elle sait. À la tombée de la nuit, tentant de dissimuler un objet, Domina est sorti de la maison, lui qui ne sort jamais dans le noir. Il est revenu quinze minutes plus tard, probablement de la grange de Pit, et il est reparti aussitôt. Quand Maggie, intriguée, a voulu savoir où il allait, Domina a tourné sa carabine vers elle. Maggie s'est sauvée le plus rapidement possible, la balle lui sifflant à l'oreille.

— Si Domina a fait brûler la grange pis a tenté de t'tuer, m'a va devoir faire venir la police.

— Faudrait *first* aller voir s'y est encore dans sa maison, dit Ansel.

Outrés, les hommes se précipitent vers la maison de Domina. Certains d'entre eux ne répugneraient pas à lui mettre la main au collet et à lui faire payer cher l'incendie de la grange de Pit Loubier.

Une légère brise caresse le visage des hommes, portant sur son aile l'odeur âcre de l'incendie. Quand Ansel et Bénoni sortent de la mitaine, le groupe les suit. Bénoni leur demande de garder leur calme, de ne pas compliquer davantage la situation. Maggie reste dans la chapelle. Morte de peur. Elle ira chez sa tante Mathilde au matin.

Devant la maison de Domina, un fanal est encore allumé. La porte est ouverte.

— Domina! lance Bénoni d'une voix mal assurée.

Seul le bruissement des feuilles rompt le silence. Un gros chat blanc s'approche en miaulant. Les hommes avancent un peu plus près de la maison. Bénoni hausse la voix.

— Domina, es-tu là?

Pas de réponse. Bénoni grimpe sur la galerie et, dans l'éclairage du fanal, jette un coup d'œil à la cuisine. Pas un bruit. La maison est vide.

— Monsieur Bénoni!

Le maire, nerveux, se tourne brusquement comme tous les hommes qui sont regroupés autour de la maison. Catin revient de l'étable.

— Sa jument est partie. Y doit s'être sauvé.

— Y ira pas loin, dit Ansel. Y a tellement peur des morts pis des revenants qu'y passera pas la nuit dehors, même avec sa jument. On ferait mieux de l'attendre ici.

Le maire acquiesce. Les hommes se dispersent lentement. Une fumée blanche monte des restes de la grange de Pit Loubier. Une lueur vacille à la fenêtre de la mitaine. Dans le rang-à-Philémon, le curé, fanal en main, chante pouilles au bedeau pour qu'il aiguillonne le cheval.

— Si elle pense qu'elle va jouer à la cachette dans la mitaine des protestants, j'ai des nouvelles pour Marguerite Grondin!

Antonio Quirion ne sait pas trop comment il s'y prendra, mais il est maintenant convaincu que la seule solution, c'est l'expulsion de Maggie Grondin de la paroisse de Saint-Benjamin.

40

Maggie a passé la nuit dans la mitaine, endormie sur un banc. Un sommeil agité, entrecoupé de mauvais rêves, de paroles incohérentes et de gémissements. Faute de retrouver Domina, Ansel est revenu dans la chapelle pour veiller sur Maggie. Il lui a proposé, sans succès, de l'accompagner chez sa tante. Pour Maggie, la mitaine demeure l'endroit le plus sécuritaire du canton. Même Domina n'oserait pas y entrer, carabine en main. À quelques reprises, Ansel a eu l'impression qu'elle appelait Walter. «Elle ne l'oubliera jamais! S'il fallait qu'elle apprenne qu'il est hospitalisé en Angleterre et que les médecins songent à lui amputer une jambe…»

Aux premières lueurs du jour, Maggie ouvre les yeux. Ansel la regarde, lui sourit. Elle jette un coup d'œil furtif autour d'elle, comme le chevreuil effaré qui sent le loup tout près.

— Domina est parti, *can't find him.*

Maggie suit Ansel sur un sentier dissimulé du sous-bois qui la conduit chez sa tante. Curieusement, Mathilde et Gaudias n'ont pas eu vent de l'incendie, encore moins de l'altercation entre Maggie et Domina. Ils sont sûrement les seuls à avoir raté le drame.

— Entre, dit Mathilde en se frottant les yeux.

Maggie prend congé d'Ansel et se blottit dans la chaise berçante de sa tante. Ébouriffée, un pan de sa robe déchiré, les mains et les genoux égratignés, Maggie a l'air d'une loque. Mathilde comprend rapidement qu'un drame se joue. Lasse, Maggie lui raconte les événements de la nuit.

Mathilde et Gaudias, appuyés contre la cheminée, n'en croient pas leurs oreilles.

— T'es ben certaine qu'y est parti ? demande Mathilde, inquiète. C'est ici qu'y va venir en premier s'y veut te r'trouver.

— M'a aller chercher ma carabine dans les ravalements du hangar, dit Gaudias.

— Non, non, y viendra pas, soutient Maggie. Pas maintenant, j'en serais ben étonnée.

En attendant le retour de Gaudias, Mathilde remet la barre à la porte, allume le poêle et met de l'eau à chauffer. Au loin, les ruines de la grange de Pit Loubier fument encore. Des voisins font la traite des cinq vaches dans un petit enclos, sorte d'étable improvisé. Fourbu, abattu, Pit Loubier erre autour des décombres, les mains dans les poches, sans but. Dans les cendres encore chaudes, il recueille quelques morceaux de métal, une fourche sans son manche, un sceau noirci et les anneaux des harnais de ses chevaux.

— J'arrive toujours pas à comprendre pourquoi Domina aurait mis le feu à la grange de Pit, souffle Mathilde.

Maggie tique en entendant le nom de son mari. Elle est convaincue qu'il s'est vengé de Léonidas Loubier après l'échec du procès des maquereaux. Mathilde hoche la tête, dépassée par les incidents des derniers jours. Pourquoi en être arrivé là ?

N'aurait-il pas été possible de rétablir le dialogue, de trouver une solution qui convienne aux deux ?

— Non, répond Maggie, en haussant les épaules.

Renfrognée, Maggie a fermé le dossier, définitivement. Plus de retour en arrière, de nouvelles tentatives et de promesses non tenues.

— C'est fini, ben fini !

— T'as des r'mords ? demande Mathilde. Y t'aimait pas pour rire pour faire tout ce qu'y a fait !

Maggie ne réagit pas. Domina Grondin est un bon garçon. Il était prêt à tout pour gagner sa confiance, son amour. Mais elle ne l'aimait pas. Emmurée dans un mariage ridicule, Maggie constate aujourd'hui qu'elle aurait dû en sortir plutôt que de faire souffrir Domina. Le regrette-t-elle? Domina savait ce qu'il faisait en l'épousant. Elle ne lui a jamais rien promis, ni attention, ni tendresse, ni amour. Elle partageait son toit comme une amie, une invitée.

— Tu veux pus y parler?

— Non, je n'ai rien à y dire. J'veux pus l'voir. C'est fini. M'a va chercher mes affaires, pis j'm'en vais.

— Pas si vite, tu peux rester icitte le temps qu'y faudra. Attends au moins de savoir où y est.

Maggie, le regard dur, ne dit rien. Après un long silence, elle passe sa main dans sa longue chevelure et laisse tomber :

— En autant qu'y soit pas allé se pendre à quelque part ou se jeter dans un puits…

— Y serait pas cabable de faire ça?

— J'espère que non, fait Maggie d'une voix éteinte.

Deux petits coups sont frappés à la porte. Les deux femmes s'inquiètent. Mathilde s'approche sur la pointe des pieds.

— C'est toé, Gaudias?

— Oui, oui.

Gaudias, carabine au bras, entre dans la maison. Mathilde reprend son interrogatoire.

— Comment peux-tu croire qu'y est assez découragé pour se pendre?

Maggie ne le sait pas, mais certaines indications ne mentent pas. Domina n'a sûrement pas passé toute une nuit dehors. Impossible. S'il ne s'est pas pendu ou tiré une balle dans la tête, il a craqué et il est mort de peur. Mathilde se signe à la dérobée.

— Tu peux pas partir si tu penses qu'y reviendra pas, dit Gaudias. Tu peux pas laisser les animaux tout seuls. Faut quelqu'un pour s'en occuper.

— J'demanderai à Catin.

En fin de journée, le maire revient avec un policier. Maggie Grondin lui raconte ce qu'elle a déjà dit à Bénoni. Où est son mari? Elle n'en a aucune idée et frissonne quand elle entend le mot *mari*. Le policier interroge les voisins de Domina. Quelqu'un l'a-t-il vu rôder autour de la grange, la veille? Personne. Chacun donnant la même réponse: «Y sortait jamais le soir.» Et la même hypothèse: «Y a sûrement voulu se venger des maquereaux.» Agacé, le policier a répété qu'il s'en tenait aux faits, pas aux suppositions.

— Vous allez le rechercher? demande Bénoni.

— J'ai pas assez d'hommes pour ça. Si vous le voyez, ne tentez rien, mais appelez-moi aussitôt.

Le policier prend congé. Catin, nerveux, promet de s'occuper de la ferme. Bénoni retourne à la maison. Un demi-jour violacé meurt derrière les bosquets. Un couple de merles dodus dénoncent de leurs roulades courroucées le gros soleil paresseux qui cherche son lit au bout du rang-à-Philémon.

41

Domina Grondin est introuvable. Menées par un petit groupe d'hommes armés, à l'insu du maire, les recherches ne donnent rien. Depuis l'incendie de la grange de Pit Loubier et la fuite de Domina, les paroissiens de Saint-Benjamin vivent dans la crainte. La nuit tombée, les portes sont verrouillées. Les enfants ne vont plus aux champs, encore moins dans les bois. Quand les chiens hurlent, la nuit, les hommes, carabine en main, surveillent le retour de Domina.

— Apparence que des enfants ont vu Domina hier, dit Norée Boucher-à-Nézime, en nettoyant le fourneau de sa pipe avec l'ongle de son pouce.

Sans relever les yeux de son journal, Bénoni hoche la tête.

— Apparence qu'y est revenu à sa maison pour prendre du tabac pis du manger.

— Tu l'as vu, Norée ? demande Bénoni, impatient.

— Non, pas moé, mais des enfants l'ont vu.

— Milledieux, Norée, c'est des accraires d'enfants. Catin est certain qu'y est rendu à la cabane à sucre du vieux Atchez, son grand-père, pis qu'y est pas près d'en sortir.

— C't'à au moins cinq lieues du rang, fait remarquer Norée.

— Même plus, renchérit le maire. J'l'ai dit à la police, mais y veulent pas aller l'chercher. Y aiment mieux attendre qu'y revienne.

— M'est idée qu'y reviendra pas, déclare Norée.

Depuis la disparition de Domina, ragots, rumeurs et spéculations vont bon train. La plupart des paroissiens croient avoir vu Domina ou connaissent quelqu'un qui l'a vu. Les théories plus farfelues les unes que les autres circulent au village. On raconte que, devenu fou, Domina reviendra pour abattre les maquereaux et Maggie. Impuissant, le maire laisse la tempête s'abattre sur le village. Dans quelques jours, les paroissiens se calmeront. Pour l'instant, il est plongé dans l'*Action sociale*, absorbé par le résultat des élections du Québec. Non seulement le premier ministre Lomer Gouin a été réélu mais, dans Dorchester, Lucien Cannon a été élu député libéral. Bleu depuis sa naissance, Bénoni est déçu du résultat.

— Faut dire qu'avec Philémon Cousineau, à peine nommé, le parti conservateur avait pas grand chance de gagner.

— Y reste pus ben ben de bleus à Saint-Benjamin, raille Norée.

Même s'il avait prévu la défaite, Bénoni ne croyait pas qu'elle serait aussi sévère. Norée rallume sa pipe. Agglutinées comme des grappes de cerises noires ou rangées en désordre sur les clôtures de perche, les hirondelles jacassent.

— Y paraît que la guerre acheuve, hasarde Norée pour tenter d'amadouer le maire.

— Pas tout à fait, mon Norée, mais ça r'garde mieux. J'espère juste que la guerre finira avant que Borden pense à d'autres finasseries comme la conscription pis…

Il n'a pas le temps de terminer sa phrase. Des cris venus de l'autre côté de la colline le font sursauter. Un homme se profile au pas de course.

— Monsieur Bénoni, monsieur Bénoni!

Catin-à-Quitou hurle comme un chien enragé. Les commissures des lèvres blanchies, il est tellement essoufflé qu'il n'arrive pas à dire ce qu'il a à dire. Bénoni et Norée ne comprennent rien à son galimatias.

— Qu'est-ce qui arrive encore, mon Catin? T'es ben énervé!

— La jument à Domina, souffle-t-il, haletant, la jument à Domina!

Norée et Bénoni s'interrogent du regard.

— Qu'est-ce qu'a l'a la jument de Domina? Vas-y, parle.

Catin essaie de se calmer, de retrouver son souffle. La sueur perle sur ses tempes. Les mots se bousculent dans sa tête, mais ne franchissent pas ses lèvres.

— Pour rajuer la comète, la jument est r'venue toute seule. J'l'ai vue derrière l'étable de Domina.

Étonné, Bénoni le prend par les épaules, le secoue brusquement pour s'assurer qu'il ne divague pas.

— T'es ben sûr que c'est pas la jument de quelqu'un d'autre? C'est pas le temps de faire des farces!

La voix brisée par l'émotion, Catin-à-Quitou, le visage couperosé, branle la tête de haut en bas, agite les bras et vacille sur ses jambes à force d'avoir couru. Il hausse le ton.

— C'est vrai, monsieur Bénoni. Y est sûrement arrivé un malheur à Domina! La jument a pus d'bride. Ça doit être qu'a l'a forcé pour s'détacher et r'venir à l'étable sans Domina.

Le maire, encore une fois, redoute le pire. Se tournant vers Norée, il demande au vieil homme s'il a déjà été témoin d'un tel comportement de la part d'un cheval.

— Ça s'peut, certain. Mon père avait un joual qui est retourné tout seul à Beauceville trois jours après être arrivé à Saint-Benjamin. Apparence qu'y aimait pas la place! Pis, y a des chiens qui marchent des dizaines de lieues pour retrouver leur chez-eux.

Bénoni tente de rassembler les morceaux du casse-tête. Il prend congé de Norée, s'assure de sa discrétion, attelle son jeune cheval, fait monter Catin et part. Pour en avoir le cœur net, il décide de se rendre à la vieille cabane à sucre. Catin l'y accompagnera.

À mi-chemin dans la forêt, la végétation ayant effacé les vieux sentiers, Bénoni attache son cheval à un arbre. Lui et Catin font le reste du trajet à pied. Avant d'arriver, ils se cachent derrière la colline qui voile la cabane à sucre du vieux Atchez, un bâtiment rudimentaire, affaissé, le toit rongé par les intempéries, de larges interstices dans les murs. Immobiles, l'oreille tendue, ils cherchent à percevoir un bruit, un son qui confirmerait la présence de Domina. Rien. Ils avancent jusqu'au sommet de la colline avec précaution. Domina est-il armé ? La roulade nerveuse d'un merle les fait frissonner. Bénoni se dresse au sommet de la colline.

— Domina, c'est moé, Bénoni !

La voix du maire se perd dans la forêt. Catin tremble de tous ses membres. Le maire saisit un chicot de bois et le lance sur la cabane. Aucune réaction. La porte de la cabane est entrouverte, la cheville de bois suspendue à la barrure. Les deux hommes entrent lentement. Catin pousse un cri d'horreur. Le maire frémit de tous ses membres. À l'intérieur de la cabane, le spectacle est désolant. Le corps de Domina Grondin, désarticulé, chiffe molle, pend à une poutre mal équarrie au-dessus de la bouilleuse. Dans les encoignures de la cabane, les arantèles dessinent des masques terrifiants. Le cadavre a dû pendre en cet endroit depuis la fuite de Domina, il y a quatre jours. Catin sort de la cabane et pousse un long cri. Bénoni s'approche du cadavre et lui touche le pied. Pantin inerte, le cadavre tourne un peu sur lui-même et s'immobilise de nouveau. Une vieille photographie du pape Benoît XV est accrochée à un mur de la cabane, à côté d'un calendrier dont la dernière page indique décembre 1915.

Bénoni grimpe sur une chaise brinquebalante et décroche le corps de Domina. Les mains sont froides, les yeux exorbités, un mince filet de bave a coulé sous la bouche. Dans sa carrière de juge de paix, Bénoni en est à son premier suicide. Il a déjà eu à s'occuper d'une mort accidentelle et d'un enfant tombé dans un puits, mais un suicide, jamais. Pour la première fois dans la jeune histoire de Saint-Benjamin, un citoyen s'est enlevé la vie. Bénoni cherche à se déculpabiliser. Qu'aurait-il dû faire autrement? Comment aurait-il pu sauver Domina en dépit de lui-même? Incapable de chasser ses démons, l'homme n'a trouvé de repos que dans la mort. «Si jeune pour mourir!»

Il pose le corps de Domina sur le dos d'un baril, l'enveloppe dans une couverture pour chevaux oubliée dans la cabane, fait son signe de croix et récite un acte de contrition. Catin fume nerveusement, en évitant de regarder le cadavre.

— T'as pas peur des morts, au moins?

Catin secoue la tête sans conviction. Des morts, non, mais une fois enterré, Domina reviendra sûrement le hanter. Le chemin du retour est pénible. Le cadavre mou, déjà noirci, a été déposé sur un brancard improvisé. Toutes les vingt minutes, les deux hommes arrêtent pour fumer. Avec soulagement, ils aperçoivent enfin la maison de Domina.

Avec son toit légèrement échancré, ses murs de bardeaux gris, sa grande galerie verte et malgré sa peinture écaillée, la maison de Domina a belle allure. Seule la plainte nasillarde d'une sittelle, qui descend tête première d'un merisier, trouble la quiétude de l'endroit. Bénoni et Catin déposent le brancard au pied de la galerie. Deux enfants s'enfuient à toutes jambes, apeurés par le spectacle. Bénoni frappe à la porte. Maggie est-elle de retour? Non. Catin grimpe sur une bûche, se faufile par la fenêtre de la remise et vient ouvrir la porte. Les deux hommes déposent le cadavre sur la table de la cuisine.

Dehors, l'air est doux. Une brise chaude annonce de l'orage. Bénoni somme Catin d'aller chercher le curé et de lui demander d'appeler les policiers.

— Même mort, y est peut-être pas trop tard pour certaines dévotions. Et arrête avertir Maggie en revenant.

La nouvelle assomme le curé. Armoza Labonté renverse une chaudière d'eau.

— Il s'est pendu ?

Intimidé par le curé, Catin-à-Quitou fait signe que oui. L'autre refuse de le croire. Quel scandale pour la paroisse ! «Que dira le cardinal quand il apprendra qu'un de mes paroissiens s'est suicidé ? Quelle humiliation !»

— C'est encore la faute de cette bout de pipe de Marguerite Grondin !

Il renvoie Catin d'un geste brusque de la main, ordonne au bedeau d'atteler le cheval de la Fabrique, prend quelques objets du culte et file vers le rang-à-Philémon.

À son arrivée, le curé se rend dans la cuisine et observe le cadavre avec dédain. Est-ce qu'un suicidé a droit aux égards de l'Église ? À contre-cœur, il revêt son surplis, passe l'étole au bras et asperge le mort en marmonnant quelques prières. *Requiescat in pace !* Le curé se tourne vers Bénoni.

— C'est pas normal qu'un homme se suicide. Si ton bout de pipe de procès avait été mieux fait, on n'en serait pas rendus là.

Le maire n'a pas le goût d'entendre les récriminations du curé.

— Y a seulement toé et tes liche-culs qui pensent que le procès a été mal fait.

— Bénoni, t'as pas le droit de parler au curé comme tu le fais.

Bénoni s'avance vers le prêtre, menaçant. Antonio Quirion bat en retraite. Il ravale sa rage. Quelle honte ! Un bon catholique se pend malgré ses enseignements. Que la paroisse compte une douzaine d'alcooliques, que deux familles éloignées manquent souvent la messe du dimanche, le curé s'est fait à l'idée, mais un suicidé ! Cette tache maculera à tout jamais sa feuille de route et compromettra sa progression vers l'évêché. Bénoni accroche le bedeau par la manche.

— Organise-toé donc pour qu'on l'enterre après-demain.

Stanislas approuve d'un petit signe de tête.

— J'm'occupe de la tombe, dit froidement le maire au curé.

Antonio Quirion grimpe dans le robétaille de la Fabrique, refusant la main que le bedeau lui tend. Il se tourne vers Bénoni :

— Il n'y a pas de place dans le cimetière pour un suicidé. Il a choisi de mourir dans le péché, enterre-le derrière la grange avec les animaux. Pas de service non plus. J'en veux pas dans mon église.

Le maire secoue la tête, ahuri. Peut-il refuser d'enterrer Domina dans le cimetière à côté de ses parents et grands-parents ? Certes, Domina s'est enlevé la vie et le geste est absolument répréhensible. Mais pourrait-on faire exception, tenir compte des circonstances exceptionnelles ? Pourquoi ne pas demander au bon Dieu de lui pardonner et de lui faire une place à ses côtés ? Un instant, Bénoni songe à ignorer le curé, à le défier comme jamais auparavant et à enterrer Domina dans le cimetière. Peut-il aller aussi loin sans subir les foudres de l'Église, des paroissiens et surtout de Léda ?

Une heure plus tard, deux policiers constatent le décès. Aucune trace de violence, seulement les marques profondes de la strangulation. L'un d'entre eux prend quelques notes, pose des questions au maire et s'en retourne avec son collègue.

— Vous pouvez l'enterrer, conclut un policier.

À la brunante, alors que les habitants du rang s'approchent de la maison de Domina, Mathilde et une voisine lavent le cadavre, lui passent un costume propre et allument un cierge devant le cercueil improvisé. Maggie a refusé net de voir le cadavre de son mari. Quand Catin lui a annoncé la nouvelle, elle a plissé les yeux, baissé la tête et s'est enfuie aussitôt dans la chambre qu'elle occupe depuis son arrivée chez sa tante.

Le lendemain, le curé n'ayant pas changé d'idée, Bénoni demande à Catin de creuser une fosse au bord de la forêt. Ils y déposent le cadavre de Domina, le recouvrent de chaux vive et l'enterrent. Bénoni plante une croix de bois, se signe et mande Catin de recouvrir la fosse d'une épaisse couche de branches de sapin, pour la mettre à l'abri des animaux sauvages. Des larmes coulent des yeux de Catin.

— Quand ce curé-là sera parti, on ramènera Domina au cimetière avec ses parents, lui confie Bénoni.

42

Après s'être recueillie devant la dépouille de Domina, Mathilde rentre à la maison, en pensant à Maggie sans arrêt. Est-elle la seule responsable de la mort de son mari? L'a-t-elle poussé à se suicider comme elle a provoqué la mort de son enfant? Le comportement de sa nièce la décontenance. À l'évidence, elle va trop loin, mais est-elle la seule à blâmer? Domina aurait dû savoir qu'il épousait une femme qui ne l'aimait pas et ne l'aimerait jamais. Gaudias attend Mathilde devant la maison, faucille en main, l'œil sur d'agaçantes repousses d'aulnes.

— A l'a pas sorti d'sa chambre.

— Laisses-y l'temps de digérer la nouvelle, plaide Mathilde.

Quand Maggie quitte finalement sa chambre, Mathilde lui verse une tasse de thé et ajoute un peu de lait, à la demande de la jeune femme. Du coin de l'œil, Mathilde l'observe, cherchant à deviner une réaction.

— Ça doit t'avoir donné un choc!

Maggie est partagée entre remords et soulagement. Oui, elle voulait se débarrasser de Domina, mais pas de cette façon. Elle s'en veut d'avoir manqué de courage, de ne pas l'avoir quitté tout simplement. Souvent, elle a pensé rejoindre son père ou sa sœur Lina à Québec, mais ni l'un ni l'autre ne se montrait très accueillant, son père en particulier, qui ne comprenait pas qu'elle soit malheureuse avec Domina. A-t-elle eu un choc en apprenant la mort de son mari?

— J'pensais jamais qu'y irait aussi loin. Lui qui a si peur des revenants, j'sus certaine qu'y s'est pendu avant de mourir de peur.

— Au village, y vont sûrement dire que tu l'as fait mourir à p'tit feu!

Agacée, Maggie hausse les épaules. Elle déteste les gens du village, le curé en particulier. Certes, elle a poussé Domina dans ses derniers retranchements, l'a fait crouler, mais de là à souhaiter sa mort, non. Elle s'en voudra toujours de l'avoir épousé. Une erreur magistrale, incompréhensible. Même si c'est Domina qui a insisté, elle n'a pas d'excuses. Elle n'avait qu'à refuser. Et même si son père lui avait mis l'idée en tête en multipliant les pressions, rien ne l'obligeait à épouser Domina. Le faire pour satisfaire son père était ridicule. Épouser un homme sans amour parce qu'elle n'avait aucun autre endroit où aller était une erreur, une grave erreur.

— Y vont l'enterrer avec ses parents?

Mathilde hésite à lui dire la vérité.

— Non, le curé veut pas. Pas d'église ou de cimetière pour un suicidé, qui a dit.

Le visage de Maggie se contorsionne. Elle mordille ses lèvres. Domina ne mérite pas ça. Quand Mathilde lui raconte que Catin et Bénoni l'ont enterré à la lisière du bois, elle se lève, furieuse. L'entêtement de ce curé retors la dépasse. Qu'elle soit en partie responsable du suicide de Domina, elle l'accepte. Mais qu'en plus il ne soit pas enterré avec ses parents, le châtiment est trop grand. Maggie est submergée par les regrets, les remords. «Enterré dans le bois avec les animaux, aucun homme ne mérite ça!» Quand Maggie finit par se calmer, Gaudias s'approche d'elle.

— Qu'est-ce qui s'est passé, le soir du feu?

Maggie oscille, prend son temps. Elle relève la tête et raconte l'histoire d'une voix détachée, sans émotion, comme on raconte à la police un crime fraîchement commis.

Horripilée par l'histoire des maquereaux et la jalousie maladive de Domina, Maggie a décidé, la veille de l'incendie, de se venger. Et encore une fois, de deux façons, en faisant appel aux maquereaux et aux revenants, les deux phobies de Domina.

Après le barda, quand il est revenu à la maison, Maggie a fait des blagues au sujet de Léonidas. « Il me fait des yeux doux ! Et le beau Ansel veut encore me parler. » Domina n'a pas réagi. Il avait l'air absent, éteint, plus rien ne l'atteignait. Maggie s'en est inquiétée et elle s'est inquiétée encore davantage quand, contrairement à ses habitudes, il est sorti à la brunante. Pour aller où? Faire quoi? À son retour, après la tombée de la nuit, Domina a été surpris par sa femme, recroquevillée dans sa chaise, toutes bougies éteintes. Domina ne l'a pas vue immédiatement.

— T'es allé voir ma mère? lui demanda-t-elle d'une voix sombre.

Domina sursauta. Son cœur fit des bonds. Déjà nerveux d'avoir passé tout ce temps dehors dans l'obscurité, voilà qu'il était accueilli par une voix d'outre-tombe qu'il mit du temps à reconnaître.

— Tu passes la soirée dehors avec les rev'nants? suggéra Maggie.

Domina l'ignora et fila tout droit dans sa chambre. À peine avait-il commencé à se déshabiller qu'un bruit sourd parvint de la cuisine. Le vieux plancher de bois craqua. « Que fait Maggie? » se demanda Domina. Elle avait décidé de lui jouer la comédie.

— Non, maman, disait-elle, j'ai pas envie de t'parler. Disparais. J'veux pus te voir. Tu sais que Domina a peur des revenants !

La porte claqua de nouveau. Un bruit de bousculade fit croire à Domina que sa femme et sa belle-mère se chamaillaient. Son cœur menaçait d'éclater. Malgré la peur, il s'approcha de la porte de la chambre et, par l'entrebâillement, vit sa femme relever une chaise et fermer la porte. Il saisit sa carabine. Maggie rit nerveusement.

— J'te laisse rentrer à soir, mais c'est la dernière fois. Domina te fera chanter une messe pour te sortir du purgatoire.

Domina effleura le canon de sa carabine, remit l'arme sous son lit et alla se coucher. Il mit du temps à s'endormir et se réveilla souvent, s'évertuant à décoder le moindre petit bruit.

Le lendemain, à la tombée de la nuit, quand Maggie lui dit qu'elle avait vu son père, Domina, les yeux hagards, s'efforçant de dissimuler un objet, sortit de la maison, dans l'obscurité. «Un deuxième soir de suite», s'inquiéta Maggie.

Quelques minutes plus tard, Domina revint à la maison et fila droit dans sa chambre pour en ressortir aussitôt. Il tira le chien de sa carabine et bondit dans la cuisine. Maggie hésita mais, à la vue de l'arme pointée dans sa direction, elle courut, ferma la porte derrière elle, Domina sur ses talons. Elle culbuta, s'écorchant les mains et les genoux, sentit la balle frôler son oreille, se jeta au sol et se tapit du mieux qu'elle put derrière le bosquet.

Quand Catin-à-Quitou, en route vers l'incendie, vit Maggie dans le bosquet, il s'en approcha. Domina fit demi-tour, renonçant à tuer, devant témoin, cette femme qui le faisait tant souffrir.

Mathilde et Gaudias n'ont pas bougé, sidérés par le récit de Maggie, agacés par sa méchanceté à l'endroit d'un homme qui n'en méritait pas tant.

— Après, j'ai vu la grange en feu. J'savais que Domina en était responsable. J'ai couru jusqu'à la mitaine parce que j'étais certaine qu'y viendrait jamais jusque-là.

Maggie fait une longue pause, perdue dans ses pensées, essayant d'imaginer les derniers moments de Domina.

Ce soir-là, après y avoir renoncé la veille, Domina alluma l'incendie, le cœur brisé à la pensée que deux chevaux pourraient périr. Après avoir tenté d'abattre sa femme, pris au dépourvu par l'arrivée de Catin, il se rua à l'étable, passa la bride à sa jument et s'engagea dans le sentier menant à la cabane à sucre de son grand-père. La plainte d'un grand duc le fit tressaillir. La tête enfoncée dans la crinière de sa jument, Domina dirigea la bête tant bien que mal. Une fois rendu, il tâcha sans succès de dormir. Le moindre bruit, le craquement le plus ténu lui faisaient croire que des revenants rôdaient autour de la cabane. La porte de la javelle claqua. Des hommes et des femmes en sortirent. Il reconnut la voix de son grand-père, le rire de sa mère, les bêtises de Marie-Anne Miller. Un enfant pleurait. Le vent se leva. La porte de la javelle battait le mur. Terré dans la cabane, la main sur la bride de sa jument qui renâclait, Domina n'arrivait pas à se rappeler les paroles de ses prières.

— Pis les maquereaux? s'informe Mathilde.

— Ben voyons donc, ma tante. Penses-tu sérieusement que j'me dérangerais avec un gars comme Léonidas? L'as-tu déjà regardé de près? Y a perdu la moitié de ses dents, y sent le vieux tabac, pis y est pas avenant pour deux cennes!

— Pis Ansel? demande Mathilde après une courte pause.

— Ansel, c'est pour avoir des nouvelles de Walter, c'est tout.

— Tu l'as pas oublié?

Maggie ne répond pas. Non, elle ne l'a pas oublié.

— Qu'est-ce que tu vas faire du butin? La maison, le roulant pis la terre? De par la loi, ça t'appartient. Là, Catin s'en occupe, mais y pourra pas l'faire indéfiniment, dit Gaudias.

Maggie hausse les épaules et se tourne vers son oncle à la recherche d'une solution.

— Vends les animaux, le roulant pis l'fond de terre, mais garde la maison. Faudra bien que tu restes queque part?

Maggie hésite. Il y a deux semaines, sa cousine Élodie lui a appris que, guerre oblige, les manufactures de Québec engageaient plein de monde. Si Élodie décide de partir, Maggie la suivra.

43

Catin-à-Quitou marche lentement dans l'allée qui conduit au pacage. Il sifflote. Maggie lui a demandé de rassembler les moutons et d'aller les vendre à Aurélus Lamontagne, le commerçant du village. Un encanteur liquidera le reste des biens de Domina dans la journée. Les bêtes, habituées à la liberté, s'enfuient. Le bélier feint de charger, mais déguerpit à l'approche de Catin. Il les attire avec de l'avoine qu'il dépose au sol par petites poignées. La plus vieille brebis se laisse d'abord soudoyer, suivie d'une autre et, en retrait, du bélier. Catin s'éloigne, jetant derrière lui de petites quantités d'avoine que les moutons s'empressent de manger en s'approchant toujours un peu plus de l'étable. À la fin, tout le troupeau se retrouve dans la bergerie.

Sous l'œil désintéressé de Maggie, il entasse les bêtes dans la charrette à ridelles dont il a fermé les rebords. Les moutons bêlent, se bousculent et tentent en vain de s'échapper. Debout, en équilibre précaire parmi les moutons, Catin guide son cheval jusqu'à la gare, où des cultivateurs font déjà la queue devant Aurélus Lamontagne, le gros commerçant d'animaux aux vêtements dépenaillés. Les mains calleuses, les ongles noircis, il toise les bêtes, les pèse et fixe un prix. Vers la fin de la journée, le bétail rassemblé dans un grand enclos sera entassé dans le train de la Quebec Central Railway et expédié vers les abattoirs de Québec.

«Au suivant!» crie Aurélus dans l'embrasure de la porte de son établissement. Catin s'approche, désigne les moutons.

— C'est à toé, ces moutons-là?

— Non, à madame Maggie.

«Madame Maggie, qu'est-ce qu'y faut pas entendre! Une traînée comme ça!» Aurélus songe un instant à ne pas acheter les bêtes mais, cupide, il change d'idée. Son offre est minimale, le profit sera maximal.

— C'é pas beaucoup!

— C'é ça ou rien. Aucune pitié pour une femme qu'y a accroché son mari au bout d'une corde.

Vaincu, Catin enfouit l'argent dans sa poche.

L'immense cour du magasin s'anime. Va-et-vient, cris, rires, bêlements, hennissements et beuglements s'emmêlent aux voix des hommes qui devisent sur les travaux de l'été. L'odeur du tabac éclipse les senteurs âcres du crottin de cheval. Aurélus mâchonne un cigare malodorant.

Catin quitte rapidement le magasin. Il n'a pas envie de répondre aux questions à propos de Maggie, de subir les sarcasmes des hommes. «Comment va ton amie Maggie?» Au retour, il est accueilli par la voix de l'encanteur.

— Trois piastres une fois! hurle Apollinaire Bolduc, engagé par Maggie.

L'encan a surtout attiré des curieux qui cherchent Maggie des yeux. Ils épient la maison, la grange, l'orée du bois. «Aucune trace de la pécheresse!» Après l'arrivée de l'encanteur, Maggie est partie, bol en main, à la cueillette de framboises. Elle a hâte que tout soit terminé, que ce mauvais rêve prenne fin. Au plus vite, fermer ce dossier, cet épisode malheureux de sa vie et disparaître enfin de ce patelin étouffant.

— Trois piastres deux fois, qui dit mieux?

En fin de matinée, les vaches, la jument de Domina et le roulant sont vendus. Maggie ne veut rien garder sauf la maison en attendant de trouver du travail ailleurs. Entre la vente d'une vache et celle d'un râteau, les racontars vont bon train. Unanimité dans l'assemblée pour condamner Maggie et faire de Domina un martyr, un héros, même si, hier encore, on s'en moquait allégrement. «C'est elle qui lui a passé la corde au cou», dit-on au village, une théorie accréditée par les sous-entendus du curé.

Quand elle revient à la maison, Maggie ne trouve personne d'autre que Catin, occupé à chasser les rats dans la grange en chantant le *Minuit chrétien* à tue-tête. Hiver comme été, à Noël ou à Pâques, Catin chante ce cantique qu'il aime plus que tout. Septième fils consécutif de sa famille, Catin a un don. Il chasse les rats de la même façon qu'Évangéliste Perras soulage du mal de dents et que Florian-à-Fred-à-Pauline arrête le sang.

— Tiens, c'est ton argent, dit-il en sortant une grosse liasse de dollars de sa poche.

Sans même vérifier l'étendue de sa fortune, Maggie donne deux piastres à Catin et le remercie. Surpris par tant de générosité, l'autre ne sait pas quoi dire.

— T'as chassé tous les rats de la grange? demande-t-elle, moqueuse.

— Y en reste pus un battinsse!

Maggie entreprend un grand ménage. Elle récupère tous les vêtements et objets personnels de Domina, en fait un grand tas et y met le feu. Malgré ses recherches intensives, elle ne trouve pas l'argent de Domina, cent piastres enfouies dans la terre sous la maison et cinquante autres cachées dans le vieux collier de la jument. Tant pis! Elle astique le plancher, lave toutes les fenêtres au vinaigre Lion, rallonge certains rideaux et renforce les attaches des barres de portes. Sa carabine chargée est appuyée contre l'armoire.

Elle n'entend pas rester dans la maison encore long-temps, une ou deux semaines tout au plus. Quand elle aura trouvé un pied-à-terre à Beauceville ou à Québec, elle offrira la maison à un oncle de Domina et à sa famille qui vivent dans une masure et dans une pauvreté sans nom. Le don la soulagera, lui donnera l'impression de rendre hommage à la mémoire de Domina, d'obtenir son pardon *in absentia*.

Mais d'ici à son départ, mieux vaut être prudente. Tout le village la montre du doigt et elle se méfie de quelques imbéciles trop facilement influencés par la bagosse et les saintes nitouches du curé. Elle dormira, double barre à la porte, la carabine sous l'oreiller.

44

Une semaine plus tard, Maggie sursaute quand, à la tombée de la nuit, trois petits coups sont frappés à la porte. Elle éteint deux des trois bougies, s'empare de sa carabine, tire le chien et se prépare au pire.

— Qui est là?

Montrée du doigt, accusée d'avoir tué son mari, Maggie est devenue méfiante. Elle n'est presque pas sortie depuis la mort de Domina. Un ivrogne du village a eu droit à une volée de gros cailloux quand il s'est pointé dans l'entrée de la maison et, s'il était revenu, Maggie était prête à se servir de son arme. Les quelques autres personnes qu'elle a croisées lui ont tourné le dos, même Rosalie Pouliot, son élève qui l'aimait tant. Seul Catin-à-Quitou n'a pas changé d'attitude.

— Maggie, *it's me*, Walter, ouvre la porte.

Walter? Maggie retient son souffle. Elle ne le croit pas. Encore un imbécile qui veut lui faire peur. Ou Ansel qui a trop bu. Walter! À n'en pas douter, c'est sa voix, son accent.

— Walter, c'est ben toé?

L'autre s'impatiente.

— Maggie, *open the door*, j'veux t'parler. J'sus arrivé tantôt par le train. Ansel m'a tout raconté. J'sus venu t'voir avant d'aller chez mes parents. Laisse-moé entrer.

Elle enlève la double barre et ouvre la porte. Walter Taylor n'a pas changé, sauf ses cheveux, beaucoup plus courts. La barbe non taillée, il sourit. Elle le trouve très beau dans son costume militaire. Retour temporaire? Permission, le temps de s'excuser et de repartir? Maggie est sur ses gardes. Bouche bée, elle ne sait que dire. Hésitante, elle balbutie :

— J'savais pas que la guerre était finie !

Walter sourit et lui explique qu'il a reçu son congé de l'hôpital où il a été soigné pour une grave blessure à la jambe. Il a passé la dernière semaine à la citadelle de Québec.

— J'serais pas ici si Ansel m'avait pas dit que ton mari était mort.

Maggie le regarde, une pointe d'incrédulité dans les yeux.

— J'peux rentrer ou tu vas m'tirer à la carabine ?

Trop surprise, Maggie n'avait pas réalisé que l'arme était toujours pointée sur Walter. Elle l'invite à entrer. Walter boitille. Elle examine longuement sa jambe. Une vraie blessure de guerre, explique Walter avec une certaine fierté. Des éclats d'obus dans le genou gauche. Selon le médecin, il claudiquera pour le restant de sa vie. Walter s'approche de Maggie, l'attire à lui et la serre fort dans ses bras. Elle résiste un peu. Tout ça est si soudain, si inespéré. Tant de questions à poser, de réponses à digérer. Ses propres blessures fraîchement couturées qui menacent de s'ouvrir de nouveau. Un long moment, ils restent enlacés sans dire un mot.

— Tu dois m'en vouloir beaucoup ? demande Walter.

Maggie ne répond pas. Elle se détache de lui, attise le poêle et met de l'eau à bouillir.

— Tu veux du thé ?

— Yes.

— J'ai toujours été convaincue que tes parents t'avaient forcé à partir pour t'éloigner de moé.

Walter le reconnaît. Son père avait eu vent de la relation et décidé d'y mettre fin. Comment l'avait-il appris ? Walter ne sait rien. Maggie prend une pincée de thé qu'elle laisse tomber dans deux tasses. Les yeux du soldat se posent sur une grosse valise bien ficelée, les murs dégarnis, la commode et les armoires vides.

— Tu vas te promener?

— Non, j'm'en vas pis j'reviendrai jamais par ici.

Le visage de Walter s'embrume. Est-il arrivé trop tard? Pourra-t-il la retenir ou devra-t-il la suivre vers sa nouvelle destination? Maggie devine son inquiétude.

— Pourquoi t'as jamais répondu à mes lettres?

Un éclair de malice allume les yeux de Walter. Il a écrit une dizaine de lettres avant d'abandonner, convaincu que Maggie avait renoncé à la relation. Ansel lui a raconté que Maggie n'a jamais reçu une seule lettre et qu'elle lui en a voulu beaucoup de l'avoir laissé tomber aussi cavalièrement. «Hypocrite», avait-elle dit à Ansel. Trois ans plus tard, Maggie a la confirmation que toutes les lettres ont été interceptées.

— T'as pas reçu mes lettres?

— Non, jamais.

Maggie a une moue dépitée. Plein d'images se bousculent dans sa tête. Curieusement, elle pense à Domina qu'elle n'aurait jamais épousé si Walter était resté à Cumberland Mills ou si seulement elle avait reçu ses lettres. Il aurait échappé au triste sort qui a été le sien, n'eussent été les mensonges des parents de Walter.

— La seule lettre que j'ai reçue de toé, dit Maggie, c'était un petit bout de papier pour me dire que tu r'viendrais pas, même pas pour le bébé.

— *Baby?* Quel bébé?

Walter ne sait rien. Ansel ne lui a rien dit parce qu'il ne connaît pas cet épisode. En entendant les détails de la fausse couche, le regard de Walter se durcit. Il ne contient plus sa colère. Et cette fausse lettre, qui l'a écrite? À l'évidence, son père était dans le coup. Pourra-t-il lui pardonner un jour d'avoir ainsi empoisonné sa vie?

— J'te comprends d'avoir fait ça. J'pardonnerai jamais à mon père, *never*.

— Pis les études en Angleterre? Le mariage avec une fille de la haute?

Encore là, Walter ignore tout de ces projets. Vaguement, son père avait évoqué l'idée qu'il étudie à Londres, mais l'idée n'a pas fait son chemin dans la tête de Walter. Il a toujours voulu revenir à Cumberland Mills, dans l'espoir de retrouver Maggie Miller. Il attire la jeune femme dans ses bras et l'embrasse longuement. Appuyé sur une seule jambe, elle le sent chancelant. Sur le poêle, la bouilloire siffle. Maggie se dégage.

— Tes parents savent que t'es r'venu?

— Oui, mais j'ai pas envie d'y aller.

Walter sait qu'il joue avec le feu. Quand Sam Taylor apprendra que son fils se trouve dans la maison de Maggie Grondin, sa colère sera terrible. Jamais il n'acceptera une telle humiliation.

Il le forcera à quitter Cumberland Mills, où la réputation de Maggie n'est pas meilleure qu'au village.

— J'ai pus de permission à lui demander, dit Walter. J'peux rester ici?

Maggie sourit et l'embrasse.

— J'lui dirai demain que je reste ici.

Pour ne rien précipiter et parce qu'elle a encore quelques doutes, Maggie refuse que Walter partage son lit. L'idée l'agace un peu, mais Walter dormira dans le lit de Domina. Avant de s'endormir, tard dans la nuit, ils ont une longue discussion. Maggie s'étonne des progrès de Walter en français. Il sourit, fier de lui. Il a passé près d'un an dans un contingent qui comprenait des dizaines de Canadiens français.

La conversation va dans toutes les directions. Quelques mots sur la guerre, l'école de Maggie, Domina, mais surtout sur les conséquences de leurs retrouvailles. Maggie se propose de partir dans les prochains jours. Dès qu'elle aura des nouvelles d'Élodie, elle ira la rejoindre à Québec.

— Tu viendras avec moé. On va trouver du travail pis une place où rester. Par icitte, y vont nous rendre la vie impossible.

Quelques semaines seulement après la mort de Domina Grondin, la réaction, tant des catholiques que des protestants, sera redoutable. Mais elle ne peut retenir un large sourire en pensant à toutes ces bonnes âmes qui chavireront quand elles apprendront que Maggie Miller, anciennement Maggie Grondin, se «met en ménage» avec Walter Taylor.

45

Comme la bourrasque qui annonce l'orage, la nouvelle a fait le tour du village en moins d'une journée. Incrédules, scandalisés, les catholiques accusent Maggie d'avoir tout planifié, d'avoir fait mourir son mari pour mieux ouvrir la porte à Walter Taylor. Selon Catin-à-Quitou, Maggie et Walter se fréquentaient déjà avant qu'il s'engage dans l'armée. Il soutient les avoir vus souvent ensemble alors qu'il passait de longs moments à épier Maggie dont il était amoureux.

— J'sus ben sûr qu'y était revenu depuis longtemps et qu'y s'cachait dans l'bois pour pas r'tourner à la guerre. Y a pas juste les bons Canadiens français qui s'cachent, les Anglais aussi, affirme Lomer Caron au magasin général.

— Les Canadiens français sont des chrisolophe de bons soldats, dit Cléophas Turcotte, le seul à avoir été favorable à la conscription. Y ont peur de rien, encore moins des Allemands ! Pis on a pas le choix, paraît que les Allemands ont pas mal bardassé les vieux pays !

— Tu peux ben faire le jars, Cléophas, mais la conscription, c'est ça qui va faire battre Borden dans la province de Québec.

Depuis la conscription, la police militaire patrouille les petits villages de la province de Québec, à la recherche de déserteurs. À Saint-Benjamin, la rumeur veut que trois jeunes hommes se cachent dans le fin fond des bois. Apolline Boulet et Célanire Lacasse jurent toutes les deux que leurs fils travaillent maintenant en ville.

À Cumberland Mills, les protestants aussi sont scandalisés. Sam Taylor a déshérité son fils sur-le-champ. Fred

Taylor a bien tenté d'intercéder en faveur de Walter, sans succès. Le jeune homme a refusé de rentrer à la maison, refusé de quitter la maison de Maggie et de s'en tenir à des fréquentations, refusé de parler à son père.

— *My father was wrong*, a-t-il dit à Fred Taylor. Il n'avait aucun droit d'intercepter mes lettres et celles de Maggie.

Fred Taylor n'a pas insisté. Impuissant. Plein de souvenirs, d'images d'Aldina lui sont revenus à l'esprit. Sans approuver ouvertement la relation de Maggie et Walter, il leur a donné un conseil.

— *Leave*. Partez, a-t-il suggéré à Maggie et à Walter. Ici, vous êtes déjà jugés et condamnés.

Conscients du danger, Maggie et Walter se font discrets. Elle a demandé à Catin-à-Quitou d'acheter des provisions. Ils ont convenu de se marier, une fois rendus à Québec, mais pour l'instant, ni Maggie ni Walter n'envisagent de se convertir à la religion de l'autre.

Le curé fulmine et fait porter tout le blâme sur le maire. Bénoni reproche au prêtre de faire appel aux plus bas instincts des paroissiens plutôt que de les apaiser. Saint-Benjamin est de nouveau en crise. Nouvel affrontement entre les deux hommes forts de la paroisse.

— Tu ne penses pas que t'as complètement perdu le contrôle? lance le curé.

— Le contrôle de quoi?

— Bout de pipe, un catholique se pend, sa femme se sauve et quelques jours plus tard se met en ménage avec un protestant et tu me demandes «le contrôle de quoi»!

— Y m'ont pas demandé la permission, Tonio Quirion. Y ont jeunessé ensemble avant qu'y parte pour la guerre.

— Et tu ne m'en as jamais parlé?

— J'l'ai su hier par Catin-à-Quitou.

Le curé se lève, va à la fenêtre et, sur un ton solennel, dit au maire:

— Je veux que tu chasses Marguerite Grondin de Saint-Benjamin.

Bénoni relève vivement la tête. Encore une fois, le curé n'a pas réfléchi avant de parler.

— Ben voyons donc! À ce compte-là, y faudrait aussi chasser les ivrognes, ceux qui viennent pas à la messe, qui paient pas leurs taxes, qui sacrent pis blasphèment...

— Bénoni, ça suffit! Ce n'est pas la même chose. J'ai soumis le cas de Marguerite Grondin au cardinal Bégin. L'adultère relève du cardinal, pas d'un curé. Je lui demande de la faire excommunier. Je vais aussi envoyer une résolution au conseil pour la chasser de la paroisse.

Bénoni bondit, l'index pointé vers le curé.

— Tonio Quirion, ne te mêle pas du conseil! C'est pas de tes affaires. Fais-la excommunier si tu veux, mais ne compte pas sur le conseil pour la chasser de la paroisse.

— Je vais écrire au député pour lui dire que t'es plus capable d'être maire.

— Fais-le donc pour voir. Moé, m'en va écrire au cardinal pour y dire que t'es en train de virer la paroisse à l'envers, que t'encourages les gens à se chicaner et que t'as même envoyé des saoulons menacer ma sœur avant qu'a meure.

Le visage du curé tourne à l'écarlate.

— C'est des inventions, des faussetés. T'as rien contre moi, Bénoni Bolduc, pas gros comme mon petit doigt. Rien. Rien!

— Pis si je disais au cardinal que tu t'sers de deux suivants-culs pour essayer de faire dérailler nos assemblées? Tu t'es mêlé des dernières élections, que t'as même donné de l'argent de la Fabrique à mon adversaire Lomer Caron, pis que t'as tout fait pour me faire battre!

— J'ai jamais donné un cent à Lomer. Jamais! T'as aucune preuve.

— Y est passé où, l'argent de la Fabrique ? Comment ça se fait que vingt piastres ont disparu juste avant les élections ?

— C'est de la calomnie, Bénoni Bolduc ! Demande au marguillier en chef, il te le dira.

— Justement, j'y ai demandé, pis y a pas de réponse.

— Je vais te faire perdre ton poste de maire.

— Essaye pour voir !

— Tu sauras que l'Église a toujours eu le droit et l'a encore aujourd'hui de donner des directives aux hommes politiques, surtout quand c'est des incapables comme toi !

— Si je disais au cardinal que monsieur le curé refuse les derniers offices aux mourants quand y fait pas beau ?

— T'as menti, Bénoni Bolduc.

— Si j'lui écrivais que t'as refusé les derniers sacrements au vieux Laflamme, pis qu'y est mort sans se confesser ni communier.

— Il y avait une tempête. On ne pouvait pas y aller. Le bedeau voyait même pas le bout du nez du cheval.

— C'est pas ce qu'on dit dans la paroisse. Y paraît que les briques chaudes étaient dans le fond du borlo, pis que Stanislas t'a attendu un bon bout de temps.

Rouge de colère, le curé s'approche de Bénoni.

— Tu vas trop loin, Bénoni Bolduc. Tu vas me payer ça !

— La paroisse a toujours ben marché avant que t'arrives. Laisse-moé diriger la paroisse et contente-toé des péchés !

— Bénoni Bolduc, l'enfer t'attend. Tu vas y brûler pour le restant de tes jours.

— Le pire, Tonio Quirion, c'est qu'on va brûler ensemble !

— Sors d'ici, tu m'entends ? Et ne remets plus jamais les pieds dans mon presbytère.

Bénoni met son chapeau, prend tout son temps, lance un regard de défi au curé et, sans dire un mot, sort sans fermer la porte.

Le lendemain, pour calmer un peu les esprits, Bénoni se rend à la demande de Lomer Caron, son adversaire, et convoque une réunion du conseil. Il a pris une décision, il écrira au cardinal Bégin pour lui signaler « certaines anomalies » dans le comportement du curé. Mais il se garde bien de le dire aux conseillers qui sont engagés dans une bruyante discussion sur Maggie Grondin. Bénoni s'assoit, le nouveau secrétaire à ses côtés.

— À l'ordre !

Le silence rétabli, Bénoni se tourne vers Malvina Loubier à qui le conseil loue parfois sa grande maison pour y tenir réunion. Quand elle croise le regard impatient du maire, elle se dépêche de bourrer deux gros pots de concombres et de betteraves. Elle s'empare ensuite d'une cruche de vinaigre Lion, remplit les pots à ras bord, s'essuie les mains sur son tablier et disparaît dans la cave avec ses précieuses conserves.

— T'as demandé la réunion, Lomer, j't'écoute.

Lomer se redresse et, solennel, sort une enveloppe de la poche de sa veste.

— Voici la résolution que j'veux présenter pis faire adopter.

— Une résolution écrite de ta main, se moque le maire. Tu vas nous la lire ?

Analphabète, Lomer Caron ignore la raillerie, remet la résolution au secrétaire et lui demande de la lire. Égide Poulin jette un rapide coup d'œil au texte, rougit, se racle la gorge et s'exécute.

« Attendu que le comportement de Maggie Grondin est scandaleux et nuit à la bonne réputation de la paroisse ; attendu que cette femme est un mauvais exemple pour nos enfants ; attendu qu'elle a poussé un bon chrétien au suicide et qu'elle vit maintenant dans le péché avec un homme d'une autre religion, il est proposé par Lomer Caron, secondé par Théodule Turcotte, que Marguerite Grondin soit expulsée du village de Saint-Benjamin. »

Des murmures d'approbation saluent la résolution. Le maire reste impassible. Le curé a tenu promesse. Il a écrit la résolution et s'est servi de son faire-valoir pour l'acheminer au conseil.

— Tu y vas un peu fort, Lomer, de quel droit un conseil peut-il chasser un citoyen du village? Le juge de paix pourrait le faire si a l'avait commis un crime. Si on parle d'adultère comme le prétend le curé, qu'il prouve d'abord que Maggie Grondin s'est dérangée avec Walter avant la mort de son mari. Et s'y le prouve, c'est un péché, pis les péchés, ç'est son affaire, pas la nôtre!

La logique de Bénoni agace la vingtaine de citoyens réunis autour de la table, derrière les conseillers.

— C'est pas une question de loi, dit Lomer, c'est une question de «meurses». Saint-Benjamin doit se débarrasser d'une guidoune comme elle!

— C'est une honte publique! renchérit un paroissien. Arrête de la protéger, Bénoni.

Le maire ignore le chahuteur et se tourne vers Lomer Caron.

— Admettons qu'on passe ta résolution, tu vas t'y prendre comment pour la chasser du village? Tu vas la tirer par les cheveux jusqu'à Beauceville?

Quelques rires étouffés saluent l'envolée du maire, mais la majorité de l'assistance ne rit pas. Plusieurs paroissiens n'hésiteraient pas une seconde à chasser Maggie à coups de pierres et de bâtons. Bénoni sent que sa marge de manœuvre est mince, qu'il n'a pas beaucoup d'appui. S'il demande le vote, il pourra battre la résolution avec l'aide des trois conseillers qui le suivent aveuglément. Mais la réaction sera virulente. Il doit gagner du temps, en attendant d'écrire au cardinal et, surtout, d'obtenir sa réponse.

— J'propose que le vote soit reporté à la prochaine assemblée. J'demanderai l'avis d'un avocat pour être ben sûr qu'on va pas à l'encontre de la loi et de nos pouvoirs.

Y pourra nous dire si c'est déjà arrivé dans la province de Québec et, si oui, comment on devra s'y prendre.

Dans la maison, le silence n'est interrompu que par l'égouttement de la champleure. Petit à petit, des grognements s'élèvent. Certains paroissiens songent à faire mauvais parti au maire. Ils ne lui font plus confiance. «Une autre de ses manigances pour pas agir immédiatement!»

— Parce que si on fait un geste illégal, vous pouvez être sûrs qu'a va mettre ça dans les mains d'un avocat pis qu'on va y goûter.

L'assemblée est sceptique. Murmures diffus. Une étincelle pourrait faire exploser la maison. Un gros homme se lève, menaçant. Lomer Caron intervient.

— On a ta parole que tu vas convoquer une réunion aussitôt que t'auras reçu l'avis de l'avocat pis que tu vas nous montrer son avis?

— J'vous le promets, pis j'vous promets de respecter son avis.

Un à un, les paroissiens quittent la maison. Bénoni est soulagé. Soulagement temporaire? Tout dépendra du cardinal. Mais il joue gros. Il sait déjà que l'avocat Beaudoin lui dira que le conseil n'a pas le pouvoir d'expulser un citoyen. L'idée est ridicule, mais une majorité de paroissiens la trouve raisonnable. Convaincre Maggie de partir au plus vite? Têtue et butée, elle fera probablement le contraire. Reste le cardinal. Le prélat pourrait proposer de nouvelles façons de régler la crise, mais qui dit qu'il ne défendra pas bec et ongles le curé et n'enverra pas paître ce petit maire de village?

46

Saint-Benjamin de Dorchester
Lundi soir, le 3 du courant
À Sa Grandeur,
Monseigneur Louis-Nazaire Bégin
Cardinal de Québec
Monseigneur,

C'est avec beaucoup d'hésitations que je
m'adresse à vous. Je crois que votre serviteur, le
curé Antonio Quirion, vous en a informé : notre
belle paroisse de Saint-Benjamin vit des problèmes
graves depuis quelque temps, des problèmes qui
nuisent à notre réputation et qui pourraient conduire
certaines personnes à se faire justice elles-mêmes.

Une jeune femme de notre paroisse, dont le
mari vient de s'enlever la vie, s'est mise en ménage
avec un protestant et le curé veut la chasser de la
paroisse et la faire excommunier. Je crois que vous
connaissez le dossier. Il m'a dit qu'il vous en avait
informé.

Il a aussi refusé l'accès du cimetière à l'époux de
la jeune femme en question. Est-ce que cette décision
est irrévocable ? Plusieurs paroissiens souhaiteraient
qu'il soit enterré auprès de ses parents, même s'il
s'est enlevé la vie.

À mon humble avis, je crois que le curé va trop
vite et trop loin. L'excommunication ne me regarde
pas. Mais le curé nous a envoyé une résolution pour
chasser cette jeune femme de la paroisse. Je ne l'ai
pas fait adopter par le conseil municipal avant d'avoir

reçu l'avis d'un avocat respecté, votre ami, maître Rosaire Beaudoin.

Tôt ou tard, je crains un affrontement entre les catholiques et les protestants de Cumberland Mills. Le curé nous demande de ne pas les fréquenter. Avant lui, le bon curé Lamontagne entretenait des relations cordiales avec les protestants. Et je sais qu'à Saint-Georges la famille Pozer, une famille protestante, a même contribué financièrement à la construction de l'église des catholiques. J'aimerais aussi connaître votre avis sur cette question, d'autant plus qu'en tant que maire je dois transiger avec le conseiller des protestants.

Si vous le jugez à propos, je serai disponible pour vous rencontrer lors de votre passage à Saint-Benjamin. Dans le cas contraire, j'attends vos conseils avec impatience.

Daignez agréer l'hommage du profond respect avec lequel j'ai l'honneur d'être de Votre Grandeur l'humble serviteur.

Bénoni Bolduc

Maire et juge de paix de Saint-Benjamin de Dorchester

Voilà, se dit Bénoni, l'essentiel, le bon ton, rien de trop belliqueux pour ne pas indisposer le cardinal, mais assez de détails pour lui mettre la puce à l'oreille. Bénoni est convaincu que le curé ne lui a pas touché mot des événements récents. Il est particulièrement fier d'avoir mentionné le nom de l'avocat Beaudoin, un conservateur comme Bénoni et un confrère de classe de monseigneur Bégin. Le cardinal ne manquera sûrement pas de lui parler.

La veille de l'arrivée du cardinal Bégin, Antonio Quirion ne lésine pas sur les moyens pour impressionner son supérieur. Lavée, astiquée, l'église brille comme rosée au soleil. Dépoussiérés, saint Joseph et sa Vierge tendent les bras. Sur l'autel repeint, de gros géraniums jettent un peu d'ombre sur le calice en or du curé. Tous les lampions brûlent, témoins de la foi inébranlable des paroissiens de Saint-Benjamin.

Le cardinal arrive par le train de la Quebec Central Railway, accompagné de deux prêtres. À la gare, le comité d'accueil comprend une poignée de paroissiens, tous les dignitaires de la paroisse étant regroupés devant l'église comme l'a ordonné le curé. Le cardinal et les curés monteront dans la Ford de Cléophas Turcotte, réquisitionnée pour l'occasion.

De pourpre cardinalice vêtu, sourire engageant, le cardinal Bégin serre les mains des paroissiens avant de monter dans l'automobile. Tout au long du parcours, des enfants agitent de petits drapeaux du Sacré-Cœur pendant que leurs parents saluent le cortège de la main. Cléophas, tel que le lui a ordonné le curé, évite de «déranger» le cardinal, mais quand celui-ci lui dit qu'il habite une bien jolie paroisse, Cléophas ne peut s'empêcher de dire : «C'est parce que nous avons le meilleur maire de Dorchester !» Le cardinal sourit. Il a l'habitude des luttes de pouvoir dans les paroisses du diocèse de Québec. À la hauteur de l'église, une grande pancarte salue l'illustre visiteur : «Bienvenue, cher cardinal Bégin !»

Devant l'église, le bedeau, endimanché pour la première fois de sa vie, étouffe dans sa chemise trop serrée. Les marguilliers, le président de la commission scolaire, de la Ligue du Sacré-Cœur, celui de la Ligue de la Tempérance et le directeur du Cercle scolaire sont tous vêtus du même costume gris. La présidente de la Ligue Sainte-Jeanne d'Arc ploie sous ses bijoux de pacotille. Tous les enfants de Marie ont les mains jointes et les yeux mi-clos, prêts à s'agenouiller pour recevoir la bénédiction du cardinal. Le maire a été évincé du comité d'accueil.

Antonio Quirion sur les talons, le cardinal se recueille dans l'église quelques minutes. Les deux hommes se retrouvent ensuite au presbytère où la servante leur offre du café, des œufs et du pain grillé.

— Vous avez une bien belle église, observe le cardinal.

— Je vous remercie, mais elle n'est pas encore assez belle pour le bon Dieu !

Le cardinal sourit.

— Bien des curés de paroisses plus grosses vous envieraient. Il ne faut pas trop taxer nos colons, monsieur le curé. Les temps sont durs et l'argent est rare. Vous le savez, n'est-ce pas ?

Malgré le ton conciliant, la remarque gêne le curé. Le cardinal boit son café et se tourne vers lui.

— Dites-moi, cette histoire de mœurs, elle est terminée ?

Antonio Quirion vient près de s'étouffer. Qui a raconté cela au cardinal ? Que sait-il exactement ? D'un coup, il devient très inquiet. Et sa réputation ? Sa promotion ?

— Si vous parlez de Marguerite Grondin, j'ai l'affaire bien en mains. Le maire et juge de paix lui a fait un procès, mais ça s'est terminé en queue de poisson comme tout ce que le maire…

D'un geste de la main, le prélat exprime son impatience.

— D'abord, monsieur le curé, cessez de brandir la menace d'excommunication pour tout et rien. Trop de curés dans notre belle province ont cette manie détestable. On ne chasse pas les gens de l'Église pour des peccadilles, vous le savez bien ?

— Oui, Votre Grandeur, mais ce ne sont pas des peccadilles.

Le cardinal hoche la tête. Il ne semble pas convaincu.

— Monsieur le maire, dans sa lettre très modérée, m'a dit que vous m'aviez informé de l'affaire. Je n'en ai pas souvenir.

« Bénoni Bolduc ! Tu perds rien pour attendre. Il a osé écrire au cardinal ! Bout de pipe qu'il n'en a pas fini avec moi ! »

— J'allais justement le faire. Vous auriez reçu la lettre dans les prochains jours si je n'avais pas été aussi accaparé par les préparatifs de votre visite.

— Qu'est-ce que vous lui reprochez à cette femme?

Voilà l'occasion de prouver hors de tout doute qu'il a raison d'agir comme il le fait.

— Elle est venue aux funérailles de sa mère en guenilles. Elle ne vient plus à la messe, elle ne se confesse jamais. Elle a forcé son mari à se pendre et, aussitôt après, elle s'est mise en ménage avec un protestant.

Le cardinal réfléchit un instant, se lève et va vers la fenêtre. Dehors, le perron de l'église grouille de paroissiens pressés de l'entendre. Parlera-t-il de Marguerite Grondin? Certains pensent qu'il annoncera son excommunication. Et même que Bénoni pourrait être destitué.

— Le maire m'a dit aussi que les relations se sont beaucoup détériorées entre les catholiques et les protestants. C'est exact?

Antonio Quirion se retient de déblatérer contre le maire, de le discréditer aux yeux du cardinal. Si seulement il avait vu la lettre! Si seulement il savait tout ce que Bénoni a écrit!

— La sœur du maire, une institutrice, a voulu épouser un protestant et j'ai exigé qu'il se convertisse d'abord.

Le cardinal se tourne vers lui, curieux d'entendre la suite de l'histoire.

— Elle est morte avant qu'on en arrive à la conversion.

Soupçonnant que le curé ne lui raconte pas tout, le cardinal indique à son hôte qu'il est temps de regagner l'église pour ne pas faire patienter les fidèles plus longtemps. Mais avant d'entrer dans la sacristie, il se tourne vers le curé.

— Vous savez, monsieur le curé, que c'est toujours plus facile quand le maire et le curé d'une paroisse travaillent main dans la main.

— Je sais, je sais.

Antonio Quirion rage intérieurement. Visiblement, le cardinal a été informé par le détail de tous les événements récents. Jusqu'où est allé Bénoni? A-t-il parlé du vieux Laflamme, mort sans les derniers sacrements? De la mort suspecte d'Aldina? De ses incursions trop fréquentes dans les affaires du conseil municipal?

— Le maire est contrôlé par les protestants!

— Ah oui?

Antonio Quirion sent un certain sarcasme dans la voix de son supérieur. Il refoule sa colère. Jamais il n'a été humilié de la sorte. Par le cardinal Bégin en plus. Celui qui a le pouvoir de muter les curés et de recommander au pape de les élever au rang d'évêque. D'un coup, ses ambitions s'envolent en fumée. Adieu la mitre et la crosse de l'évêque et du cardinal!

— Vous savez, mon fils, enchaîne le cardinal, votre prédécesseur n'a jamais eu de problèmes avec les protestants. La liberté de religion existe dans la province de Québec. Notre religion est supérieure et il ne faut jamais leur céder quoi que ce soit. Vous avez bien fait d'exiger la conversion de ce protestant. Mais ça ne sert à rien de provoquer les protestants inutilement. Ce sont de vieux Anglais têtus que vous ne réussirez jamais à gagner à votre cause. De toutes façons, dans quelques années, ils seront tous partis de Saint-Benjamin.

Son prédécesseur! Ce flanc mou! Il est évident que le cardinal lui reproche de mal administrer sa paroisse. Pire, qu'il se range du côté du maire. Mais il n'est pas encore au bout de ses peines. Antonio Quirion a eu trop de démêlés avec trop de personnes depuis son accession à la prêtrise. L'évêché n'aime pas son comportement. Son attitude, son ambition démesurée, sa personnalité brusque irritent l'évêché. Le temps est venu de lui donner une bonne leçon.

— En politique, monsieur le curé, vous devez faire preuve de subtilité. Je n'ai pas d'objections à ce que nos prêtres se mêlent des affaires de leur paroisse quand les maires sont des incompétents, mais vous devez le faire avec retenue. Mêlez-vous-en seulement si les intérêts de notre Sainte Mère l'Église sont compromis. Sinon, restez au-dessus de la mêlée. L'époque ultramontaine est finie. Vous me comprenez bien ?

Le curé approuve mollement. Le cardinal se permet d'insister.

— J'ai vérifié auprès de mes relations politiques et la réputation du maire est très bonne chez les conservateurs. Qui sait s'ils ne reviendront pas au pouvoir un jour ? En politique, monsieur le curé, vous êtes libéral avec les libéraux et conservateur avec les conservateurs ! Pour le reste, je demanderai à l'abbé Laprise, en qui j'ai pleinement confiance, de venir vous rencontrer, vous et les autorités de la paroisse, pour faire la lumière complète sur tous les événements des derniers mois. En espérant mettre fin aux crises qui secouent votre paroisse.

Antonio Quirion est défait. Vaincu. « Et si on m'enlevait ma cure pour me nommer simple vicaire ailleurs ? » Il suit le cardinal dans l'église. Les paroissiens sont entassés dans la nef. Nerveux, tirés à quatre épingles, les enfants répètent leurs prières de confirmation. Le cardinal leur sourit et passe sa main dans les cheveux des plus petits. Frondeuse, pimpante dans sa robe neuve d'organza achetée au Syndicat de Québec, Armoza, la servante, retrouve rapidement son banc pendant que les marguilliers distribuent les dernières places disponibles aux paroissiens trop pauvres pour avoir leur banc à l'église. Bénoni garde les yeux sur son missel, qu'en temps normal il n'ouvre jamais.

Le début de la messe est chaotique. Nerveux, Antonio Quirion entre en collision avec l'un des deux curés qui accompagnent le cardinal. Après le *Sanctus*, il montre du doigt le petit servant de messe qui tarde à apporter l'eau bénite. Dans sa hâte, l'enfant s'accroche les pieds et échappe l'urne d'eau bénite et le goupillon. L'enfant tremble de peur. Le cardinal se retourne lentement et sourit au petit garçon.

Quand le cardinal monte dans la chaire, un silence lourd, chargé de crainte tombe sur l'assemblée des fidèles. Mais le prélat ne fait aucune allusion aux difficultés de la paroisse. «Élevez-vous au-dessus des considérations matérielles et remettez-vous-en à Dieu!»

Après la cérémonie, le cardinal serre des mains sur le perron de l'église. Quand il entraîne le maire à l'écart, Antonio Quirion ne cache plus son mécontentement, bousculant un enfant accroché dans sa soutane. Il tente sans succès d'attirer le cardinal vers un groupe de vieilles dames, championnes des indulgences plénières.

— J'ai bien reçu votre lettre, monsieur le maire.

Bénoni penche la tête vers le cardinal, beaucoup plus court que lui, pressé d'entendre ce que l'autre veut lui dire.

— J'ai eu une longue discussion avec le curé, tout à l'heure. Il n'a pas un caractère facile, il est dominateur, il nous a souvent causé des problèmes, mais j'aimerais que vous trouviez un terrain d'entente avec lui. Vous pourriez ainsi résoudre vos problèmes beaucoup plus facilement. Je pense qu'il a compris et qu'il sera plus respectueux des juridictions de chacun.

— Y va rester dans la paroisse encore longtemps?

Le cardinal le regarde froidement. Le maire regrette déjà sa question impertinente.

— Il vient tout juste d'arriver et le rappeler immédiatement équivaudrait à vous donner raison. Je vais d'abord vous envoyer un curé, l'abbé Laprise, un expert dans ces questions. Il fera enquête et me fera rapport. Je m'attends de votre part à une coopération entière avec lui.

— Vous avez ma parole.

Le cardinal Bégin lui serre la main. Les paroissiens, incrédules, on les yeux rivés sur les deux hommes. Bénoni ne pouvait pas espérer meilleur endossement. La meilleure publicité électorale imaginable! À l'évidence, le cardinal ne le blâme pas. Voilà un événement qu'il récupérera à son profit, lui donnant l'interprétation la plus avantageuse.

Demi-victoire pour Bénoni. Certes, le curé ne partira pas. Mais il aurait été naïf et présomptueux de penser le contraire. L'enquête de l'abbé Laprise renvoie le dossier de Maggie Grondin sur le feu arrière. Aucune obligation pour le conseil de s'en mêler aussi longtemps que l'enquête ne sera pas terminée. Et avec un peu de chance, les élections auront eu lieu avant que l'émissaire du cardinal ne complète son travail.

47

Bénoni passe le harnais à ses chevaux avant de les atteler à la charrue. Il a hâte de s'éloigner de la maison, de se retrouver dans les champs, seul avec ses bêtes et la bonne odeur de la terre, à l'abri des tracasseries. La visite du cardinal Bégin lui a enlevé un gros poids des épaules, même s'il n'est pas convaincu que le curé changera d'attitude.

La veille, Bénoni a reçu une note de l'avocat Beaudoin.

«Cher Bénoni. Tu vas bien? J'espère que mon ami le cardinal t'a bien traité! J'en profite pour faire appel à toi pour réorganiser notre grand et beau parti conservateur dans la Beauce et Dorchester. J'organiserai bientôt des rencontres dans chaque paroisse et je compte sur toi pour m'aider à Saint-Benjamin et dans quelques paroisses voisines. Et au fait, rien dans la loi municipale ne vous permet d'expulser un citoyen de la paroisse.
Ton tout dévoué
Rosaire Beaudoin, avocat»

Avec contentement, Bénoni relit la lettre lorsqu'un bruit sourd, ponctué de cris, le tire de sa lecture. Phalander Laweryson arrive à bride abattue. Il hurle comme un putois pour retenir son cheval. Le spectacle arrache un sourire à Bénoni. Phalander n'a jamais réussi à dompter l'animal. Il n'a pas assez de ses deux mains pour retenir le cheval et assurer son équilibre. L'attelage soulève un nuage de poussière et menace de se briser à tout moment.

— Qu'est-ce qui t'amène comme ça à la fine épouvante, mon Phalander?

Celui-ci rejette les cordeaux sur le dos du cheval et le saisit par la bride pour qu'il ne reparte pas sans lui. Il est aussi excité que sa bête. Bénoni devine la mauvaise nouvelle.

— La Maggie pis le Walter... attaqués *during the night!*

— Attaqués?

Profitant d'une nuit noire, sans lune, des voyous ont lancé des roches sur la maison de Maggie, fracassant une fenêtre et brisant un fanal oublié sur la galerie. Le chien orphelin que Walter et Maggie avaient accueilli gisait derrière un bosquet, mort raide. Près de l'animal, ils ont trouvé un os, la moelle grugée aux deux extrémités. Empoisonné? Maggie et Walter en sont convaincus. Près du champ de patates trônait une pancarte de carton, fichée à un pieu, sur laquelle était écrit en lettres rouges: «Sacre ton camp, maudite guidoune!»

— Sûrement une farce plate de gars saouls, laisse tomber Bénoni pour se convaincre que la situation n'a pas encore dégénéré.

Furieuse, Maggie aurait tiré plusieurs coups de feu dans l'obscurité. Bénoni sursaute.

— Y a des estropiés?

— *No*, fait Phalander.

— Gordon leur a parlé?

— *No, Fred Taylor talked to them.*

Fred Taylor a retrouvé un Walter furieux. En échappant à la guerre, il espérait ne plus jamais entendre ces coups de feu qui l'ont tenu éveillé des nuits entières dans des tranchées humides et froides de la Belgique et de la France. Maggie, les yeux rageurs, menaçait de tuer le premier voyou qui s'approcherait trop près de la maison. Encore une fois, Fred Taylor les a suppliés de quitter Saint-Benjamin le plus tôt possible.

— Gordon veut te parler, dit Phalander, avant que tu *go see* la Maggie pis le Walter.

Phalander repart sur les chapeaux de roues, incapable de retenir son cheval, véritable torpille qui ne connaît qu'une vitesse, le grand galop. Quand ils l'entendent venir, les autres cultivateurs s'écartent de la route, les enfants se tiennent à bonne distance et les protestants l'implorent de remplacer son cheval par une bête plus docile.

En arrivant chez Gordon Wilkins, Bénoni croise Efrida, sa femme, une grande poêlée de sang de cochon à la main. Gordon Wilkins fait boucherie. Avec l'aide de Phalander, Gordon trempe un gros cochon, fraîchement égorgé, dans une cuve d'eau bouillante avant de l'attacher à une échelle, la tête en bas. Ainsi ébouillanté, les deux hommes pourront dépiler la peau de l'animal sans difficulté.

— T'as une idée de qui aurait ben pu attaquer Maggie et Walter?

Gordon fait signe que non.

— *Nobody from Cumberland!*

Pendant que Phalander achève de dépiler le porc, il lui ouvre la poitrine à l'aide d'un long couteau et, d'une main sûre, il dégage les entrailles de la bête et en extirpe les abats. Bénoni a un haut-le-cœur. Léda n'a jamais voulu apprêter les abats, «de la viande à renard», dit-elle. Gordon jette les restes sur le tas de fumier, derrière la grange. Il est visiblement agacé par les événements de la nuit dernière.

— Tu peux pas laisser faire ça, Bénoni. *Too dangerous!* C'est quelqu'un du village qui a fait le coup. Si tu t'en occupes pas, d'autres vont le faire à ta place. *It won't be nice!*

Bénoni n'aime pas qu'on lui dise quoi faire. Juge de paix, il sait qu'il doit intervenir et il le fera. La situation est devenue dangereuse, explosive. Le chantage de Gordon ne changera rien. Et que veut-il dire exactement par «d'autres vont le faire à ta place»?

Les protestants n'interviendront pas directement, ajoute Gordon Wilkins. Ils laisseront à Sam Taylor le temps de faire entendre raison à son fils. Non, ce que Gordon craint davantage, ce sont ces gens du village qui ont décidé de se faire justiciers, une justice qui menace d'être beaucoup plus expéditive que celle du maire.

— Y a ben des gens à Cumberland Mills qui ont vu Euzèbe rôder autour. Faudrait pas qu'y touche au gars à Sam !

Cachant mal sa fierté, Gordon recule d'un pas et examine le cochon. Chaque automne, cultivateurs et journaliers plus fortunés tuent un cochon et le suspendent au vu et au su de tous, pour afficher leur richesse. L'an dernier, Alphonse Nadeau a piqué une colère spectaculaire parce qu'un plaisantin avait coupé les oreilles de son cochon. « Un cochon pas d'oreilles sur une échelle, c'est juste bon pour les gars de la ville », disait-on pour se moquer de lui. Humilié, Alphonse a même demandé au maire de trouver et de faire emprisonner le coupable !

— Faudra des preuves, dit le maire.

Preuves ou pas, c'est aussi sur Euzèbe que portent les soupçons de Bénoni. Depuis la dernière élection et la scène de l'église, Euzèbe s'est promis d'avoir sa revanche sur le maire et ses collaborateurs. Pistonné par le curé ou son entourage, Euzèbe est sûrement en mission commandée pour faire peur à Maggie et la forcer à quitter la paroisse.

— J'm'en occupe, conclut sèchement Bénoni en prenant congé de son hôte.

Bénoni saute dans son robétaille et prend la direction du rang-à-Philémon, histoire de poser quelques questions à Maggie et à Walter. Une vingtaine de citrouilles fraîchement cueillies ruissellent au soleil derrière la grange. Bénoni ne peut s'empêcher de penser à Domina qui raffolait des citrouilles et en semait toujours une grande quantité dans le tas de fumier. Maggie sort de la maison, Walter sur ses talons. Elle regarde le maire comme une bête féroce.

— M'a va les tuer !

— Attention à ce que tu dis, ça peut se revirer contre toé. Si tu veux, j'peux demander à la police de s'en occuper.

— Non, pas de police, je vais régler ça toute seule.

Le maire grimace. En colère, elle est encore plus belle. Il s'empresse de chasser les images qui surgissent dans sa tête. Les genoux de Maggie marchant dans l'herbe humide en face de la maison de sa cousine à Beauceville. Son épaisse chevelure rousse qu'elle agite de façon sensuelle. Tout ça le dérange, l'agace, lui déplaît.

— T'as rien vu? Rien entendu?

— Non, la nuit était trop noire, pis y ont tiré de loin, mais c'est sûrement le curé qui les a envoyés. J'en mettrais ma main au feu.

Bénoni évite de lui dire que la même pensée lui a effleuré l'esprit. L'idée est énorme, rocambolesque, mais Bénoni ne serait pas étonné que le curé tente une dernière fois de chasser Maggie avant que l'abbé Laprise n'arrive au village pour faire son enquête.

— J'peux voir la pancarte? demande le maire.

Walter et Maggie entraînent le maire dans la grange et tirent l'objet qu'elle a caché dans le foin. Les lettres ont été tracées avec du sang de bœuf ou de cochon, de grosses lettres carrées, bien alignées, un travail fait avec application. «Sûrement quelqu'un d'instruit, quelqu'un qui a fait boucherie ces jours-ci», pense le maire, et sûrement pas Euzèbe qui n'a pas complété sa troisième année. Mais qui? Craintif, un gros chat noir et blanc, la queue effilée, les observe. Walter est silencieux, nerveux. Le visage tendu, crispé, Maggie pointe son index vers le maire.

— Dites-vous bien une chose, Walter pis moé, on partira pas de Saint-Benjamin. On va rester juste pour vous écœurer. Pis si un imbécile revient nous faire du trouble, m'a va m'en occuper. T'es ben mieux de lui préparer une tombe! Viens, Walter.

Bénoni n'a pas le temps de la mettre en garde. Maggie est disparue. Le maire retourne chez lui, la tête pleine de questions. Comment aborder Euzèbe sans témoin, sans personne pour corroborer les soupçons de Maggie et de

Gordon ? Euzèbe lui rira au nez. Bénoni devra être patient. Euzèbe n'a pas fait le coup seul. Il a des complices. Tôt ou tard, quelqu'un vendra la mèche.

À Saint-Benjamin, tout finit par se savoir.

48

Dans le rang-à-Philémon, rien ne bouge. La lune s'obscurcit derrière une chape de nuages. Un chien jappe. Euzèbe donne le signal à sa bande de s'immobiliser. Un vent léger fouine paresseusement dans les arbres.

— Ramassez des roches, on va casser les vitres pour commencer. Pis, si a tire sus nous autres, m'en va tirer aussi.

Encouragé par Lomer Caron, qui a finalement accepté d'être de nouveau candidat contre Bénoni dans deux semaines, Euzèbe est accompagné de trois hommes de confiance. La première fois, ils ont échappé de justesse aux balles de Maggie. Quand la nouvelle est parvenue au magasin général, le curé n'a rien dit. Lomer en a déduit qu'il avait raison d'agir ainsi. «Assure-toé ben qu'on vous verra pas», lui a dit Lomer en début de soirée.

— Et tire en l'air. À force d'y faire peur, a va comprendre pis s'en aller avec son protestant.

Euzèbe approuve d'un petit coup de tête, mais son regard malicieux n'augure rien de bon. Depuis la scène de l'église, Euzèbe veut se venger. Il a songé à faire flamber la grange de Bénoni, à lui voler du bois ou des animaux, à tuer son chien, mais il n'en a rien fait, sachant que les soupçons porteraient immédiatement sur lui. S'en prendre au maire est une opération risquée. Maggie Grondin, c'est autre chose.

— Lomer pis le curé vont nous défendre, dit Euzèbe à ses trois compères.

La stratégie d'Euzèbe est simple : lancer des gros cailloux sur la maison, provoquer Maggie, l'amener à tirer la première et « se défendre ». Idéalement, Euzèbe veut forcer Maggie et Walter à fuir, après quoi il mettra le feu à la maison. Euzèbe met une balle dans sa carabine. Ses compagnons bourrent leurs poches de cailloux de toutes grosseurs. Euzèbe donne le signal. Une première volée de cailloux s'abat sur la maison. Dans l'obscurité, la porte s'ouvre et une silhouette se détache sur la galerie. Impossible de déterminer s'il s'agit de Maggie ou de Walter. Nouveau jet de pierres. Un coup de carabine retentit. Euzèbe et les siens battent en retraite et se dispersent derrière les arbres. Deux minutes plus tard, un autre coup de feu parvient de la maison. Euzèbe épaule sa carabine et tire à son tour. La vitre de la fenêtre est fracassée. Pas de riposte. Des chiens aboient.

— Qu'est-ce qui se passe ? crie une voix.

Euzèbe reconnaît aussitôt la voix de Pit Loubier, le voisin de Maggie. Il ordonne aux hommes de déguerpir. Ils fuient à travers la forêt avant de rejoindre le rang-à-Philémon, un mille plus loin. Pit Loubier jette un long coup d'œil à la maison de Maggie Grondin. Il songe à s'en approcher pour s'assurer que personne n'a été blessé, mais craignant qu'elle le confonde avec ses assaillants, il fait demi-tour.

Le lendemain matin, Pit Loubier revient à la maison de Maggie pour leur livrer le sac de patates que Walter a acheté l'avant-veille. À son arrivée, il est surpris par le calme qui règne autour de la maison. Il grimpe l'escalier branlant et cogne à la porte entrouverte, son sac de patates sur les épaules. Personne ne répond. Il pousse la porte.

— Maggie ? Walter ?

N'obtenant pas de réponse, il dépose son sac de patates sur le plancher et entre dans la maison. Un spectacle ahurissant s'offre à lui. Un homme gît dans une mare de sang près de la fenêtre, le visage contre le plancher. Le souffle coupé, Pit Loubier regarde autour de lui pour trouver le deuxième cadavre, celui de Maggie, mais en vain. Il revient vers le premier cadavre, le retourne et reconnaît aussitôt Catin-à-Quitou. «Tabarnac!»

Pit Loubier quitte rapidement la maison et envoie son fils chercher Bénoni.

— Quoi? fait Bénoni. Qu'est-ce que Catin faisait dans la maison? Où sont passés Maggie pis Walter?

Autant de questions auxquelles Pit Loubier est incapable de répondre. Bénoni examine sommairement le corps de Catin et file interroger ses vieux parents. En apprenant la nouvelle, le vieil homme pleure comme un enfant. Sa femme se crispe, incapable de réagir. Bénoni s'inquiète. Sans Catin, ils sont démunis. Il s'occupait de tout.

— Vous savez pourquoi Catin passait la nuit dans la maison de Maggie Grondin? demande Bénoni.

D'une voix étranglée, le vieillard donne quelques explications. Ses mains tremblent. Livide, sa femme est perdue dans ses pensées. Vers midi, la veille, Maggie est venue cogner à la porte et a demandé à Catin de surveiller la maison pendant qu'elle et Walter se rendaient à Québec pour visiter sa sœur et son père. «Tu dormiras dans la maison, lui a-t-elle dit. Tu trouveras ma carabine et des cartouches dans les ravalements de la maison. Hésite pas à tirer en l'air si des imbéciles viennent te faire étriver.»

Le maire suppose que, trop heureux de rendre service à Maggie, l'objet de tous ses fantasmes, Catin s'est installé dans la maison à la brunante. Il dormait probablement quand une première volée de roches s'abattit sur le toit. Convaincu qu'un coup de carabine en l'air chasserait les intrus, il n'aura pas hésité à récupérer l'arme et à tirer en l'air. Quand les assaillants revinrent à la charge, il est sûrement rentré dans la maison et s'est posté à la fenêtre pour essayer de déterminer leur identité. Le coup de carabine l'a atteint en plein cœur.

— J'sus ben sûr que c'est Euzèbe qui a fait ça. Me semble avoir reconnu sa silhouette la nuit passée. Tu vas aller l'arrêter? demande Pit Loubier.

— Non, c'est trop grave. M'en va faire venir la police, pis leur demander d'aller l'interroger.

Le meurtre de Catin-à-Quitou a bouleversé les paroissiens. En apprenant la nouvelle, l'un des hommes qui accompagnait Euzèbe a tout avoué. Certes, il n'a jamais voulu tuer Catin. Il voulait « juste faire peur à Maggie », pour qu'elle parte de Saint-Benjamin. Si c'était le seul objectif, pourquoi tirer sur la maison? Un coup de semonce n'aurait-il pas suffi? Ils sont nombreux à montrer Lomer Caron du doigt, à associer le curé au crime. A-t-il été mêlé à l'affaire? A-t-il fermé les yeux? À l'évidence, il n'a pas commandé la mission, mais il ne l'a pas découragée non plus.

Au village, le va-et-vient a été réduit au minimum. Les habitants ne sortent plus le soir. Dans les rangs, les cultivateurs vont de la maison à l'étable, mais évitent d'emprunter la route. La majorité des parents n'envoient pas leurs enfants à l'école. Le curé a disparu, terré dans son presbytère. Arrivé il y a deux jours, l'abbé Laprise retourne aussitôt à Québec pour consulter le cardinal. Antonio Quirion s'attend au pire.

À Cumberland Mills, le train du soir a deux heures de retard. Quand Maggie et Walter en descendent, Ansel Laweryson les attend, le visage démoli.

— Qu'est ce qui se passe? demande Maggie.

Ansel l'informe du meurtre de Catin, de l'arrestation d'Euzèbe et de la peur qui s'est installée dans la paroisse. Un frisson parcourt tout le corps de Maggie. Elle était la cible d'Euzèbe. Walter secoue la tête, dépassé par tant de bêtise.

— Non, conclut Maggie, le danger est passé. On va rester, pis on va commencer par s'occuper des parents de Catin. Y sont à peine capables de marcher.

Comme un furet en cage, Maggie arpente la petite gare. Walter roule nerveusement une cigarette. Maggie se désole pour Catin, un être inoffensif, toujours prêt à lui rendre service. Elle s'est toujours doutée que Catin l'aimait bien, mais aussi longtemps qu'il ne l'importunait pas, Maggie n'a pas cherché à le décourager. Qu'il soit mort aujourd'hui l'excède, la chagrine, lui donne envie de se venger brutalement des imbéciles qui ont commis ce crime. Tant de haine à son endroit. «Pourquoi? songe-t-elle. Est-ce un crime d'aimer un protestant?»

— Tu penses pas qu'Euzèbe pourrait recommencer? demande Walter à Ansel.

— Non, non, la police l'a arrêté, pis y a ben du monde qui pense qu'y va mourir sus l'échafaud.

— Tant mieux! hurle Maggie.

Mais elle réalise en même temps toute l'ampleur du drame. Un innocent a été tué, un homme sera probablement pendu. À cause d'elle? À cause de l'intolérance, de la méchanceté d'un homme, le curé?

49

La neige, en fines nuées, blanchit les bordures de la route et brode de jolis serpentins le long des clôtures. Revoilà l'hiver ! Longue hibernation en perspective. La vie se résumera à quelques travaux en forêt, au barda du matin et du soir, à la pipe, au thé noir et à l'ennui. Mince consolation, le sol n'est pas encore gelé et la neige disparaît le jour des funérailles de Catin-à-Quitou, des funérailles grandioses, dignes d'un maire ou d'un président de commission scolaire. Le corps de Catin a été transporté à l'église dans le corbillard de la Fabrique, tiré par quatre gros chevaux, bardés de pompons, de clochettes et de brillants.

L'église scintille. Tous les paroissiens sont endimanchés comme s'ils attendaient une nouvelle visite du cardinal Bégin. Les vieux parents de Catin sont inconsolables. Gens humbles, timides, ils ont besogné de l'aurore à la brunante pour assurer la survie de la famille. Pourquoi Catin ? La question revient sans cesse, aiguë comme un mal de dents. A-t-il été victime de la folie d'un petit groupe d'hommes assoiffés de pouvoir, incapables du moindre compromis ?

À la surprise générale, le curé est absent. La veille, le bedeau a rapporté une lettre de l'évêché. Après l'avoir lue, Antonio Quirion l'a laissé tomber sur la table, le visage défait. L'abbé Laprise, de retour, présidera la cérémonie religieuse. L'assistance retient son souffle quand Maggie Grondin entre dans l'église en compagnie de Mathilde et de Gaudias. «Quelle effrontée ! » Toujours ce besoin de provoquer. D'un geste des mains, le curé invite les paroissiens à se calmer.

— Nous sommes tous coupables, dira-t-il au début de son sermon. Coupables de la mort de cet être innocent. Demandons à Dieu de nous pardonner.

Bénoni relève la tête. Quelle est sa part de responsabilité ? S'il avait condamné Maggie, ce drame serait-il arrivé ? S'il avait accepté de la chasser du village ? Certes, il avait ses raisons et il pense encore qu'il a pris les bonnes décisions. Mais il réalise qu'il a souvent fait des gestes en opposition au curé, fondés sur de bonnes raisons, mais visant avant tout à imposer son autorité. Et cette damnée Maggie Grondin n'est pas une paroissienne ordinaire. Depuis qu'elle a quinze ans, depuis que la commission scolaire lui a demandé de remplacer Aldina, qu'elle fait « à sa tête de cochon », transgressant les règles les plus élémentaires, provoquant pour le plaisir de provoquer mais, le plus souvent, refusant obstinément de rentrer dans le rang. Encore aujourd'hui, elle a l'audace, le front, de défier la paroisse au grand complet en assistant au *Libera* de Catin. La dernière phrase du sermon le tire de ses pensées.

— Votre curé a besoin de repos, je le remplacerai en attendant que l'évêché prenne une décision.

Bénoni voudrait se réjouir mais n'y arrive pas. Qu'Antonio Quirion revienne ou pas, quelle importance ? Rien ne pourra ressusciter Catin. Rien n'enlèvera cette grosse tache au visage de Saint-Benjamin.

Après la cérémonie, Maggie, Mathilde et Gaudias quittent l'église rapidement. Pas question que Maggie se mêle à ces paroissiens qu'elle méprise pour la plupart. Quand l'un d'eux, le fils du marchand général, l'invective, Maggie plante ses yeux dans les siens et s'approche de lui, suivi de Gaudias. L'autre recule, puis se sauve en proférant des insultes.

La veille, Maggie a rendu visite aux parents de Catin, leur offrant son aide. Ils ont refusé. Les yeux pleins de larmes, la mère de Catin a pris une longue respiration et lui a dit :

— Maggie, allez-vous-en, toé pis ton cavalier. Y a pu rien de bon pour vous autres par icitte. C'est du monde méchant. Y ont passé leur vie à rire de Catin, pis aujourd'hui, comme des hypocrites, y pleurent sa mort. Va-t'en Maggie, loin d'icitte.

Bouleversée, Maggie a pressé la main de la vieille femme et tourné la tête pour cacher ses larmes. Au cimetière, ils sont tous autour de la tombe, comme si la paroisse au grand complet voulait se faire pardonner ses incartades des derniers mois. Le bedeau plante la pierre tombale de Catin, achetée par le conseil municipal. Denia et Ephrem Boily pleurent la disparition de Catin, Philias de son vrai prénom, le plus jeune et le plus fragile de leurs onze enfants, surnommé Catin par un de ses frères parce qu'il s'était amouraché de la poupée de sa sœur.

50

Bénoni Bolduc a été réélu maire de Saint-Benjamin, sans opposition. Lomer Caron s'étant désisté avant le vote des francs tenanciers.

«Nous soussignés, Bénoni Bolduc, maire, Gordon Wilkins, Théodule Turcotte, Adelbert Lamontagne, Cléophas Turcotte et Polycarpe Rancourt, conseillers, jurons et promettons sincèrement d'être fidèles et de porter sincère allégeance à Sa Majesté le roi George V, souverain légitime du Royaume-Uni de la Grande-Bretagne et d'Irlande, des territoires britanniques au-delà des mers et du Dominion du Canada dépendant du Royaume-Uni et lui appartenant; et de défendre de tout notre pouvoir contre tout complot de trahison, d'attaque quelconque qui pourraient être faits contre sa personne, sa couronne et sa dignité et de faire les plus grands efforts pour révéler et faire connaître à Sa Majesté tous les complots de trahison et d'attentat que nous saurons se tramer contre lui ou l'un d'entre eux; et nous jurons tout cela sans équivoque, restriction véritable ni réserve secrète. Ainsi que Dieu me soit en aide.»

Ce serment officiel, imposé par le gouvernement de la province de Québec, agace Bénoni. Un texte lourd, presque incompréhensible, qu'il a lu sans émotion, d'une voix monocorde. Seul Gordon l'a lu avec fierté et conviction, en anglais, d'une voix forte, presque menaçante. Bénoni signe le document et le tend aux conseillers. Tous le signent, Polycarpe Rancourt, d'une croix seulement.

— Un seul item à l'ordre du jour, dit le maire. Êtes-vous en faveur de transférer la propriété de la maison de feu Domina Grondin à son oncle, Elphège Grondin?

— Maggie pis son protestant s'en vont? demande Adelbert Lamontagne.

— Qu'est-ce que t'en penses, mon Delbert? rétorque le maire sèchement, sur le ton de celui qui n'a pas envie de donner de longues explications.

Tous lèvent la main.

— Rien d'autre à signaler? La séance est levée, conclut Bénoni.

Un à un, les conseillers quittent la maison. Bénoni rassemble rapidement ses papiers, les glisse dans une grande enveloppe, tend un dollar à la veuve Cloutier pour la location de sa maison et s'en va.

Un vent discret balbutie dans les grandes quenouilles sèches. L'air froid lui fait du bien. Le village disparaît dans la nuit, percé çà et là de lueurs sautillantes aux fenêtres. Mille questions se bousculent dans la tête du maire. Le curé et Maggie sont-ils partis pour de bon? Pourquoi Maggie reviendrait-elle? Le curé? Il n'en est pas certain. Et cette question encore plus lancinante qui revient toujours. Quelle est sa part de responsabilité?

Ses pas résonnent sur le chemin de gravier durci par le froid. Il entend vaguement le chien de Bateume Boucher qui hurle à la mort. La veille, un villageois a tiré un coup de carabine en l'air pour le faire taire, sans succès.

«Un autre problème à régler», pense le maire. Au moins, celui-là sera plus facile. Il demandera à Cléophas d'attraper le chien et d'en débarrasser la paroisse.

Demain, il ira voir le curé Letendre pour prendre de ses nouvelles. Sans insister, il tentera de savoir si une décision a été prise au sujet d'Antonio Quirion. Peut-être demandera-t-il au curé de le confesser. Mais quels péchés accuser?

De loin, Bénoni distingue la lumière d'une lampe qui vacille à la fenêtre de sa maison. Léda l'attend. Elle voudra connaître les dernières nouvelles.

La vie reprendra son cours, le temps effacera les taches, comme la neige sur les blessures de l'automne. En attendant, il hibernera, comme un ours. Les siens, ses animaux, la messe et les dossiers incontournables. Ah oui, et cette cabane à sucre qu'il se promet de construire dans l'érablière, au bout de sa terre, dès qu'il pourra battre un chemin de neige. Loin de tout.

Glossaire

Borlo: Nom donné à la carriole des pauvres.

Cabarlonne: Prononciation française de Cumberland.

Maquereaux: Nom donné jadis aux coureurs de jupons.

Par: Grand récipient en bois d'environ dix pieds carrés et dans lequel on entreposait l'avoine.

Robétaille: Voiture aux roues de fer, attelée à un cheval. Siège capitonné en cuir.

AUX ÉDITIONS PIERRE TISSEYRE

Ce livre a été imprimé
sur du papier enviro 100 % recyclé.

Empreinte écologique réduite de :
Arbres : 13
Déchets solides : 712 kg
Eau : 47 007 L
Émissions atmosphériques : 1 851 kg